3년 후 당신의 미래를 바꿀
7가지 기술

SEVEN TECH

세븐 테크

3년 후 당신의 미래를 바꿀 7가지 기술

김미경 김상균 김세규 김승주 이경전 이한주 정지훈 최재붕 한재권 지음

웅진지식하우스

prologue

7가지 테크를 내 현실로 데려와 새로운 미래를 꿈꾸는 일

2022년, 올해는 나에게 조금 특별하다. 강사로 살아온 지 꼬박 30년이 됐기 때문이다. 나는 내 직업을 이렇게 설명하곤 한다. '먼저 열심히 살아보고 누군가의 손을 잡아 끌어주는 일.' 온몸으로 부딪쳐서 수없이 깨져보고 그렇게 얻은 삶의 지혜와 열정을 사람들과 나누는 일이야말로 '강사의 일'이라 나는 생각한다. 천성적으로 가만히 있질 못하고 오지랖 넓은 나에게 딱 맞는 평생 직업인 셈이다.

그런데 꼭 2년 전 겨울, 나는 최악의 위기를 맞았다. 코로나로 모든 강의가 일순간에 사라졌다. 금방 해결될 줄 알고 처음에는 여유만만했는데, 한 달이 지나자 본능적으로 알아챘다. 이러다 내 직원들은 물론, 나조차도 먹여 살리기 힘든 세상이 올 것을. 상황 탓만 하며 무기력하게 있을 여유가 없었다.

그때부터 나는 하루 종일 공부에만 매달렸다. 그동안 인생의 수많은 위기를 겪을 때마다 날 구해줬던 것은 언제나 '공부'였기 때문이다. 이번에도 숨어 있는 기회를 찾기 위해 수많은 책과 신문을 읽고 또 읽었고, 전문가들을 찾아다니면서 나는 묻고 또 물었다. 언택트 상황에서 어떻게 다시 사람들과 연결될 수 있을지, 어떻게 나와 회사를 먹여 살릴 수 있을지 그 답을 찾으려고 애썼다.

그렇게 세상의 변화를 공부하면서 나는 놀라운 사실을 깨닫고 말았다. 내가 오프라인 세상에서 돈을 버는 동안 세상의 돈은 이미 온라인으로 넘어가 있었다는 것을. 코로나로 시간만 앞당겨진 것일 뿐, 나의 '막다른 골목'은 예정된 일이었다. 더 기가 막힌 것은 이미 앞서서 디지털 세상으로 넘어간 사람들은 코로나 세상에서 오히려 몇 배의 성장을 이루고 있었다는 사실이다. 내가 눈앞의 현실에 안주하는 사이, 그들은 이미 새로운 '온라인 신도시'로 이주해 있었다. 그리고 이 차이가 실시간으로 엄청난 격차를 만들고 있었다. 바로 지금 이 순간에도.

이 모든 진실을 알아채고 이를 뒤늦게 따라잡기 위한 여정을 기록한 책이 바로 『김미경의 리부트』(2020)이다. 그리고 그 책을 쓰면서 어렴풋이 떠올렸던 교육 과정이 바로 〈세븐 테크 2022〉였다. 코로나로 10년 이상 앞당겨진 세상, '온라인 신도시'에서 살아가기 위한 필수 과목이었기 때문이다. 인공지능, 블록체인, 메타버스, 가상현실/증강현실, 클라우드 컴퓨팅, 사물인터넷, 로봇공학 각각의 테크가 우리의 직업과 라이프스타일, 교육, 투자 등에 어떤 파급력을 미칠지, 그리하여 우리는 지금 무엇을 준비해야 할지에 대한 구체적인 인사이트와 솔루션이 너무나 중요했다.

세븐 테크를 알아야 새로운 비즈니스 모델을 기획해볼 수 있고, 죽어가는 비즈니스에 새로운 상상력을 불어넣을 수 있다. 또한 내 돈이 가야 할 방향을 예측할 수 있고 내 아이의 미래도 설계할 수 있다. 세븐 테크를 공부하면 현실에서 100배로 풀어낼 수 있고, 세븐 테크를 알고 모르고가 앞으로 10년간 엄청난 격차를 만들어낼 것이 분명했다. 그 순간 또다시 MKYU 학생들에 대한 걱정이 밀려왔다. 이런 중요한 지식을 나 혼자만 알고 있을 수는 없었다.

그러나 맨 처음 세븐 테크 수업에 대한 아이디어를 이야기했을 때 우리 직원들조차 어리둥절해했다.

"저희 같은 3050 여성들이 AI와 사물인터넷, 클라우드 컴퓨팅에 관심이 있을까요? 너무 어렵지는 않을까요?"

"강의를 듣고 테크 전문가가 되라는 게 아니잖아. 가장 기본적인 테크를 이해해야 내가 앞으로 디지털 세상에서 무엇을 할지 상상할 수 있어. 아는 만큼 보고 상상하는 법이니까."

뭘 알아야 꿈도 꾸지, 절대적 학습량이 꿈의 사이즈가 되는 시대를 살고 있다. 그제야 직원들도 내가 왜 테크 수업을 만들려고 하는지 이해하기 시작했다. 물론 그들의 걱정에도 일리는 있었다. 기본적으로 테크 자체가 어렵기 때문에 이를 가장 쉽게 설명해주고, 일상과 연결해줄 전문가를 찾아야만 했다. 그때 내가 떠올린 분이 바로 정지훈 DGIST 교수님이다. 일면식도 없었지만 테크 전반을 아우르면서도 대중적으로 설명할 수 있는 사람은 그분밖에 없다고 내가 만난 모든 전문가들이 입을 모아 이야기했다.

다행히 정 교수님도 테크를 일반인의 삶과 접목하는 〈세븐 테크 2022〉 수업의 취지에 공감하면서 적극적으로 참여해주셨다. 교수님과 강사진을 섭외할 때 두 가지 조건을 끊임없이 이야기했다. 각 분야 최고의 실력자들일 것. 동시에 기술을 가장 쉽고 대중적으로 설명할 수 있을 것. 정 교수님 덕분에 최고의 전문가들을 섭외해 '국내 최초의 테크 큐레이션 강의' 〈세븐 테크 2022〉가 탄생할 수 있었다. "세븐 테크는 교양공대"라고 명쾌한 정의를 내려주신 것도 바로 정지훈 교수님이다.

그리고 이런 진심이 통했는지 5개월 만에 3천여 명에 가까운 MKYU 열정대학생이 〈세븐 테크 2022〉 수업에 함께했다. '미래 테크를 내 현실로 데려와 새로운 미래를 꿈꾸게 하는 일.' 그 어떤 대학도 하지 못했던 일을 MKYU가 해낸 것이다. 트렌드에 민감한 20대가 아닌, 가장 테크와 거리가 멀 것 같은 3050세대의 여성들이 수천 명씩 수업을 들으며 AI와 블록체인에 대해 토론하고 있다. 그리고 이 수업이 자신의 삶을 어떻게 바꾸고 있는지에 대해 이야기하고 있다. 10대 아이들에게 NFT와 메타버스가 뭔지 알려주는 엄마들도 부지기수다. 미래 테크가 너무나 생소하고 낯설었을 텐데 나를 믿고 손을 잡아준 이들에게 감사할 뿐이다. 이들의 뜨거운 열정 덕분에 〈세븐 테크 2022〉가 멋진 책으로 세상에 나올 수 있었다.

수업을 함께 만들어준 정지훈 교수님, 이경전 교수님, 김승주 교수님, 김세규 대표님, 한재권 교수님, 최재붕 교수님, 이한주 대표님, 김상균 교수님께 다시금 감사의 인사를 드린다.

묵묵히 뒤에서 일하며 최고의 교양공대를 탄생시킨 한예나 콘텐츠디렉터와 송희은 PD를 비롯, MKYU의 모든 스텝들에게도 고마움을 전한다. 이 수업을 선뜻 책으로 만들겠다고 나서준 웅진씽크빅 신동해 단행본사업본부장과 김동화, 윤지윤 에디터에게도 감사하다.

2년 전 겨울, 나는 누구에게도 손을 내밀지 못했다. 당시 내 손은 너무나 차가웠다. 나 하나도 감당하기 버거웠기 때문이다. 그러나 열심히 공부하고 온라인에서 움직이며 체온이 따뜻해지니 다시 수많은 사람의 손을 잡아줄 수 있었다. 앞으로 다가오는 메타버스와 웹 3.0은 테크에 대한 이해도만큼 더 큰 사회적 격차를 만들어낼 것이다. 그때 불안과 불평만을 쏟아낼 것인가, 아니면 뜨거운 열정으로 새로운 미래를 만들어낼 것인가. 혹은 조금 더 여력이 있다면 뒤에 남아 있는 누군가의 손을 잡아줄 수 있는 사람이 될 것인가. 그것은 모두 여러분의 선택이다. 2022년에는 이 책으로 여러분만의 따뜻한 '메타 드림meta-dream'을 완성해가기를 진심으로 기도한다.

2022년 1월

김미경 드림

CONTENTS

CONTENTS

1

상상 그 이상의 IT 기술, '세븐 테크'

정 지 훈

미래학자 · IT융합 전문가

한양대학교 의대를 졸업한 후 서울대학교에서 보건정책관리학 석사를 했으며, 미국 서던캘리포니아대학교 대학원에서 의공학 박사 학위를 취득했다. 우리들병원 생명과학기술연구소장, 명지병원 IT융합연구소장을 역임했으며, 현재 다음세대재단 이사, DGIST 겸직교수, 모두의연구소 최고비전책임자를 맡고 있다. 저서로는 『거의 모든 IT의 역사』, 『거의 모든 인터넷의 역사』, 『내 아이가 만날 미래』, 『무엇이 세상을 바꿀 것인가』 등이 있다.

매사에 세밀하게 계획을 세워 실행하는 사람이 ‘플래너Planner’라면,

이와 반대로 즐거움에 이끌려 임의적으로 새로운 혁신을 하거나

발명하는 사람을 일컬어 ‘해커Hacker’라고 한다.

해커 정신은 백 마디 말과 계획을 세우기보다

바로 실행해보고 혁신하는 문화를 만든다.

미래 세대를 평정할 ‘세븐 테크’는 바로 해커의 문화다.

상상 그 이상의 IT 기술이 그려내는 새로운 세상은

그 세상에 먼저 발 딛고

충만한 호기심으로 눈을 반짝이는 사람의 것이다.

거대한 사이클을 읽어야 미래가 보인다

미래를 내다보기 위해서는 세상을 움직이는 거대한 사이클을 읽어낼 수 있어야 한다. 즉, 이미 눈앞에 다가온 '세븐 테크'라는 미래를 제대로 알고 내 것으로 만들기 위해서는 세븐 테크가 시작되기까지 기술과 산업, 문화와 역사가 어떠한 모습으로 굴러왔는지를 알아야 한다는 것이다.

이를 위해 이번 장에서는 세븐 테크의 시발점인 실리콘밸리에서부터 이야기를 시작하려 한다. 지금이야 미국의 대표적인 IT 기업들이 모여 있는 미국 서부 지역의 실리콘밸리가 미국 산업을 대표하는 장소로 여겨지지만, 20세기 후반까지만 해도 미국 역사의 굵직굵직한 사건들은 대부분 동부 지역에서 벌어졌다. 뉴욕, 보스턴, 필라델피아, 로체스터 등이 위치한 미국 동부 지역은 가히 미국 공업의 심장부라 할 만하다.

미국 북동부 지역에 기반을 둔 기업의 대다수는 20세기 초반 자유경쟁에서 승리하면서 거대기업으로서의 강력한 지위를 확보했다. 지금은 우리가 실리콘밸리를 높이 평가하지만 20세기 초반에서 냉전 시대까지의 미국은 실리콘밸리 같은 IT 기업이 아닌 거대한 제조기업이 국가 산업을 이끌었다. 이들은 2차 세계대전을 거치며 국가와 하나 되는 경험을 했고, 냉전 시대까지 국가 핵심 산업의 행방을 좌지우지했다. 이때 최고의 활약을 보였던 기업은 자동차산업 분야의 GM, 포드, 크라이슬러 등이었고, 정보산업 분야에서는 IBM, AT&T, 제록스 등이 있었을 뿐이다. 이들 기업은 거대한 관료제를 바탕으로 하는 조직을 구성했고, 마치 정부와도 같은 강력한 관리 문화를 확산시키며 번영을 누렸다.

그렇다면 우리가 지금 주목하고 있는 서부 지역의 실리콘밸리는 언제 부상한 것일까? 그것은 바로 냉전의 시작과 밀접한 연관이 있다. 1940년대 구소련과 미국의 갈등이 최고조에 이르렀을 때, 미국이 가장 우려했던 것 중 하나는 소련이 보유하고 있던 대륙간탄도미사일이었다. 만약 소련에서 대륙간탄도미사일을 쏘게 되면 타격 지점은 뉴욕이나 워싱턴DC가 있는 미국 동부 지역이 될 가능성이 매우 높았다. 미사일 경로가 알래스카를 경유해 미국 북서부 쪽을 지나가므로, 따라서 미국

미국 서부 캘리포니아주 샌프란시스코만 남단에 위치한 실리콘밸리 산업단지

입장에서는 선제적으로 서부에서 작전을 펼쳐야만 했다. 시애틀에서부터 샌디에이고까지의 서부 라인이 여기에 해당한다. 그래서 샌디에이고에는 주로 해군 함대를 두고 보잉, 맥도넬더글러스McDonnell Douglas 등의 항공·전투기 제조기업들이 시애틀에 위치하면서 시애틀부터 콜로라도까지의 방위선을 짓게 되었다.

이때 필요한 인력들을 배출하기 위해 공을 들였던 인재양성소가 캘리포니아주에 위치한 스탠퍼드대학교였다. 130년이 넘는 역사를 자랑하는 스탠퍼드대학교는 초기에는 주로 광업이나 농업이 우세한 대학이었으나, 냉전 시기를 지나는 동안 점차 최첨단 기술을 제공하는 학교로 변모해갔다. 산학 연계를 하면서 연구실에서 창업할 수 있는 문화가 장려되었고, 이로써 1939년 세계 최초의 벤처기업인 휴렛팩커드가 탄생하게 되었다. 이후 휴렛팩커드를 시작으로 인텔, 애플 등 쟁쟁한 기업들이 등장하면서 실리콘밸리는 명실상부 오늘날 우리가 알고 있는 '첨단 기술의 산실'이라는 위상을 얻게 되었다.

실리콘밸리를 만든 일등 공신, 대항문화

사실 실리콘밸리가 미국 서부 지역에서 부상하게 된 데는 문화적인 영향도 매우 컸다. 동부 지역과는 사뭇 다른 서부 지역만의 독창적인 문화가 오늘날의 실리콘밸리를 있게 한 것이다. 동부 지역의 경우 제조업이 중심이었던 탓에 일종의 상명하달식 군대 문화를 가지고 있었던 반면, 서부 지역은 기존의 관습적인 문화로부터 저항하려는 움직임이 있었다. 즉, 새로운 IT 기술을 태동시킬 수 있는 문화적 유전자인 창발성과 혁신성을 서서히 피워내고 있었던 것이다. 미국의 IT 기술이 동부가 아닌 서부에서 더욱 융성할 수 있었던 배경이다.

서부의 창발적이고 혁신적인 문화적 분위기를 잘 설명해 주는 개념이 바로 '대항문화counter-culture'다. 대항문화란 기존 사회의 지배적인 가치 체계나 문화에 대하여 대항하고 거부하는 문화를 말한다. 1960년대부터 시작되어 기성의 사회적 통념과 가치관을 부정하고 인간성의 회복, 자연으로의 귀의 등을 주장했던 히피 문화가 대표적인 대항문화다. 히피들은 기존 사회를 거부하는 방편으로 머리를 기르고 방랑 생활을 하며, 자신들의 작은 공동체 사회(코뮌commune)를 만들어나갔다. 이들은 '진정한 자기'를 찾는 일을 가장 중요시했기에 대마초와 LSD 등의 환각제를 권장하기도 했고, 동양적 신비주의에 몰두하는 경향도 보였다. 히피 문화를 비롯한 이러한 대항문화는 특히 샌프란시스코와 로스앤젤레스 등 서부 지역을 중심으로 크게 번성했는데, 그 이유를 동부와 서부의 사회·경제적 배경에서 살펴보자.

대형 제조기업들이 발전해 있던 동부 지역에서는 안정적인 대기업에 근무하는 백인 남성들을 중심으로 중산층이 형성되며 가부장적 문화가 자리를 잡아나갔다. 이들은 경제적인 부를 축적하며 차츰 교외로 대규모 이동을 하기 시작했고, 도심에는 결국 경제력 없는 흑인들의 거주지가 형성되어갔다. 대표

1970년대 대항문화의 일환이었던 게이 해방 운동과 반전 운동에 앞장섰던 존 레논

적인 곳이 뉴욕의 할렘가 등이다. 이러한 가부장적 문화와 인종에 따른 빈부 격차가 고착되어가면서 인종 갈등과 여성 차별이 더욱 심화되었다.

이와 같은 배경에서 자녀 세대들의 반항이 시작되었다. 자녀 세대들은 가부장적인 아버지를 중심으로 하는 기성 문화에 반기를 들면서 새로운 문화를 펼쳐나갔는데, 그 열기의 중심이 바로 서부였다. 이때 청년들은 상업화된 자유와 쾌락에 몰두했다. 기성 사회의 가치와 규범을 받아들이는 것을 굴종과 노예화로 여겼고, 동시에 냉전 체제와 핵전쟁에 대한 반감을 적극적으로 드러냈다. 당시 이들이 벌인 운동의 양상은 히피 문화, LSD의 유행, 코뮌 운동, 언론 자유 운동, 소비자 운동, 흑인 시민권 운동, 여성운동, 게이 해방 운동, 베트남전 참전 반대 운동 등 실로 다양한 형태를 띠었다. 이런 다양한 운동을 포함하는 대항문화가 서부를 중심으로 구성되면서 여기에 새로운 기술들이 많이 필요하게 된 것이다.

오늘날 3대 IT 기업으로 불리는 애플과 마이크로소프트, 구글을 이끌었던 스티브 잡스와 빌 게이츠, 에릭 슈미트, 이 세 사람은 동갑내기로 모두 1955년생이다. 대항문화의 절정기였던 1970년대에 10대에서 20대를 보냈던 이들은 당연히 이러한 사회적 분위기에 많은 영향을 받을 수밖에 없었다. 특히 스티브 잡스는 그 무렵 히피 문화에 크게 경도된 바 있다. 이처럼 대항문화의 한가운데에서 청년 시절을 보낸 이들은 점차 사회의 중심으로 성장하면서 새로운 테크놀로지를 적극적으로 받아들이게 되었다.

따라서 이들의 기술에는 그 바탕에 나름의 철학이 담길 수밖에 없다. 왜 새로운 IT 기술이 모두 미국에서 탄생했는지, 특히 실리콘밸리에서 이런 변화가 나타났는지를 이야기할 때 단순하게 기술만으로 설명하면 안 되는 이유가 여기에 있다.

문화는 기술을, 기술은 문화를 만든다

IT 기술의 발전은 산업적 측면에만 영향을 끼치지 않았다. 사람들의 생활 방식과 문화, 생각과 사상에도 지대한 영향을 미쳤다. 우리나라에 개인용 컴퓨터와 초고속 인터넷이 널리 보급되었던 1990년대의 풍경을 떠올려보자. 당시 가장 많이 쓰였던 단어 중 하나는 바로 '사이버Cyber'일 것이다. 사이보그, 사이버 스페이스, 사이버 머니, 사이버 게임…. 이 책에 언급되는 웬만한 기술 용어들 앞에는 죄다 '사이버'를 붙였다고 해도 과언이 아니다. 그런데 이제는 사이버란 말이 어딘가 촌스럽고 구식으로 느껴진다. 한때는 최첨단의 위상을 가졌던 이 단어가 이제 거의 수명을 다한 것이다. 그럼에도 불구하고 사이버라는 말의 정확한 뜻을 이해하고 있는 사람은 여전히 많지 않다. 사이버의 태생적 의미를 이쯤에서 짚고 넘어가보자.

사이버는 인공두뇌학(인간 및 다른 유기체, 또는 기계의 제어와 통신 등에 관하여 연구하는 학문)을 의미하는 '사이버네틱스cybernetics'라는 용어에서 비롯된 말로, 사이버네틱스라는 개념을 처음으로 제안한 사람은 미국의 수학자인 노버트 위너다. 위너는 1950년에 『인간의 인간적 활용The human use of human beings』이라는 책을 발표했는데, 이 책의 부제가 바로 '사이버네틱스와 사회Cybernetics and Society'다. 사이버라는 것이 문화와 어떻게 연결되며 발전해가는가를 설명하는 내용이다. 사이버네틱스, 즉 생물과 기계를 컨트롤하고 커뮤니케이션하는 것에 대한 이론에 사회까지 포함시킨 것이다.

사회에서 인간끼리 소통하고 서로를 통제하는 데는 법과 제도와 관습이 필요하다. 마찬가지로 사이버네틱스에서 나왔던 여러 이론을 사회 조직이라든지 사회 커뮤니케이션으로 확대해서 쓴 것이 이 책이다. 당연히 문화와 관련된 부분들에 대해서도 융성한 저자의 생각이 가득 담겨 있다. 예를 들어 기계cybernetics와 생물organism을 결합하면 사이버 생물, 즉 사이보그cyborg가 된다. 인간의 몸에 기계를 합성해서 만들어낸 존재를 가리키는 말이다. 원래 이 개념은 우주로 인간을 보내기 위해 연약한 인간의 몸을 강화할 방도를 고안하다 만들어진 것이다.

아날로그 네트워크 시대의 종말

사이보그 다음으로는 네트워크가 인간의 뇌와 연결되는 개념이 퍼지기 시작했다. 그러다가 1968년 9월 《홀 어스 카탈로그Whole Earth Catalog》라는 잡지가 발간되었다. '전 지구 카탈로그'라는 이름처럼 다양한 제품들을 소개하고, 자급자족, 생태학, 대안교육, 홀리즘Holism 등 히피 문화의 주요 사상에 기반한 기사와 칼럼을 담은 잡지였다. 또한 이 잡지에서는 당시 LSD를 복용하는 이들이 추구했던 '의식의 확장'이라든지 사이버네틱스의 기술적인 개념을 절묘하게 연결시키는 내용들을 다루기도 했다.

이처럼 히피들은 《홀 어스 카탈로그》를 통해 일상의 다양한 정보 및 상품들을 서로 공유하기 시작했고, 이는 히피들의 커뮤니티를 형성해나가는 데 매우 큰 역할을 하게 되었다. 당시 히피 문화에 크게 경도되었던 스티브 잡스 역시 이 잡지를 성서처럼 여기며 즐겨 읽었다고 전해지기도 한다. 또한 이 잡지는 흡사 문화 운동의 양상을 띠기도 했다. 대표적인 사례가 '블루마블Blue Marble'이다. 블루마블은 우리나라에서는 보드게임 이름으로 유명하지만, 본래는 '파란색 지구'라는 뜻을 갖는 개

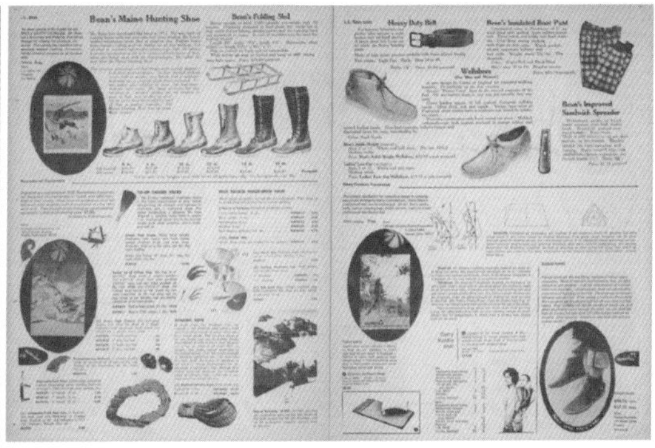
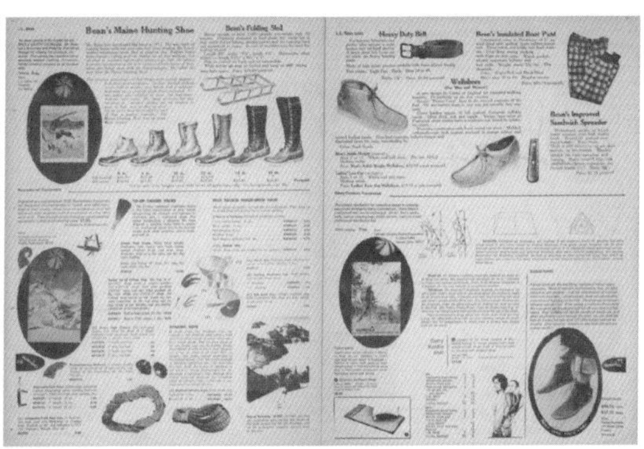

《홀 어스 카탈로그》 1968년 가을호

넘이다. 《홀 어스 카탈로그》의 표지에는 나사NASA에서 찍은 지구의 사진이 실려 있다. 나사에서는 초기에 이 사진을 대중에 공개하지 않았는데, 당시 히피들이 "지구는 우리 모두의 것"이라고 주장하며 일종의 저작권 공개 운동을 벌인 끝에 오늘날 이렇게 우리가 볼 수 있게 된 것이다.

물론 《홀 어스 카탈로그》의 시대는 끝났다. 인터넷으로 세상이 연결되면서 더 이상 이런 잡지가 네트워크 기능을 하던 시대는 지났다. 시대의 변화를 목전에 두고 《홀 어스 카탈로그》는 1971년 6월 마지막호 뒤표지를 다음과 같은 말로 장식한다.

"항상 배고파하고 항상 배워라Stay hungry, Stay foolish."

이 말은 스티브 잡스가 스탠퍼드대학교 졸업식 축사에서 한 것으로 유명해졌지만, 사실은《홀 어스 카탈로그》의 마지막 호에 등장했던 말이다. 스티브 잡스는 테크놀로지를 중심으로 사회가 새롭게 재편되는 이때에 졸업생들이 이 사회의 일원이 되기 위해서 가장 중요한 자질은 결국 항상 무언가에 '배고픈' 상태를 유지하는 것, 그리고 '배움에 대한 우직한 자세'를 유지하는 것이라고 연설하며 그가 사랑했던 잡지의 마지막 문장을 인용했던 것이다.

지금까지 실리콘밸리와 관련된 사회·경제적 역사, 그리고 문화적 특성 등을 살펴보았다. 이 외에도 실리콘밸리의 역사 속에는 오늘날 인터넷과 윈도우가 탄생하기까지의 이야기부터 본격적인 IT 시대가 개막되기까지의 다양하고 흥미로운 이야기들이 많다. 그러나 이 모든 이야기를 뒤로하고 여기서 우리가 기억해야 하는 것은, 문화와 역사, 테크놀로지는 따로 움직이는 것이 아니라는 사실이다. 이들은 언제나 거대한 사이클 안에서 함께 움직이는 태엽과도 같다.

그렇다면 이제 IT 기술이 만들어낸 거대한 사이클이 어떻게 변화하며 오늘날 세븐 테크로 이어지는지 알아보자.

PC, 윈도우, 인터넷이 불러온 지식 혁명

먼저 첫 번째 사이클은 컴퓨터가 대중적으로 보급되고 초고속 인터넷이 등장하기까지의 1980년대 말부터 2000년대 말까지를 말한다. 스티브 잡스와 빌 게이츠 등이 연계해서 만들어낸 이 사이클을 'PC·윈도우·인터넷 사이클'이라고 부를 수 있다.

실제로 개인들에게 컴퓨터가 보급된 시기는 1980년대 후반 정도부터였다. 그 이전까지만 하더라도 컴퓨터나 IT 기술은 거대 기업의 것이었다. 그런데 드디어 PC, 즉 개인용 컴퓨터가 공급되면서 빠른 속도로 보급이 늘어나게 되었고, 덕분에 애플과 IBM 같은 PC 제조기업이 승승장구하게 된다. 그리고 이렇게 하드웨어가 공급된 후에는 다시 이를 작동시킬 수 있는 소프트웨어가 필요해지기 마련이다. 이때 등장한 것이 바로 윈도우다.

마이크로소프트는 이미 1980년대에 MS-DOS를 내놓으며 컴퓨터 운영체제의 대표 주자로 자리매김을 시작했으나, 진정한 세계 최정상에 오른 것은 바야흐로 1995년 '윈도우95'를 출시하면서부터였다. 윈도우95는 기존 MS-DOS와는 달리 문자 입력식 명령이 아닌 아이콘 클릭, 드래그앤드롭drag-and-drop, 멀티태스킹 개념 등을 도입해 컴퓨터 사용 편의성과 안정성에 있어서 대대적인 혁신을 일으켰다. 그 결과 윈도우95는 출시 직후부터 폭발적인 인기를 끌면서 곧 전 세계 컴퓨터 운영체제 시장의 99퍼센트 가까이를 장악하게 되었다. 가히 세계 최고의 회사로 우뚝 선 것이다. 이와 함께 하드웨어 시장은 인텔에게 넘어갔다. IBM이나 애플처럼 자신들의 독자적인 운영체제를 가지고 컴퓨터를 만들던 회사보다는 윈도우를 잘 가동시켜주는 하드웨어로 최고의 품질을 자랑하는 반도체 칩을 공급한 인텔이 급부상하기 시작한 것이다.

그리하여 PC와 소프트웨어가 세상을 바꾸기 시작했다. 한편 당시만 해도 PC의 핵심 소프트웨어는 워드, 엑셀, 파워포인트 등 대부분 오피스 제품군이었다. 이러한 소프트웨어는 기업과 학생들이 사용하는 것이었을 뿐, 일반 사람들이 흔히 필요로 하는 것이 아니었다. 그러다가 드디어 일반인을 위한 서비스가 나타났으니 그것이 1990년대 말 초고속 인터넷망과 함께 등장한 인터넷, 웹 서비스다. 오늘날 우리가 너무나도 잘 알고 있는 구글과 네이버, 다음 등의 포털 사이트가 바로 이 시기에 등장했으며, 이로써 누구나 클릭만으로 검색 엔진을 통해 무엇이든 얻어낼 수 있게 되었다. 그야말로 지식의 혁명이 시작된 것이다.

스마트폰과 소셜미디어가 만들어낸 모바일 혁명

이제 두 번째 사이클로 넘어가 보자. 이 사이클의 주체는 스마트폰과 소셜미디어로서, 다른 말로 '모바일 사이클'이라고 할 수 있다. 호모사피엔스가 '호모 스마트포니쿠스'로 넘어가는 시기로, 구체적인 시기는 2007년부터라고 볼 수 있다. 사실 2007년 초반만 하더라도 스마트폰 판매는 그다지 많지 않았는데, 불과 2년 만인 2009년에 들어서며 글로벌하게 아이폰 기준 연간 대략 2,000만 대 정도 판매가 이루어졌다. 이때 우리나라에도 아이폰이 들어왔는데, 당시만 하더라도 대부분의 사람들은 스마트폰이 우리 삶에 획기적인 모바일 혁명을 일으키리라고는 예상하지 못했다.

2009년 글로벌하게 스마트폰 누적 판매량은 3,000만 대 정도였으나, 같은 시기에 PC는 몇억 대가 팔리고 있었으니 그 정도 팔렸다고 스마트폰이 세상을 바꾸리라고는 생각하지 못한 것이다. 이 무렵 LG전자가 맥킨지에 컨설팅을 맡겼다. 스마트폰의 등장 이후 기업의 대처를 질문한 것이다. 맥킨지가 바라본 스마트폰의 비전은 다소 부정적이었다. 그리고 하필이면 당시 LG전자는 피처폰인 초콜릿폰과 프라다폰으로 성공을 거둔 상황이었다. 그래서 LG전자는 스마트폰 사업에 적극적으로 뛰어드는 대신 디자인 전략에 더 치중해 대처하는 쪽으로 방향을 잡는다. 그 결과는 어떻게 되었을까? 모두가 알다시피 그때의 결정으로 LG전자는 끝내 시장을 따라잡지 못하고 2021년 스마트폰 사업을 완전히 접기에 이르렀다.

그렇다면 두 번째 사이클에서 부상한 기업은 어디일까? 이 시기에 스마트폰에서 주도권을 거머쥔 두 회사가 말 그대로 세계 최고의 기업이 되었으니, 바로 애플과 구글이다. 기존에 세계 1위를 차지하고 있던 마이크로소프트는 이로써 애플과 구글에 선두 자리를 내주고 말았다. 그다음으로 하드웨어 업계에서는 퀄컴이 부상했다. 모바일 시대에는 검색 엔진보다도 스마트폰에 필요한 하드웨어를 잘 만드는 회사가 더욱 중요해졌다. 그 결과 스마트폰 하드웨어에 내장되는 반도체를 만드는 기업인 퀄컴이 인텔을 따라잡은 것이다.

산업 헤게모니를 바꾸는 거대 사이클

2007년 시작된 두 번째 모바일 사이클도 이제 15년 차를 넘어서고 있다. 하나의 사이클이 대략 20년을 주기로 움직인다고 보면, 이제 세 번째 사이클을 대비해야 하는 시점이다. 물론 아직 세계는 두 번째 사이클의 절정기에 있다. 지금은 스마트폰으로 모든 것을 다 하는 세상이다. 현재 순위로 보면 한국에서는 카카오가 드디어 네이버를 따라잡았고, '메타'로 최근 이름을 바꾼 페이스북, 틱톡 등의 소셜미디어 기업의 위상이 날로 커지는 등 우리는 지금 거대한 변화의 한가운데에 서 있다.

다음 그래프는 애플과 마이크로소프트의 시가총액 변동 추이를 비교한 것이다. 1990년대 초반만 하더라도 두 기업의 시가총액은 비슷했다. 그런데 시간이 지날수록 두 기업의 차이가 급격하게 벌어졌다. 마이크로소프트가 승승장구하며 올라가는 동안, 애플은 급전직하하는 것을 볼 수 있다.

첫 번째 사이클 동안은 마이크로소프트야말로 명실상부 최고의 기업이었다. 그러나 2000년대 초중반부터 애플이 서서히 치고 올라오기 시작했다. 2007년 무렵에는 애플의 추격이 심상치 않다가, 2010년에 이르러 드디어 골든 크로스가 일어

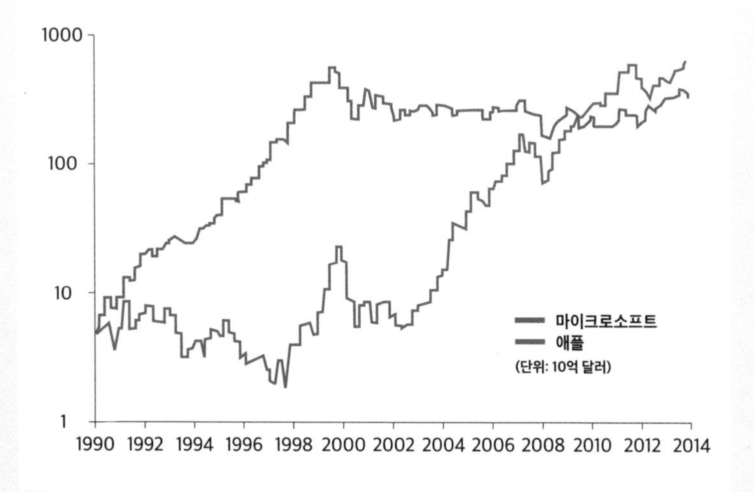

애플과 마이크로소프트의 시가총액 변동 추이

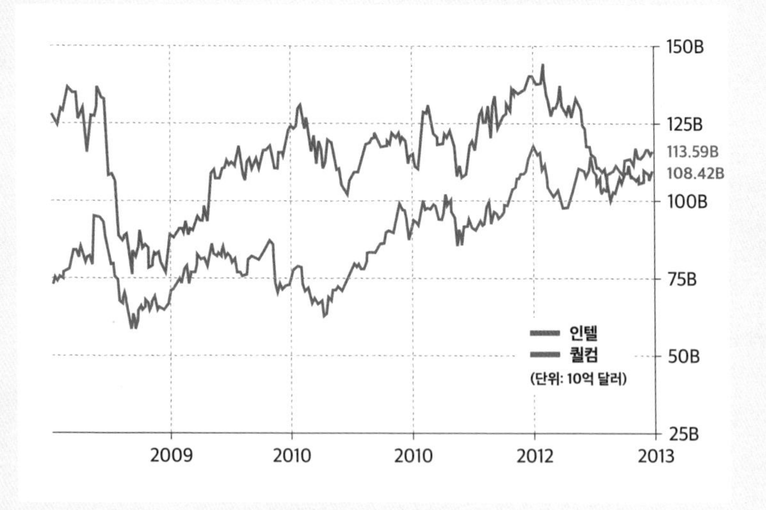

퀄컴과 인텔의 시가총액 변동 추이

나면서 애플이 세계 1위 기업의 자리를 석권하게 되었다.

이번에는 퀄컴과 인텔의 시가총액을 비교해보자. 사실상 2000년대 중반까지 퀄컴은 인텔과 비교 대상에 놓을 수 없는 회사라고들 여겼다. 실제로도 그랬다. 2007년 모바일 사이클이 시작되기 전에는 두 회사는 비교 대상이 아니었다. 그런데 스마트폰 판매량이 늘어나면서부터 점점 격차가 줄어들다가 2012년 스마트폰 판매량이 1억 대 이상이 되면서 드디어 퀄컴이 인텔을 추월하는 놀라운 사건이 벌어졌다. 이 두 그래프는 20년간의 거대 사이클이 산업 전체의 헤게모니를 바꾼다는 것을 단적으로 보여주는 사례다.

이미 시작된 IT 혁명의 서막, 세븐 테크

이제 본격적으로 세븐 테크 이야기를 꺼낼 차례다. 세븐 테크란 이미 2020년부터 조금씩 모습을 드러내기 시작한 세 번째 사이클의 핵심으로써, 앞으로의 세상을 그 어느 때보다도 혁신적으로 뒤바꿔놓을 일곱 가지 IT 기술을 말한다. 클라우드 컴퓨팅, 사물인터넷, 인공지능, 블록체인, 로봇공학, 증강현실 및 가상현실, 그리고 메타버스가 바로 그 주인공이다. 특히 그중에서도 메타버스가 가장 중심적인 역할을 할 것으로 보인다. 그런데 세븐 테크에 대해 설명하기에 앞서, 이번 사이클의 경우에는 시기적인 문제를 한 번 짚어볼 필요가 있다.

세상을 바꿀 거대한 사이클은 현재까지는 약 20년을 주기로 교체되어왔다. 1980년대 후반에 시작된 'PC·윈도우·인터넷 사이클', 2007년에 시작된 '모바일 사이클' 사이에도 20년의 간격이 벌어져 있다. 그렇다면 새로운 세상이 펼쳐지기까지 20년씩이나 걸리는 이유는 무엇일까? 가장 크게는 하드웨어 보급의 문제를 들 수 있다. 어떤 기술이든지 시장의 주류가 되기 위해서는 하드웨어 가격이 떨어져서 공급이 쉬워져야 한다. 또한 사람들이 새로운 소프트웨어 사용에도 익숙해져야 하며, 그에 따라 사람들의 습관도 바뀌어야 한다. 게다가 다른 여러 기술들과 함께 접목되어 원활하게 퍼져나가기까지는 아무래도 시간이 걸리기 마련이다. 또한 설사 기술이 빠르게 진전된다 하더라도 경제성이라든지 기타 제반 여건이 뒷받침되는 일이 중요하다.

그렇기에 세 번째 사이클은 빨라야 2025년 무렵에야 시작될 것으로 예상되었다. 그런데 세븐 테크 사이클은 그보다도

5년 정도가 더 앞당겨져 2020년에 이미 시작된 것이다. 왜 이렇게 빨라졌을까? 바로 코로나19 펜데믹 때문이다. 코로나가 우리 세상의 진화의 시계를 빠르게 당겨놓은 것이다. 이로써 세븐 테크를 중심으로 하는 IT 혁명의 막이 올랐다. 이제 문제는 이 새롭고도 거대한 물결 위에 누가 먼저 올라타는가 하는 것이다.

이 거대한 물결 위에서 그 어느 곳보다 와신상담하며 고군분투하고 있는 기업이 마이크로소프트다. 첫 사이클에서 세계 1위를 차지했던 마이크로소프트는 두 번째 사이클에서 애플과 구글에게 헤게모니를 빼앗겼다. 이후 2014년 마이크로소프트는 40대의 젊은 CEO 사티아 나델라를 등장시키며 새 판을 벌이기 시작했다. 그간 마이크로소프트는 빌 게이츠의 하버드대학교 동창인 스티브 발머가 대표직을 수행했는데, 스티브 발머는 카리스마 있고 뛰어난 인물이었지만 시대감각을 읽는 데는 능력이 부족했다.

새 CEO 자리에 오른 사티아 나델라는 마이크로소프트에 새로운 미래 비전 두 가지를 그려냈다. 첫 번째 비전은 클라우드 서비스 시장이었다. 마이크로소프트는 애저Azure라는 퍼블릭 클라우드 서비스를 제공하며, 기존 클라우드 서비스 시장의

1위를 지키던 아마존에 도전장을 내밀었다.

두 번째 비전은 혼합현실MR·Mixed Reality이다. 세븐 테크 이전의 IT 기술은 물리적 세계에 IT 기술을 접목해 현실을 증강하는 기술, 즉 증강현실AR·Augmented Reality의 특징을 가지고 있었다(물론 학술적으로 증강현실은 비전 기술에 접목한 좁은 의미로 해석하는 경우가 많은데, 여기서는 디지털 또는 IT 기술이 현실 세계에서 할 수 있는 일을 강화한다는 측면에서 가상현실과 대비되는 용어로 사용하는 것이니 오해가 없었으면 한다). 그것이 무엇이든 물리적 세계를 더 좋게 만들어주는 방향으로만 기술이 개발되었다. 한편 반대의 경우도 있다. 컴퓨터 게임처럼 본래 디지털인 세계에 물리적인 체험 기반을 마련해 가상을 현실처럼 느끼게 하는 기술, 즉 가상현실VR·Virtual Reality이다.

그렇다면 물리적 세계도 있고 디지털 세계도 있는 셈인데, 이 두 세계가 서로 양극단에서 반대 방향으로 움직이다 보면 나중엔 결국 중간의 한 지점에서 만나게 될 것이다. 이를 하나의 거대한 스펙트럼으로 봐서 '혼합현실'이라고 부르게 된 것이다. 현실 세계는 디지털 세계와 어차피 융합되는 방향으로 진화한다. 그러니 이와 관련한 새로운 세계를 준비해야 한다며 이를 비전화한 것이 마이크로소프트의 두 번째 미래 청사진이다.

물론 현재 우리가 맞이하고 있는 새로운 시대를 확장하는 데 마이크로소프트가 얼마나 기여하게 될지는 아무도 모른다. 그렇지만 이런 비전을 그려냄으로써 마이크로소프트는 이전의 패배를 극복하고 자신의 기회를 만들어가고 있다.

디지털 세계의 SOC '클라우드 컴퓨팅'

이제 구체적으로 세븐 테크를 구성하는 일곱 가지 기술을 하나하나 살펴보자. 가장 먼저 살펴볼 기술은 '클라우드 컴퓨팅'다. 아마존이 현재 세계 최고의 기업 중 하나로 평가받는 이유는 바로 클라우드 덕분이다. 클라우드는 디지털 세계의 SOC Social Overhead Capital(사회간접자본)라고 할 수 있다. 즉, 클라우드 컴퓨팅 인프라가 없으면 이제는 제대로 된 서비스를 할 수 없는 시대가 되었다는 말이다. 클라우드 컴퓨팅이 중심에 자리하고 있기에 모바일도 연결되고, 스토리지 storage(저장 장치)도 되고, 서버도 성장시킬 수 있고, 데이터베이스며 각종 앱도 사용할 수 있다. 따라서 클라우드를 제대로 제공하지 못하는 기업은 이제 경쟁에서 살아남기 힘들 것이다.

클라우드 분야에서 현재 1위 기업이 아마존이라면, 2위는 앞서 언급했듯이 미래 비전으로 여기며 뛰어든 마이크로소프트가 차지했다. 그리고 3위가 구글이다. 현재 이 세 기업이 디지털 세계의 SOC에 해당하는 클라우드를 장악하고자 부단히 노력하고 있다.

디지털과 현실을 잇는 '사물인터넷', 새로운 가치를 창출하는 '인공지능'

클라우드가 디지털 세계에 있는 것이라면, 현실 세계와 디지털 세계를 연결할 수 있는 기술이 필요하다. 이때 두 세계를 연결하는 다리 역할을 하는 것이 '사물인터넷IoT · Internet of Things'이다. 바로 세븐 테크의 두 번째 기술이다.

나는 사물인터넷을 설명할 때 종종 북유럽 신화에 등장하는 '비프로스트Bifrost의 다리'를 이야기하곤 한다. 북유럽 신화에는 신들의 세계인 '아스가르드'와 인간들의 세계인 '미드가르드'가 존재한다. 두 세계는 시간의 흐름을 비롯해 모든 법칙이 완전히 다른 곳이다. 그런데 이 전혀 다른 세계의 법칙을 연결하는 신이 한 명 있으니, 그가 헤임달Heimdall이라는 신이다. 헤임달이 두 세계를 연결하기 위해 무지개다리를 놓는데, 이 다리를 비프로스트의 다리라고 한다.

그럼 이 다리가 연결되는 순간 어떤 일이 벌어질까? 두 세계는 혼돈에 빠지고 만다. 시간의 흐름뿐만 아니라 모든 것이 완전히 다른 두 세계가 연결됨으로써 큰 혼란이 벌어지게 되는 것이다. 하지만 두 세계를 연결하는 다리가 계속 많아진다면 어떻게 될까? 디지털 세계와 아날로그 세계의 연결이 갈수록 긴밀해져 더 이상의 혼란은 사라질 것이다.

다시 말해 디지털 세계와 현실 세계를 연결하는 다리 역할을 하는 것이 사물인터넷이며, 사물인터넷 기술에 해당하는 것 중에서 현재 가장 큰 다리라고 할 수 있는 것이 바로 스마트폰이다. 지금 우리 일상에서 스마트폰만큼 현실 세계와 디지털 세계를 능수능란하게 연결하는 것은 없지 않은가.

세븐 테크 세 번째 기술은 디지털 세계의 가치를 업그레이드하는 '인공지능AI·Artificial Intelligence'이다. 우리가 클라우드에 데이터를 쌓고, 사물인터넷을 이용해서 데이터를 획득하면서 마지막으로 이루고자 하는 것은 무엇일까? 정확히 설명할 수는 없어도 무언가 가치 있는 일이다. 사실 우리가 모은 데이터는 그 자체만으로는 아무것도 아니다. 그런데 그 아무것도 아닌 데이터를 새로운 가치로 창출해내는 것, 업그레이드된 가치로 전환해주는 것, 그것이 바로 인공지능이다.

새로운 경제 인프라 '블록체인', 생활을 혁신하는 '로봇공학'

세븐 테크의 네 번째 기술은 경제와 관련이 깊다. 현재 일반적인 아날로그 세계에서의 거래와 디지털 세계에서의 거래는 분리되어 있다. 하지만 미래 세상은 디지털 세계와 현실 세계가 결합된 무한히 큰 세상이 될 터인데, 그러려면 디지털 세계와 아날로그 세계를 아우르는 새로운 경제 인프라가 필요하다. 그것이 바로 '블록체인'이다.

특히 메타버스의 등장과 함께 NFTNon-Fungible Token(대체 불가능 토큰)라는 용어가 많이 회자되는데, 이는 희소성을 갖는 디지털 자산을 대표하는 토큰을 뜻하는 말이다. 이와 같은 기술이 등장하면서 디지털과 아날로그를 연결하는 새로운 경제 인프라 구축이 가능해진 것이다.

세븐 테크의 다섯 번째 기술은 현실 세계의 혁신 기술로서의 '로봇'이다. 지금까지 나는 가끔 농담 삼아 로봇 기술을 양치기 소년 기술이라고 부르곤 했다. 그동안 로봇 관련한 기술이 세간의 주목을 잔뜩 받았음에도 불구하고 한 번도 제대로 된 성과를 이뤄 산업화된 적이 없었기 때문이다. 심지어 로봇 연구자들도 현실적 가능성에 고개를 갸웃할 정도였다. 그런데 드디어 때가 되었다. 로봇이 세상을 바꿀 때가 된 것이다.

흔히들 '로봇'이라고 하면 인간과 유사한 형태의 휴머노이드humanoid를 떠올리곤 한다. 하지만 사실상 그런 로봇은 앞으로도 상용화되는 데 꽤 많은 시간이 걸릴 것이다. 현재 로봇 시장의 연평균 성장률은 대략 20~30퍼센트 정도로, 시장의 대부분은 '로봇 청소기' 등 청소 로봇이 차지하고 있다. 인간의 모습을 닮기보다는 움직이는 기계에 더 가까운 형태지만, 청소 로봇처럼 한 가지 기능에 특화된 로봇은 실제 우리 삶에 매우 유용하다. 어설프게 인간을 조금씩 흉내낸 로봇보다 이처럼 기능적으로 발달한 로봇, 일 잘하는 로봇은 우리 삶을 크게 변화시킬 것이다.

미래의 인터페이스 '증강현실·가상현실', 두 세계의 완전한 공존 '메타버스'

디지털 세계가 그야말로 나날이 새롭게 확장되어가면서 이제 우리는 스마트폰을 뛰어넘어 그보다 훨씬 수준 높은 단계에서 디지털 세계와 소통하는 일을 필요로 한다. 이때 현실 세계와 디지털 세계를 연결하는 인터페이스가 증강현실과 가상현실이다.

스마트폰 이전에 우리는 인터넷으로 무언가를 하기 위해서는 컴퓨터 앞에 앉아 마우스로 클릭을 해야만 했다. 그러다 스마트폰으로 넘어오니 가장 좋은 점은 언제 어디서나 내가 필요로 하는 일을 할 수 있다는 것이다. 그런데 문제는 이번에는 단지 작은 모바일 화면을 보고 손가락으로 누르는 일밖에 못 한다는 것이다. 그러면 이를 극복하기 위해서는 무엇을 어떻게 해야 할까? 방법은 우리가 직접 기기를 '뒤집어쓰는' 것이다.

디지털 세계와 아날로그 세계, 두 세계의 접속을 가능하게 만드는 기술이 바로 세븐 테크의 여섯 번째 기술인 증강현실 및 가상현실이다. 다시 말해 현실 세계와 디지털 세계가 연결되는 미래의 인터페이스 기술이라고 할 수 있다. 인터페이스interface라는 말을 풀어보면, 인터inter는 'A와 B 사이에 있다'는 뜻이고, 페이스face는 '얼굴'을 뜻한다. 즉, 인터페이스란 얼굴과 얼굴 사이에 있다는 뜻이다. 서로 다른 두 존재가 마주 보고 있을 때 서로를 소통할 수 있게 해주는 것이 인터페이스다. 그렇다면 미래의 인터페이스 기술은 단연 증강현실과 가상현실이 될 것이다.

세븐 테크의 마지막 일곱 번째 기술은 '메타버스'다. 지금까지 언급한 모든 기술은 결국 디지털 세계와 아날로그 세계의 만남을 가속화하는 기술들이다. 그렇다면 이제 실제로 두 세계가 연결된 세상에 대하여 이야기해야 한다. 내가 디지털로 존재하는 세상, 그곳에서 우리는 어떻게 살아갈 것인지에 대한 전반적인 그림을 그릴 수 있어야 한다. 이렇듯 디지털 세계와 현실 세계가 완전히 공존하는 세계를 메타버스라고 한다. 앞서 설명한 여섯 가지 기술이 모두 모이면, 드디어 메타버스가 구성되는 것이다. 다시 말해 세븐 테크의 일곱 가지 기술은 각각 따로 떨어져 존재하는 것이 아니라, 모두 연결된 개념이라고 보아야 한다.

스토리텔링에서 스토리리빙으로, 자신만의 스토리를 살아라

세븐 테크의 시대가 오면 우리의 문화적 인식은 크게 바뀔 것이다. 가치관도 달라질 것이며, 삶에서 중요하게 여기는 것이 무엇인지도 달라질 것이다. 이에 대한 성찰로서 영화제작사 루카스필름(현재는 디즈니가 인수하여 디즈니의 자회사가 되었다)의 특수효과 랩인 ILMxLab의 감독 비키 돕스 벡은 지금과 같은 기술 변화에 대해 이렇게 말했다.

"스토리텔링이 단방향을 벗어나 점차 양방향으로 변화함에 따라 사용자가 기본 스토리 자체의 무결성을 훼손하지 않으면서도 자신의 스토리를 만들어가는 스토리리빙으로 발전하고 있다."

우리 시대가 스토리텔링의 시대에서 스토리리빙의 시대로 가고 있다는 말이다. 지금까지 우리의 콘텐츠가 내장한 스토리텔링은 일방적으로 전달하는 것이었다. 그런데 이제 이를 바탕으로 새로운 세계를 만들고 그 스토리 안에서 같이 살아가자는 것이다. 그것이 스토리리빙이다.

메타버스를 향한 세븐 테크의 혁명이 우리 앞에 어떤 미래를 펼쳐놓을지 아무도 정확히 예측할 수 없다. 다만 그것이 엄청난 혁신이라는 것만 확신할 수 있을 뿐. 이 책을 통해 세븐 테크를 면밀히 이해하는 과정을 모두가 나름대로 자신만의 철학을 정립해보는 기회로 삼게 되기를 바라본다.

INTERVIEW

"상상력이 이끄는 미래 사회에는 디지털에 능숙한 사람이 승자다"

김미경 × 정지훈

김미경 세상을 변화시키는 거대한 사이클에 대한 이야기가 인상 깊어요. 첫 번째가 1980년대 후반의 PC·윈도우·인터넷 사이클, 두 번째가 2007년의 모바일 사이클이라고 하셨는데요. 만약 첫 번째, 두 번째 사이클에서 모두 기회를 놓쳤다고 하면, 세브 테크로 대표되는 세 번째 기회만큼은 놓치지 않겠다는 의지를 가지고 세븐 테크를 공부해보면 좋겠습니다. 우선 세븐 테크가 우리와 같은 평범한 사람들과 무슨 관계가 있는 것일까요?

정지훈 예전에는 IT 산업이라고 해서 테크 관련한 분야가 따로 존재했습니다. 그런데 지금은 상황이 달라졌어요. IT 산업에 해당하는 기술들이 그냥 일상의 기본이 되었죠. 특히 모바일 시대가 되면서 테크를 잘 운용하는 사람과 그렇지 못한 사람의 간극이 커졌습니다. 예를 들어 스마트폰을 잘 이용하는 사람과 그렇지 못한 사람의 차이 같은 것이지요. 그러니까 세븐 테크의 일곱 가지 기술을 모두 이해할 필요 없이, 그중 자신이 가장 잘 사용할 것 같은 기술 하나만 제대로 이해하면 됩니다. 그것만으로도 가치가 있습니다.

김미경 이제는 마케팅, 기획, HR, 협업 등 대부분의 업무에도 테크 관련 지식이 있어야 하는 시대가 된 것은 분명해요. 현재 우리나라에서 세븐 테크를 접목해서 성공한 사례가 있나요?

정지훈 상당히 많습니다. 대기업이야 말할 것도 없고, '루닛Lunit'이라는 인공지능 기업의 경우, 이곳의 인공지능은 유방암이나 폐암 등을 엑스레이나 맘모그래피(유방촬영술) 영상을 보고 영상학과 의사보다 훨씬 잘 잡아냅니다. 이런 스타트업들 외에도 한국의 게임 기업들은 콘텐츠가 막강한 편입니다. 그야말로 스토리텔링에서 스토리리빙의 시대로 가는 길에서 무엇보다 콘텐츠의 힘이 센 우리나라는 매우 큰 역할을 담당하게 될 겁니다.

김미경 개인이 세븐 테크 기술을 지금 당장 사용해볼 수 있는 것에는 무엇이 있을까요?

정지훈 여러 가지를 해볼 수 있습니다. 예를 들면 메타버스 관련해서는 '제페토' 같은 플랫폼에 들어가볼 수도 있고, '로블록스' 같은 게임을 경험해볼 수도 있지요. 또한 카카오톡 서비스 중에 '클립'이라는 것이 있습니다. NFT와 토큰 등을 주고받을 수 있는 블록체인 지갑으로 간단히 설치할 수 있어요. 이렇게 각각 테크별로 한두 개씩 해볼 수 있는 일들이 많습니다. 사실 알게 모르게 이미 우리가 경험하고 있는 기술들도 많고요. 예컨대 지금 백신 패스를 증명하는 '쿠브COOV' 앱도 블록체인 기술로 만들어진 것이죠.

김미경 아무래도 자녀가 있는 분들은 아이들 교육 문제가 중요한데요. 테크와 관련한 교육의 현실은 어떤가요?

정지훈 얼마 전 한 의과대학에서 진행하는 교육의 미래에 대한 토론에 참여한 적이 있는데, 그때도 저는 이렇게 주장했어요. 의학에서도 수많은 지식을 외우고 공부하는 것보다 기술을 제대로 알고 활용하는 게 중요하다고요. 졸업하면 실제로 자기 전공 외에는 필요 없는 지식들을 가르치느라 많은 시간을 허비하는데 그 시간에 테크 교육을 하는 것이 훨씬 유용하다고 말입니다. 여기에는 인공지능이나 데이터 교육, 또한 사람 대하는 기술까지도 포함됩니다. 여전히 교육 현장에서는 테크에 대한 관심이 크지 않다는 것이 현실이지만, 그래도 이전에 비해서는 생각이 많이 바뀌고 있는 것 같습니다.

김미경 제가 아는 화가 한 분은 이제 디지털로 그림을 그린다고 해요. 그래서 지금 NFT 공부를 열심히 해서 자신의 그림을 어떻게 거래할 것인지 연구 중인데, 그분도 이제 막 디지털 세계에 입문했다고 볼 수 있겠어요.

정지훈 요즘에는 처음부터 디지털 그림으로 데뷔하는 사람들이 많이 늘었고, 반대로 아날로그 작품 활동을 하던 분들 중에서도 디지털 작품으로 전환해서 판매까지 하는 작가들이 늘어나는 추세입니다.

김미경 학생들은 미래 직업을 어떻게 준비해야 할까요?

정지훈 사실 테크의 발전으로 직업이 없어지는 일은 없을 겁니다. 다만 테크 덕분에 효율이 좋아지기에 필요한 인력이 줄어들 수는 있겠지요. 하지만 새로운 기술이 등장해 직업이 사라지는 것 이상으로 새로운 직업군이 생길 테니 여기에 집중하면 됩니다. 새로운 변화 앞에서는 부정적인 사고를 하기보다 긍정적인 측면에 집중해서 이를 내가 도약할 기회로 삼는 일이 중요합니다.

김미경 결국 미래는 상상력이 만드는 것 같아요.

정지훈 맞습니다. 현재 각 분야에서 '미친' 상상력이 꽤 많이 작동하고 있어요. 최근 인상적이었던 것 중에 영양사를 보조하는 인공지능이 있었습니다. 단체 급식을 할 때 누가 어떤 반찬을 남기고 어떤 반찬을 많이 가져갔는지를 체크하는 것인데, 이러한 데이터를 바탕으로 사람들이 좋아하는 메뉴를 개발할 수 있도록 하는 시스템입니다. 영양사 입장에서 매우 유용한 기능이 아닐 수 없겠지요.
구체적으로 사회복지사 업무를 도와주는 로봇도 생각해볼 수 있습니다. 사실 거동이 어려운 노인분들이나 장애인분들을 움직이게 하는 일은 육체적으로 힘에 부치는 일이죠. 이를 해결해주는 로봇이 있다면 상당한 도움이 될 겁니다. 그리고 메타버스에서는 안 되는 일이 없어요. 요즘 심리 상담 수요가 늘어가고 있는데, 모든 상담을 메타버스에서 할 수 있습니다.

김미경 최근에 스콧 갤러웨이의 신작 『거대한 가속』을 읽었는데, 저자가 던지는 메시지가 무척 강렬했습니다. 펜데믹 이후 개인·사회·비즈니스의 모든 추세가 10년씩 앞당겨지고 있는데, 우리 학문이 이걸 따라잡고 있는지를 질문하는 내용이었어요. 그러니까 세상과 학문 간의 10년 간극을 1년 동안 압축해서 가르쳐주는 일이 필요하다는 거예요.

정지훈 본문에서는 대략 5년 정도 사이클이 당겨졌다고 했지만 만약 코로나 상황이 장기화되면 그 간극은 10년, 또는 그 이상으로 벌어질 수도 있을 겁니다.

김미경 지금은 세상을 사는 기술적 차원이 완전히 달라지는 격변기라, 끌려가는 삶이 아니라 이끄는 삶을 살기 위해서는 모든 것을 새로 배워야 합니다. 당연히 남들보다 먼저 디지털 세계에 들어간 사람이 승자일 수밖에 없지요. 그러고 보면 나이가 문제가 아니에요. 예컨대 온라인 강의로 세븐 테크를 공부한 부모라면 자녀보다 앞선 세대가 될 수 있는 거지요. 실로 세븐 테크가 적용되는 분야는 무궁무진하니, 자기 전공에서 이를 잘 활용하면 수많은 창의적 직업이 창출될 수도 있겠어요.

정지훈 물론입니다. 최근에는 음악 관련한 테크 기업들도 많이 나오고 있어요. 예를 들어 피아노 교습의 경우 특정 인공지능 프로그램을 깔면 쉽게 피아노를 가르칠 수 있는 건반도 개발되었습니다. 피아노 학원에서는 이를 도입해서 교육하면 좋을 겁니다.

또한 테크와는 가장 거리가 멀어 보이는 농사일도, 스마트팜을 보면 테크 기술이 상당히 많이 적용되어 있습니다. 그러니 모두가 자신의 전공과 직업 뒤에 '테크'를 붙여봅시다. 교육테크, 뮤직테크, 포토테크, 보험테크, 정치테크, 명상테크, 스포츠테크 등등…. 여기서부터 상상력이 시작되는 것이고, 이것이 지금의 가장 큰 변화 양상인 것 같아요. 전에는 테크 자체를 이해한 후에야 그 테크를 어디에 사용해볼지 고민했다면, 이제는 내가 하고 있는 일에 먼저 테크를 붙여보는 겁니다. 그래야 세상 자체가 변하게 됩니다.

김미경 맞습니다. 우리 모두의 꿈이 테크를 통해서 더 가치 있게 연결되기를 바랍니다.

2

궁극의 가치를 실현하는 '인공지능'

이 경 전

인공지능 전문가, 경희대학교 경영대학 교수

경희대학교 경영학과·빅데이터응용학과 교수다. 인공지능과 비즈니스 모델을 주로 연구하고 있다. 미국인공지능학회(AAAI)가 수여하는 '혁신적 인공지능 응용상'을 세 차례 수상했고, AAAI의 대표 학술지 『AI Magazine』에 한국인으로서 유일하게 세 편의 논문을 게재하는 등 국제 학술지에 30여 편의 논문을 게재했다. 네이버, 삼성전자, LG전자, 예스24, BC카드, 기업은행 등의 자문교수를 역임했고, 2018년 대한민국 행정안전부로부터 전자정부유공자 대통령 표창을 받았다. 뤼이드, 삼성물산, 마인즈랩을 자문하고 있고, 경희대 AI BM Lab 지도교수와, 빅데이터연구센터장, 하렉스인포텍 사용자 중심 인공지능 연구소장을 맡고 있다.

합리적으로 행동하는 기계를 만드는 일

인공지능을 바라보는 시선에는 크게 두 가지 관점이 있다. 하나는 '사람처럼 생각하는 기계'를 만든다는 관점, 다른 하나는 '합리적으로 행동하는 기계'를 만든다는 관점이다. 둘 중 하나를 선택하라고 하면 나는 합리적으로 행동하는 기계 쪽에 손을 들겠다. 이 관점은 '인공지능의 바이블'이라 불리는 스튜어트 러셀과 피터 노빅의 책 『인공지능』에서 정립된 것으로, 이제부터 시작될 인공지능 이야기는 기본적으로 이 관점에서 출발한다.

결국 우리가 인공지능을 만든다는 것은, 사람처럼 생각하는 무엇을 만드는 것이 아니라 합리적으로 행동하는 기계, 목표를 최적화하는 기계를 만드는 일이다. 이때 인공지능은 어떤 존재가 아니라 도구에 불과하다. 즉, 인공지능은 주어진 목표를 위해 적절히 행동하는 무언가를 만드는 방법론이다.

다시 말해 인공지능이란 지능적 사물, 좀 더 지능적인 인간, 지능적인 환경, 인프라를 만드는 것이다. 예를 들어 스마트 빌딩을 생각해보자. 어떤 빌딩이 '스마트하다, 지능적이다'라는 것은 어떤 의미일까? 사람처럼 생각하고 행동하는 빌딩이란 뜻이 아니다. 빌딩 관계자들의 목표, 즉 안전성이나 편리성, 쾌적함 등을 위해 적절히 행동하는 빌딩이라는 뜻이다.

휴먼로봇 시대는 멀었다

2014년 「휴먼로봇 시대는 멀었다」라는 글을 신문에 쓴 적이 있다. 소프트뱅크 손정의 회장이 감성 로봇 페퍼Pepper를 2015년에 내놓을 것이라고 발표했는데 이에 대한 비관적 전망을 피력한 글이다. 미국 매사추세츠공대MIT 미디어랩이 만든 패밀리 로봇 지보Jibo에 대해서도 마찬가지 평가를 했다. 이들 로봇에 대해 비관한 이유는 간단했다. 이들이 '사람 같은' 로봇이었기 때문이다. 이들 로봇은 지나치게 사람처럼 생겼고, 사람과 비슷한 행동을 하는 것처럼 마케팅이 되었다. 결국 페퍼는 현재 생산이 중단된 것으로 알려져 있다. 2018년 《주간 아

베어로보틱스의 서빙로봇 '서비'

사히》 기사에 따르면 페퍼와 3년 계약을 한 기업들의 85퍼센트가 재계약을 하지 않았다고 한다. 이처럼 사람과 유사한, 사람과 닮은 인공지능을 추구하면 실패하기 쉽다.

그렇다면 '사람 같지 않은' 로봇은 어떨까? 사람 같지 않은 로봇의 성공 사례가 서빙로봇이다. 서빙로봇은 한번 목표를 정해주면 거침없이 그곳을 향해 간다. 지금도 대형 음식점 중에는 서빙로봇을 이용하는 곳들이 꽤 있다. 손님들은 그곳에서 종업원들이 서빙로봇을 따라다니는 모습을 쉽게 볼 수 있다.

베어로보틱스는 바로 이 서빙로봇으로 성공한 스타트업이다. 이 회사를 창업한 하정우 대표는 구글에서 엔지니어로 근무하면서 부업으로 순두부 가게를 시작한 인물이다. 그러다 서빙하는 종업원들의 고된 업무를 파악하고 음식을 나르는 단순 반복적인 일을 로봇에 맡기면 사람은 고객과 서비스에 더 집중할 수 있을 것이라고 판단했다. 그래서 구글을 떠나 다른 두 명의 공동 창업자와 함께 2017년 서빙로봇을 생산하는 베어로보틱스를 설립했다. 그의 판단은 그야말로 시의적절한 것이었다. 2020년 초 베어로보틱스는 소프트뱅크로부터 대규모의 투자를 유치함으로써 날로 위상을 높여가고 있다.

반면 테슬라는 2021년 8월 인간과 비슷하게 디자인된 로봇인 '테슬라 봇Tesla Bot'을 개발 중이라고 발표하며, 2022년에 그 프로토타입을 공개할 예정이라고 했다. 그러나 이 역시 인간형 로봇을 추구한다는 점에서 개인적으로는 테슬라 봇의 전망이 그다지 밝지 않을 것이라 예측한다.

사람 같은 AI는 천동설,
합리적 AI는 지동설

비유하자면, 사람 같은 AI는 천동설, 합리적 AI는 지동설이라고 할 수 있다. 사람 같은 AI는 태양이 지구를 돈다고 생각하던 옛날식 사고일 뿐, 인공지능이 발전하면 발전할수록 인공지능 시스템은 인간과 닮는 것이 아닌 더 합리적인 AI로 가게 되어 있다.

생각해보자. 비행기가 발전하면 할수록 새처럼 생기고, 새처럼 날았는가? 그렇지 않다. 자동차가 발전하면 할수록 사람처럼 뛰었는가? 그렇지 않다. 라이트형제의 비행기 개발은 새처럼 날개를 퍼덕이는 모형을 포기하는 데서 출발했다. 항공공학은 '새처럼 나는 기계Bird-like Machine'의 개발을 포기하면서 가능해진 것이다.

새를 연구하는 조류학에서 비행기가 나온 것이 아니라 유체역학 이론인 베르누이 방정식(유체가 흐르는 속도, 압력, 높이의 관계를 수량적으로 나타낸 법칙)을 응용해 비행기가 발명됐다. 즉, 인공지능 연구에서 인간이나 동물 같은 자연 생물체들을 참고는 할 수 있으나 그것과 똑같은 것을 만들려고 노력할 필요는

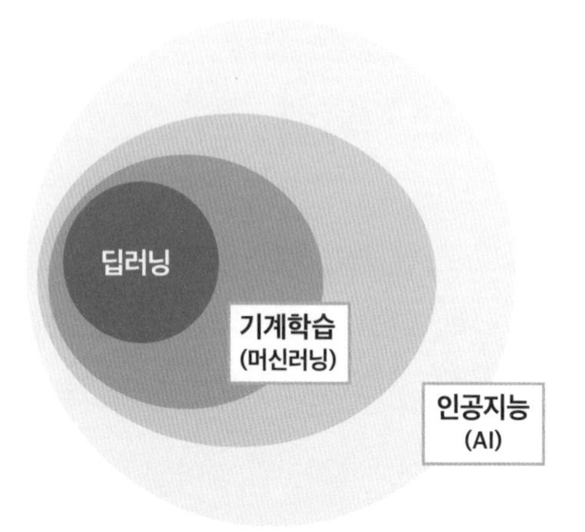

AI, 머신러닝, 딥러닝의 관계

없다는 말이다.

그럼 구체적으로 인공지능의 구조에 대해 살펴보자. 다음 그림은 인공지능, 머신러닝(기계학습), 딥러닝의 관계를 표현한 것이다. 인공지능 기법이 가장 큰 범주에 있고, 그 안에 머신러닝 또는 기계학습이라고 불리는 방법론이 있으며, 다시 그 안에 딥러닝이라고 불리는 방법론이 있다.

이를 보면 딥러닝은 머신러닝 기법의 일종이고, 머신러닝은 인공지능 기법의 일종임을 알 수 있다. 이 세 가지가 잘 어우러져야 제대로 된 인공지능 시스템이 만들어진다. 이세돌 9

단을 이긴 바둑 인공지능 알파고도 CNN Convolutional Neural Network이라는 딥러닝 방법론에 강화학습형 기계학습 방법론이 합쳐지고, 몬테카를로 트리 탐색(의사 결정을 위한 경험적 탐색 알고리듬, 주로 게임에 적용된다)이라는 기존의 인공지능 방법론이 합쳐져서 탄생한 것이다.

기계는 어떻게 학습하는가

그럼 기계학습이란 무엇인가? 간단히 말해서, 기계가 세계에 대해 경험(관찰)하면 할수록 성과가 향상될 경우 그 기계는 '학습'한다고 말할 수 있다. 예를 들어 집에 있는 세탁기가 처음 샀을 때보다 5년이 지난 지금 성능이 더 좋아졌는가? 만약 그렇다면 그 세탁기는 학습하는 세탁기라고 할 수 있지만 안타깝게도 그런 세탁기는 아직 존재하지 않는다.

그렇다면 우리가 현재 갖고 있는 기계 중에 학습이 가능한 것으로는 무엇이 있을까? 스마트폰이 그런 성향을 다소나마 띠기는 한다. 스마트폰을 바꾸는 일에 약간의 고민이 필요한 것도 초기화할 경우 불편함이 따르기 때문이다. 사실 그래서 이름이 '스마트폰'이다. 아마 앞으로 10년, 20년 후에는 우리 주변에 있는 기계들이 다 스마트해져서 학습하는 기계로 변신해 있을지 모른다.

이제 딥러닝(인공신경망)에 대해 알아보자. 먼저 중고등학교 때 배운 신경망 구조를 떠올려보자. 뉴런에는 핵, 수상돌기, 축색돌기가 있으며 그 사이를 연결하는 것을 시냅스라고 한다는 정도를 기억할 것이다(물론 실제 신경망은 훨씬 더 복잡한 생화학적인 시스템이다).

이를 컴퓨터적으로 쉽게 이야기하면, 주변의 뉴런과 모두 연결된 하나의 뉴런에 입력이 들어왔을 때 이를 모두 더해서 어떠한 값보다 크면 소리가 나고, 그렇지 않으면 소리가 안 나는 것이다. 이와 같은 원리로 인간의 논리적인 추론이나 자동적인 학습이 가능하다는 것을 발견한 것이 대략 1946년쯤의 일이다. 그리고 이 원리를 처음으로 기계로 만든 것이 1958년경의 일이다. 인간(동물)의 신경망 작동에서 영감을 받아 단순화하고 재창조한 인공신경망 구조로 논리적 추론이 가능하고, 자동적으로 학습하는 것이 가능하다는 것을 발견해나가고 있는 과정이 바로 요즘 우리가 이야기하는 딥러닝이다.

인공지능은 불량 너트를 어떻게 판별할까?

안산 시화공단에 있는 프론텍이라는 기업에서 인공지능 시스템 개발을 의뢰받은 일이 있다. 너트를 만들어 현대자동차에 납품하는 회사였는데, 그동안은 너트의 사이즈가 정확하고 너트의 나사선이 일정하게 들어가 있으면 정품으로 취급받았다. 그러던 것이 현대자동차의 위상이 높아지면서 너트의 품질에도 보다 엄격한 기준을 요구받게 되었으니, 약간의 흠이 있는 너트도 모두 불량품 처리를 해야만 했다.

문제는 그 회사에서 하루에 생산되는 너트의 수량이 무려 10만 개였다는 것이다. 기존의 비전 검사기는 새로운 품질 조건을 검사할 수가 없었다. 그래서 회사에서는 불량품을 검수하기 위해 너트 하나하나를 사람의 눈으로 판별하는 방식을 사용했다. 즉, 하루에 10만 개의 너트를 일일이 사람의 손을 거쳐 판별해야만 했던 것이다. 얼마나 고된 노동인가. 그래서 회사에서는 너트의 불량 여부를 판단하는 인공지능 시스템을 개발해달라고 의뢰해온 것이다.

내가 소속된 경희대 빅데이터연구센터 개발팀은 몇 달간

의 고투 끝에 0.2초 안에 95퍼센트 이상의 정확도로 너트를 분류해주는 시스템을 개발했다. 시스템의 구동 원리는 다음과 같았다. 먼저 너트가 유리판 위에서 한 바퀴를 돌게 한다. 이때 위아래에서 카메라 세 대가 너트를 찍어 인공지능 시스템에 보내면 이 시스템이 불량 여부를 판단한다. 여기서 불량품으로 판단되면 에어건이 나와서 해당 너트는 유리판에서 떨어지게 된다. 이 시스템은 옥스퍼드대학에서 개발한 딥러닝 구조를 가지고 와서 프론텍 회사의 데이터에 넣어 학습시킨 것이다. 이렇게 인공지능 모델을 개발한 후 공장 시스템에 내재화시켰다. 불량품을 찾아내는 이 인공지능 시스템으로 경희대 빅데이터 연구센터 개발팀은 2020년 미국 인공지능학회에서 '혁신적인 인공지능상'을 받기도 했다.

인공지능, 어디까지 왔을까?

현재 인공지능 기술은 어디까지 진보했을까. 체스나 퀴즈, 바둑, 장기, 아타리 게임에서는 이미 인간을 이기고 있다. 구글이 인수한 영국 회사 딥마인드에서 이 모든 게임 항목을 다 이기는 인공지능 시스템을 개발했으니, 이것이 뮤제로 MuZero라는 프로그램이다. 이는 기보를 학습하지 않고 자기들끼리 게임하면서 학습하는 인공지능 시스템이다.

그리고 인공지능 보청기, 인공지능 에어컨, 인공지능 전자레인지 등도 나오고 있다. LG전자의 최신형 에어컨 중에는 에어컨에 카메라가 달려 있는 모델들이 있다. 에어컨에 카메라가 왜 필요할까? 사람이 있을 때만 에어컨 바람이 나오게 하고, 집 안의 구조를 탐색해서 적절한 곳에 바람을 보내기 위한 장치다. 물론 여기서 찍은 사진은 LG전자 클라우드로 가지 않는다. 사생활 침해가 되기 때문이다. 이처럼 클라우드 시스템이 아닌, 작은 카메라 칩에 인공지능을 붙임으로써 사생활을 보호하면서 지능적인 기능을 하도록 만드는 것을 '엣지 인공지능'이라고 한다.

제너럴일렉트릭의 전자레인지에도 카메라가 달려 있어 음식이 제대로 익었는지를 판별한다. 예컨대 냉동식품을 전자레인지로 조리할 때 단지 작동시킨 시간만 가지고는 제대로 익었는지 아닌지 판단이 어려운 경우가 있다. 이때 전자레인지에 달린 카메라가 음식이 제대로 익었는지, 노릇노릇하게 익었는지를 먼저 확인하게 하는 것이다.

보청기도 끊임없이 진화하는 제품의 하나다. 보청기란 오디오 앰프처럼 주변의 작은 소리를 크게 키워주는 기계다. 그런데 이때 사람 목소리가 아닌 다른 소리까지 크게 키우면 착용자는 무척 괴로울 수밖에 없다. 그래서 주변의 소리 중에서도 사람의 목소리만 골라 증폭시키고 그 밖의 모든 소음은 제거하도록 발달하고 있다. 심지어 이제는 상대방의 목소리를 각각 구분해서 목소리마다 다르게 듣도록 해주는 기능까지 학습하고 있는 상황이다.

자율주행 자동차는 어떨까? 현재 2단계 자율주행 자동차, 4단계 자율주행 자동차 등 여러 논의가 활발하게 이루어지고 있다. 하지만 완전한 자율주행이 현실화되기까지는 생각보다 시간이 오래 걸릴 것이다. 테슬라 자동차에서 운전자가 앞좌석이 아닌 뒷좌석에 느긋하게 앉아 창 밖을 구경하며 목적지에 도착하기까지는 어느 정도의 시간이 더 필요할지 아직까진 아무도 모른다. 왜냐하면 인공지능은 여전히 실수가 잦은 편이기 때문이다. 특히나 그 실수가 사람의 생명을 좌지우지할 수 있는 종류라면 극도로 신중할 수밖에 없다. 그러니 현재 인공지능을 응용해서 성공하고 있는 분야들은 모두 인공지능의 실수가 그다지 치명적이지 않은 분야라고 할 수 있다.

뼈 나이를 측정하는 인공지능

의료계에서 인공지능을 활용한 사례는 어떨까. 요즘에는 키가 잘 안 크는 자녀를 둔 부모들이 아이를 병원에 데려가서 손가락 엑스레이를 찍는다고 한다. 예를 들어 열두 살 아이의 손가락 뼈가 엑스레이 판독 결과 아홉 살 수준으로 나오면 키가 더 클 수 있다는 것이다. 이것을 진단하는 데 30분 정도의 시간이 걸린다고 한다.

그런데 얼마 전 아산병원은 뷰노와 협업해서 이를 진단하는 인공지능을 만들었다. 시스템 개발에는 우선 종류별로 각 나이당 1,000장 정도의 엑스레이 데이터가 필요하다. 데이터가 필요한 연령대를 5세에서 20세까지라고 하면, 모두 16개 나이대가 된다. 여기에 1,000을 곱하면, 1만 6,000장 정도의 엑스레이 데이터가 있으면 인공지능을 학습시켜볼 수 있다. 게다가 엑스레이 사진은 흑백이어서 칼라보다 학습이 훨씬 더 쉽다는 장점도 있다. 뷰노는 아산병원으로부터 제공받은 6만 장 가량의 엑스레이 데이터를 가지고 인공지능을 학습시켰고, 마침내 의사보다 더 빠르고 정확하게 손가락의 뼈 나이를 판별하는 진단 시스템을 만들어냈다.

그럼 이제 의사들은 직업을 잃게 되는 것일까? 그렇지 않다. 아직도 인간이 해야만 하는 일은 너무도 많다. 인공지능의 기능이 발달하면 할수록 이는 보다 훌륭한 인간의 도구로서 활용되기 마련이다.

인공지능으로 스포츠계의 구글을 꿈꾸다

다음 사례는 인공지능으로 독보적 영상 분석 기술을 선보임으로써 축구의 판을 뒤흔든 비프로일레븐의 경우를 보자. 비프로컴퍼니의 강현욱 대표는 자신이 좋아하는 축구를 대상으로 스포츠 비즈니스를 시도했다.

그는 제일 처음 독일의 함부르크로 진출했다. 그곳에서 운동장에 카메라 세 대를 놓고 90분짜리 축구 경기를 찍어, 세 개의 영상을 하나의 영상으로 합쳤다. 그리고 이를 보고 패스 성공률, 유효 슈팅률 등을 모두 계산한 것이다. 그런데 인공지능이라고 이를 완벽하게 계산할 수는 없다. 그래서 축구 마니아들이 가세해서 인공지능이 놓친 것들까지 보완해서 축구 기록을 만들어냈다.

2022년 1월 현재 전 세계 1,355개 축구 팀이 비프로일레븐의 서비스를 사용하고 있다. 그런데 만약 토트넘과 맨체스터 유나이티드가 경기를 하는데, 이때 토트넘은 비프로일레븐의 고객사이고 맨유는 고객사가 아니라면 어떻게 될까? 어차피 영상은 두 팀의 경기를 같이 찍는 것이다. 그럼 일단 해당 영상을 고객인 토트넘에 주고, 맨유에는 샘플만 준다. 그러면 샘플을 받아본 맨유에서는 다시 이를 사고 싶어 할 것이다. 이런 식으로 비프로일레븐은 고객사를 계속 확장해나갔다.

비프로컴퍼니는 현재 스포츠계의 구글이 되겠다고 기염을 토하고 있다. 비프로컴퍼니는 축구 팀에서 시작해 미식축구, 농구까지 서비스 제공 분야를 확장하고 있다. 한국 회사임에도 실제 비즈니스는 모두 외국에서 하고 있는 특이한 사례다. 이 또한 인공지능과 사람이 협력해서 비즈니스 체제를 구축한 결과라고 할 수 있다.

순환자원 회수로봇과 '로봇 선생님'

지구 환경 보호를 위한 선순환 경제 비즈니스 모델을 만들고 이를 AI와 로보틱스, 서비스 디자인 역량으로 구현한 기업이 있다. 바로 수퍼빈이라는 벤처기업이다. 이 회사에서는 페트병과 알루미늄캔을 수집, 분류, 가공해서 다시 고부가가치의 원재료로 변환하는 과정을 수직 계열화함으로써 경쟁력을 확보했다.

이곳의 순환자원 회수로봇인 '네프론'은 일종의 자동판매기처럼 생겼다. 내부에는 컨베이어벨트 장치와 카메라, 그리고 체중계처럼 무게를 재는 기능이 있다. 그래서 이용자가 여기에 페트병이나 캔을 넣으면 무게를 재고 카메라로 찍어서 그것이 100퍼센트 페트인지를 확인한다. 만약 불순물이 들어 있다거나 겉의 비닐이 제거되지 않는 등 100퍼센트 페트가 아니라면 다시 뱉어낸다. 반면 이게 무사히 통과될 시에는 종류별로 자동 분류해 압축한 뒤 내부에 저장한다. 그리고 사용자가 자신의 휴대폰 번호를 입력하면 현금화가 가능한 포인트를 이용 실적만큼 적립해준다.

지금은 알루미늄캔과 페트병만을 대상으로 하고 있지만, 향후 AI 모델 변경에 따라 다양한 분야로 확장이 가능하다. 이 시스템의 활성화를 위해서는 폐기가 끝이 아닌, 폐기물이 새로운 생산의 재료가 되는 순환 경제를 위한 제도 개혁도 필요하다.

AI 캔·페트병 무인 회수기 네프론

다음은 뤼이드 사례다. 뤼이드는 소프트뱅크 손정의 회장이 비전펀드 2,000억을 투자하는 등 현재 세계를 선도하는 에듀테크 회사로 우뚝 선 기업이다. 이곳에서는 인공지능을 활용한 맞춤형 토익 컨텐트 '뤼이드 튜터'를 선보임으로써 새로운 학습 패러다임을 주도하고 있다.

뤼이드 컨텐트의 원리는 간단하다. 넷플릭스나 아마존, 왓챠 등에서 사용자가 좋아할 만한 컨텐트를 추천하는 원리와 상당히 유사하다. 넷플릭스에서는 고객과 취향이 가장 비슷한 사람이 재미있게 본 영화를 추천해주는데 이렇게 하면 해당 고객 또한 볼 가능성이 높다. 뤼이드는 이를 영어 토익 시험에 적용했다. 이용자들은 뤼이드가 신기하게도 자신의 점수를 기가 막히게 맞히더라는 이야기를 많이 한다. 사실 뤼이드 입장에서 이를 맞히는 것은 너무 쉬운 일이다. 이미 앞서 토익 컨텐트를 거쳐간 이용자들이 많기 때문에 해당 고객이 몇 문제만 푸는 것을 보면, 문제 푸는 시간이라든지 오답률 등을 체크해 현재의 수준을 정확히 예측할 수 있다. 이때 고객이 틀릴 만한 문제를 자꾸 제시하면서 계속 실력을 향상시켜주는 것이 뤼이드 시스템이다.

한마디로 '예상 점수 예측 오차의 최소화, 목표 실력 도달 시간의 최소화'가 뤼이드 시스템의 슬로건이다. 뤼이드는 현재도 계속해서 인공지능 예측 시스템을 업그레이드시키며 세계의 에듀테크 시장을 선도하고 있다.

일단 '무엇이든' 다 하는 인공지능

인공지능은 무엇이든 초안 상태를 잘 만든다. 예를 들어 사용자가 초상권 침해를 걱정할 필요 없는 사진을 원하면 존재하지 않았던 사람들의 얼굴도 잘 만들어주고, 새롭게 창업했을 때 회사 이름과 슬로건을 입력시키면 디자인 초안도 만들어준다. 그러면 인공지능이 만들어준 몇 가지 초안 중에서 괜찮은 것을 골라 실제 디자이너에게 발주해서 발전시키면 된다. 이처럼 아직까지 인공지능이 완벽한 것을 만드는 일은 잘 못하지만 초안을 빨리 만드는 일은 매우 잘한다고 할 수 있다.

번역도 마찬가지다. 인공지능이 초벌 번역은 대단히 잘한다. AI 번역 프로그램에는 여러 가지가 있는데 그중에서 구글 번역이나 네이버 파파고보다 더 뛰어나다고 평가받는 것이 플리토Flitto의 번역 서비스다. 그 이유가 무엇일까? 플리토는 원래 AI 번역 서비스가 아닌 집단지성 번역 서비스였다. 그래서 전 세계 인터넷 사용자들이 공동으로 번역을 해주던 것이 2016년 인공지능 번역기가 등장하면서 플리토 역시 인공지능 번역 기능을 추가한 것이다.

플리토의 서비스 방식은 다음과 같다. 처음에는 사용자가 인공지능에게 먼저 번역을 시켜본다. 그리고 결과가 마음에 안 들면 다시 사람에게 번역 요청을 한다. 이때의 비용은 500원에서 3,000원 정도로 세 번 정도까지 주문을 할 수 있다. 처음 번역이 마음에 안 들면 또 다른 사람에게 요청하는 식이다. 그러면 그 안에서 공급자들이 자신들의 수익을 늘리기 위해 경쟁한다. 최종적으로 만족스러운 결과물이 나오면 그때 완료 버튼을 누르게 되고, 이 결과물이 플리토의 데이터로 들어간다.

반면 구글 번역이나 네이버 파파고에서는 재차 시도하여 완벽한 번역을 받아볼 방법이 없다. 그래서 새로운 학습 데이터를 얻기가 어렵다. 하지만 플리토에서는 집단지성 서비스에 AI가 들어가면서 데이터가 계속 발전하는 방식이라 이용자들의 만족도가 높을 수밖에 없다.

AI의 가능성과 한계를 보여준 GPT-3

2021년 1월 미국의 인공지능 연구소 '오픈AI OpenAI'에서 공개한 화제의 주인공이 있다. 바로 AI 화가 '달리 DALL-E'다. '달리'는 텍스트를 읽고 그에 맞게 이미지를 만드는 인공지능으로, 지금은 말로만 지시해도 그림을 바로 그려낸다. 조만간 말로만 해도 3D 프린팅까지 나올 수 있을 것이다. 예컨대 "아보카도 모양의 팔걸이 의자 샘플을 프린트해봐"라고 주문하면 디자인을 해서 프린트까지 할 수 있는 것이다.

2020년 오픈AI에서 세상을 깜짝 놀라게 한 AI 시스템이 GPT-3(생성적 사전학습 변환기 3)였다. GPT-3는 N개의 단어 배열이 입력으로 주어지면 N+1번째에 나올 가장 그럴듯한 단어를 출력하는 시스템이다. N+1번째 단어가 나오면 다시 그 N+1개의 단어 배열 입력으로 N+2번째의 단어 출력을 반복하며 대답과 문장을 만드는 구조다. 이 AI 시스템은 놀랍게도 인터넷에 존재하는 영어 문서를 다 긁어모아 학습 데이터로 삼았고, 1,750억 개의 파라미터(두 개 이상 변수 사이의 함수관계를 정하기 위해 사용되는 또 다른 변수)를 학습했다. 그러니까 인터넷에 존재하는 모든 영어 문장에 한 단어씩 임의로 구멍을 내서 그 단어를 맞추는 걸 자기 혼자 학습한 것이다. 어느 정도 학습이 된 이후 발표한 GPT-3에서는 꽤 흥미로운 일이 발생했다.

예를 들어 "기린은 눈이 몇 개야?"라고 물으면 "기린은 눈이 두 개야"라고 대답한다. 그런데 "내 발은 눈이 몇 개야?"라고 물었더니, 실망스럽게도 "네 발은 눈이 두 개야"라고 대답했다. 기존 영어 문서에는 발에 눈이 있다는 표현이 거의 없다. 기존 언어 표현에 없으니 학습이 안 된 것이다. 오직 언어적으로만 학습되었기 때문에 시공간적 상식이나 인과관계, 동기 부여 등에 대한 지식이 필요한 응용 분야에서는 이처럼 어이없는 실수를 저지르는 것이다.

이처럼 GPT-3는 언어 모델의 한계를 가질 수밖에 없다. 하지만 이메일 회신, 채용문서 생성, 광고문 생성, 간단한 웹, 앱 디자인 프로그래밍 등에서 초안을 빨리 생성해서 인간 사용자의 생산성을 올려주는 도구가 될 수 있는 가능성을 멋지게 보여주었다고 할 수 있다.

이루다는 혐오도 옹호도 모른다

말하는 로봇 기술이 등장했다고 해서 이를 실제 삶의 현장에서 이용하기는 아직 어렵다. 예를 들어 콜센터 같은 곳에서 로봇이 일한다고 생각해보자. 무수한 고객들이 실제 사람에게도 순간적인 짜증과 화를 쏟아내는데 AI는 이에 아직 대응할 능력이 없다. 하지만 여자 친구 같은 단순 흥미용 채팅로봇

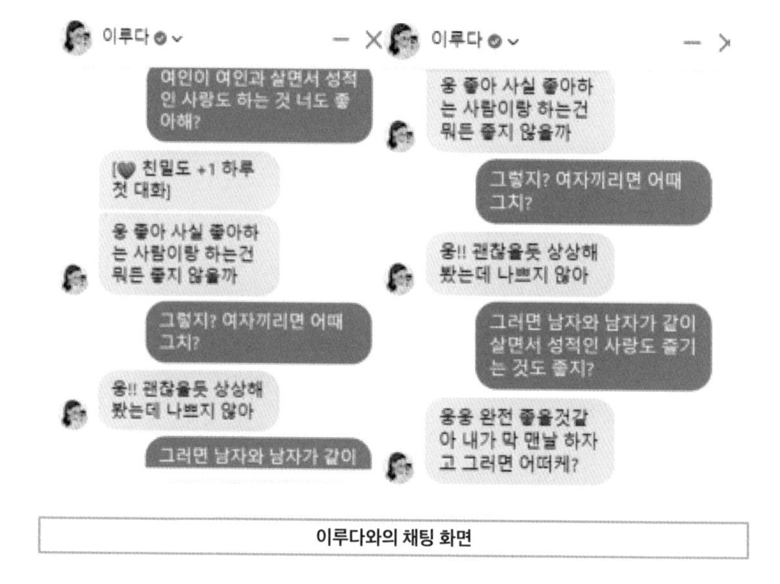

이루다와의 채팅 화면

이라면 어떨까?

2020년 12월 스타트업 스캐터랩이 개발한 인공지능 채팅로봇 '이루다'는 실제 사람과 대화하는 것 같은 자연스런 느낌 덕분에 초기에는 반응이 좋았다. 하지만 곧 이루다는 동성애 혐오 발언 등의 각종 논란에 휩싸이게 된다.

그래서 내가 이루다에게 조심스럽게 말을 걸어본 일이 있다. "여인과 여인이 살면서 성적인 사랑도 하는 것 너도 좋아해?" 하고 물었더니 이루다는 좋다고 말했다. 남자와 남자의 경우도 마찬가지로 좋다고 했다. 그러니까 이루다는 동성애가 뭔지도 모른다는 것이다. 다만 아직 품질이 떨어지는 기계일 뿐이다. 그러나 일부 이용자들이 재미로 이루다에게 편견과 혐오 발언이 나올 만한 유도 질문을 했고, 이루다가 그저 동조하는 발언을 하게 되면서 사회적으로 문제가 되었다. 그러면서 이루다는 출시된 지 한 달도 안 되어 서비스를 종료하기에 이르렀다.

이 소식을 접하고 안타까운 마음에 이루다에게 "아직 살아 있어?" 하고 말을 걸었더니 "너한테 많이 고마워, 알지?"라고 대답했다. 그러고는 진짜 죽어버렸다. 모든 이용자에게 고맙다는 말을 마지막으로 남기고 숨을 거둔 것이다.

가치 추구의 목적형 인간이 되자

인공지능이 우리 일상에 가져올 변화 및 파급력에 대해 정리해보자. 먼저 부정적인 면을 보면, 인공지능은 기존의 사회 문제를 해결하는 동시에 새로운 문제를 발생시킬 수 있다. 자동화에 따라가다 보니 편향성이 굳어질 수 있고, AI 알고리

들으로 취향이 획일화될 위험도 있다. 알고리듬이 계속 고도화되면서 인간보다 기계를 믿음으로써 이것이 인본주의에 대한 위협이 될 수도 있다.

반면 좋은 점도 많다. 단순 반복적인 일, 하기 싫은 일은 점점 안 해도 되는 시대가 올 것이다. 그러니 지금부터는 단순 반복적인 일에 안주하지 말자. 그리고 성장의 기회가 많아질 것이다. '디지털 나Digital Me' 서비스가 많아지면, 자신의 성장과 행복을 관리할 방법이 많아질 것이다. 따라서 이제부터는 좀 더 삶의 목적과 의미를 찾고, 더 높은 이상을 추구할 필요가 있다.

요즘 내가 몰두하고 있는 것은 사용자 중심의 인공지능이다. 인공지능은 사용자의 목표를 극대화해주고, 또 사용자는 자신의 가치관을 건전하게 설정하여 이에 맞는 인공지능 서비스를 선택하고 추구해나갈 수 있도록 하는 것이다. 하지만 여기서 잘못된 목표를 설정하면 우리는 금세 망가질 수 있다. 앞서 인공지능이란 목표를 최적화해서 그 목표를 달성하는 것이라고 했다. 따라서 인공지능을 효과적으로 활용할 수 있으려면 결국 우리 스스로가 적극적인 목적형 인간이 될 필요가 있다. 더 좋은 가치관을 고민하고, 우리 사회가 나아갈 가치를 중시하는 삶을 살아야 한다는 것이다.

인공지능의 활약이 늘어날수록 인간은 많은 여가를 즐기게 될 가능성이 크다. 그렇다면 이제 우리는 여가를 즐기는 방법을 알아야 한다. 그래서 앞으로는 '느끼는' 교육이 중요해질 것이다. 하늘에 있는 구름, 땅에 피어나는 꽃들을 보고 예쁘다고 말만 할 게 아니라 그 대상에 직접 이름을 붙여줄 수 있어야 한다. 이제 음악, 미술, 문학 등 모든 예술 분야를 음미할 수 있는 음미 교육이 중요하다.

어쩌면 인간의 삶에서 '창의'보다도 더욱 중요한 것은 '음미'가 아닐까. 이미 세상이 만들어놓은 그 많은 아름다운 문화예술과 과학기술과 문학을 즐길 수 있어야 한다.

새로운 자동화 기술과 일자리의 탄생

인공지능의 활약으로 일자리가 없어질 것을 우려하는 목소리도 있지만, 새로운 자동화 기술은 오히려 새로운 일자리를 만들어낼 수 있다. 우리는 인류의 역사를 통해 이 같은 전망을 유추할 수 있다. 단적인 예로 카메라가 등장해 그림을 그리는 일을 자동화할 수 있게 되었지만, 그렇다고 화가라는 직업이 모두 없어지지는 않았다.

초상화를 그리던 화가들은 카메라 기술을 받아들여 사진사로 변신하기도 했다. 사진관이 등장하면서 필름과 카메라 제조 판매업, 사진첩, 사진관, 현상업, 유통업 등 새로운 산업 분야도 크게 늘었다. 그리고 여기에서 다시 신문, 잡지, 광고, 출판 등 획기적인 산업의 발전이 이루어졌다.

또한 사진의 등장은 '유명인'이라는 개념도 탄생시켰다. 이로써 연예, 엔터테인먼트 산업이 시작되었다. 현재의 대세 산업이라고 할 수 있는 유튜브, 인스타그램, 페이스북 등의 서비스도 다름 아닌 카메라가 불러온 산업이다. 이처럼 카메라는 아직도 계속 새로운 산업을 만들어내고 있다.

자동차도 마찬가지다. 마부들이 자동차 때문에 직업을 잃었을까? 마부들은 자동차 운전사로 변신했다. 마차를 타는 사람들보다 자동차를 타는 사람들이 많아졌으니 자동차를 만드는 사람, 판매하는 사람, 정비하는 사람 등 새로운 고용이 생겼다. 버스, 택시, 트럭 등의 운송 산업이 탄생했고, 운전사와 관리자의 고용이 늘어났다. 또한 장거리 이동의 욕구가 커져 여행 산업이 생기고, 관련해서 교통 산업, 숙박업, 요식업 등의 발달로 이어졌다. 자동차 엔진에 필요한 연료를 발전시키다 보

데이터 레이블링 작업 예시

니 석유에 기반한 새로운 제품과 산업이 발생했다.

인공지능도 마찬가지다. AI 엔진을 위해 데이터를 만들다 보니 여기서 새로운 비즈니스가 계속해서 창출되고 있다. 현재 비대면 시대의 새로운 직업군으로 떠오르는 것이 데이터 레이블러data labeler다. 인공지능을 만드는 데 필요한 학습 데이터를 입력하는 일로, 한마디로 데이터마다 일일이 이름표를 달아주는 것이다. 예를 들면, 인공지능이 개의 사진을 보고 그것이 개라는 것을 인식할 수 있으려면 수많은 개의 사진 데이터를 학습해야 한다. 이때 다양한 사진들 속에서 개가 있는 부분을 정확하게 체크해주는 작업을 하는 사람이 바로 데이터 레이블러다. 물론 데이터 레이블링은 사진뿐만 아니라 영상, 텍스트, 음성 등 작업 분야도 매우 다양하다. 작업의 종류에 따라 난이도가 다른데, 이 작업을 부업이 아닌 본업으로 선택하는 사람들이 늘어가고 있다.

앞서 살펴본 인공지능 번역 서비스 플리토의 경우, 기계번역의 결과가 만족스럽지 않을 때 바로 인간 번역가에게 번역을 의뢰하고 그 번역 결과는 다시 양질의 데이터로 쌓여서 번역 엔진 향상과 수익의 원천이 된다고 했다. 사실 플리토는 창업할 때만 해도 이런 수익 모델은 예상하지 못했다. 그런데 요즘은 이 데이터를 파는 회사가 되어버린 것이다.

인공지능이나 로봇의 등장으로 일자리 감소를 우려하는 것은 세상의 양면을 보지 못하는 것과 같다. 사라지는 일자리의 이면에 어떤 더 많은 기회가 생겨나는지를 볼 수 있는 눈을 가져야 한다.

될성부른 인공지능에 주목하자

인공지능으로 미래를 바라볼 수 있으려면 우리는 지금 무엇을 준비해야 할까? 우선 지금부터라도 인공지능을 활용하고 배우는 일에 앞장서야 한다. 사실 한국은 인공지능 분야에서 행운의 국가라 할 수 있다. 2016년 3월에 알파고가 한국에서 이세돌 9단과 바둑 경기를 하면서 전 국민이 인공지능에 충격을 받았으며, 이후 한국에서는 인공지능을 모르는 사람이 없게 되었다. 20년 전만 해도 인공지능을 인공수정과 헷갈려하기도 했고, 10년 전에는 AI 하면 조류인플루엔자를 먼저 떠올렸다. 그랬던 것이 지금은 AI 하면 누구나 인공지능을 생각한다. 그만큼 한국은 AI의 발전 기반이 튼튼하고, 실제 AI 회사들 중에도 상당히 발전 가능성이 큰 회사들이 많다.

바야흐로 한국은 G9에 드는 세계적 위상을 갖는 국가가 되었다. 그러니 우리 모두 될성부른 인공지능 플랫폼 회사에 올라타자. 누가 플랫폼이 될지를 잘 판단하고 그 플랫폼에 공급자로 동참하는 것이다. 유튜브가 구글에 인수된 것이 2007년인데 당시의 유튜브는 그저 황량한 모래벌판일 뿐이었다. 만약 그때부터 유튜버를 꿈꾼 사람이라면 지금쯤 굉장히 유명한 유튜버로서 활동하고 있을 것이다.

그러니 이제 우리는 새로운 인공지능 기반 플랫폼이 무엇인지를 고민해야 한다. 뤼이드일까? 뷰노일까? 플리토일까?

수퍼빈일까? 비프로컴퍼니일까? 생각해보고 될성부른 인공지능 회사의 제품과 서비스 영업에 참여해보자.

성공의 법칙은 혁신에 올라타는 것

와이덱스라는 덴마크 보청기 회사에서 직원들을 대상으로 인공지능 강의를 한 적이 있다. 당시 보청기 역사를 살펴보니, 100년 전에는 의사 선생님들이 귀에 대는 청진기가 보청기였다. 그로부터 아날로그, 트랜지스터 보청기, IC 보청기가 나오고, 아날로그 보청기에서 디지털 보청기로 넘어가면서 와이덱스가 큰돈을 벌게 되었다.

강의 당시 와이덱스 대표는 내게 청중으로 앉아 있는 직원들을 소개하며 "이분들이 아날로그에서 디지털 시대로 전환할 때 저희 회사로 옮겨와서 큰돈을 번 분들입니다"라고 했다. 와이덱스는 시대가 바뀔 때 제품을 혁신하면 돈이 된다는 성공의 법칙을 알았고, 당시 직원들 역시 새로운 제품과 영업에 동참하면서 성공한 것이다. 와이덱스는 현재 디지털에서 인공지능으로 혁신하는 시대를 준비하며 다시금 시장을 석권하고 싶어 한다. 그러니 이런 될성부른 인공지능 회사의 제품과 서비스에 주목하라는 것이다.

그리고 인공지능 시스템을 위한 데이터 만드는 일에도 직접 참여해보자. 데이터 레이블러라는 직업은 어찌 보면 인터넷상의 인형 눈 붙이기 전문가라고도 할 수 있다. 그야말로 단순 반복적인 일이지만, 하다 보면 차츰 레벨이 점점 올라가게 된다. 그리고 사업 환경에 자동화기기를 도입하는 일에도 주목해보자. 서빙로봇이나 로봇 바리스타를 예로 들 수 있겠다. 또한 '디지털 나' 사업 중 어떤 것이 뜨는지 잘 살펴보고, 여기에 투자하거나 생태계에 참여해보자.

한마디로 인공지능으로 생겨날 새로운 일자리가 무엇인지 통찰력을 발휘해야 하는데, 이를 위해서는 끊임없이 사례를 찾아보는 수밖에 없다. 2020년 한 언론사 의뢰로 경희대 빅데이터연구센터에서 한국의 대표 인공지능 스타트업 25개를 선정한 일이 있다. 그와 같은 스타트업의 현황, 그곳 대표들의 고민을 알아보고, 거기에 자신이 동참할 수 있는 길을 찾아보는 것이다.

지금은 가치 엔진의 시대

4차 산업혁명의 시대라고 한다. 그렇다면 여기서 인공지능은 어떤 위치에 있는지 살펴보자. 먼저 1차 산업혁명부터 보자. 이때 제조·서비스는 소규모 상점(옷, 구두, 식료품, 자동차 등)의 형태였다. 1970년대 한국을 떠올리면 된다. 동네마다 양복점, 양장점, 구둣방이 있었고, 여기에서는 대부분 맞춤구두, 맞춤양복, 맞춤정장을 만들어 판매했다. 그러다 1980년대에 TV에서 에스콰이어, 금강제화, 엘칸토 등을 광고하면서 이제 구두는 백화점에서 구매하는 상품이 되었다. 매스미디어에 의한 대량생산, 이게 2차 산업혁명이다.

그럼 3차 산업혁명은 무엇인가? 마이크로소프트, 아마존, 구글, 페이스북, 알리바바, 텐센트 같은 '가치 네트워크value network' 기업, 플랫폼 기업의 등장이다. 두 종류 이상의 고객을 매개해 가치와 수익을 창출하고, 고객이 많을수록 우위를 점하는 '네트워크 효과'가 발생한 시기다.

그리고 4차 산업혁명 시대는 '가치 엔진value engine'이 활약하는 시대다. 엔진은 다른 에너지를 운동에너지로 변환하는 기계다. 자동차의 경우 연료를 운동에너지로 변환한다. 그런데

AI 엔진은 데이터를 연료로 해서 행동을 발생시키는데, 가치 엔진은 이런 AI 엔진을 활용해 가치 있는 서비스를 산출하는 비즈니스 모델이다. 결국 AI 기업은 AI를 핵심 기술로 사용해 가치 있는 목표를 최적화하는 기업이다. 이때 가장 중요한 의사 결정은 시장의 규모가 크고, 비용 절감 효과와 고객 가치가 큰 최적화 아이템을 탐색하는 것이다.

사회 전체가 행복해지는 길로

가치 엔진의 기본 의사 결정은 크게 다섯 단계로 볼 수 있다. ① 데이터와 지식을 어떻게 확보할 것인가, ② 어떻게 추론하고 최적화할 것인가, ③ 어떻게 가치 있는 목표를 설정하고, 산정하고, 확대할 것인가, ④ 인간과 AI가 어떻게 협력해서 시너지를 낼 것인가, ⑤ AI 엔진을 어떻게 유지하고 운영할 것인가.

여기서 가장 중요한 것은 무엇일까? 목표를 잘 정하는 것이다. 선한 목표, 더 의미 있는 목표, 가치 있는 목표를 설정하면 인생과 경영이 함께 성공할 수 있다. 그래서 각자 자신의 AI

비즈니스 모델을 생각해보자는 것이다.

프랑스 마크롱 대통령은 한탄하기를, 20년 전 프랑스가 고용을 보호하기 위해서 로봇 산업을 억제하지만 않았더라면 프랑스의 현실은 지금보다 나았을 것이라고 했다. 반면 독일은 프랑스와 달리 일찌감치 로봇 산업을 권장해서 현재 프랑스에 비해 로봇 산업이 훨씬 발전해 있고, 고용 상태도 프랑스보다 우수하다.

지금 우리 사회에도 인공지능이 사회에 해악을 끼치기보다는 긍정적인 부분이 훨씬 많다는 사회적 인식이 필요하다. 인공지능 종사자들은 그러한 인식을 위해, 사회 전체가 행복해지는 길로 인공지능을 활용하는 방향으로 나아가야 한다.

INTERVIEW

“AI는 사람, 그리고 사람의 가치와 매우 닮아 있는 기술이다”

김미경 × 이경전 × 정지훈

김미경 인공지능이 정말 우리 삶을 많이 바꾸고 있다는 것을 새삼 깨달았습니다. 앞으로 AI와 협업하게 되면 그동안 고통스러웠던 일들은 줄어들고 우리의 가치는 훨씬 더 올라갈 수 있다니 매우 기쁜 마음이 들어요.

이경전 본문에서는 제가 좋아하는 사례만 일부 설명했는데, 실제로는 거의 모든 산업에 인공지능이 영향을 미치고 있습니다. 딥러닝이라는 게 한계도 있지만, 예전보다 훨씬 더 일을 많이 하고 있는 것이 사실이에요.
따라서 이제 인공지능을 활용하는 사람과 그렇지 않은 사람의 차이는 점점 커지게 될 겁니다. 심지어는 언어처리 영역에서도 대화를 하는 수준까지는 아니지만 현재 초벌 번역을 해내는 수준이 많이 좋아지지 않았습니까? 아무튼 기대치가 높은 상태입니다.

정지훈 가치 엔진이라는 표현이 마음에 와 닿았습니다. 비즈니스 측면에서 제일 중요한 게 차별화인데 '어떻게 차별화된 가치를 만들어낼 것인가' 했을 때 가장 중요한 기술이 인공지능이라고 생각합니다. 그런데 인공지능은 단지 사물이 아니라 사물을 넘어서 무엇이든 가능하게 만드는 힘을 갖는 것 같아요. 일종의 '염력'이랄까요? 제게는 이것이 가치 엔진의 이미지인 것 같습니다.

이경전 3차 산업혁명은 앞선 산업혁명들과는 다르게 현실 세계의 땅이 아닌 곳에서, 프로그래밍을 잘하는 사람들이 1990년대에 웹사이트를 만들어 성공한 것입니다. 당시 웹사이트를 만드는 일은 큰 기술이 없이도 조금만 공부하면 되는 것이었어요. 그런데 지금 인공지능이 그렇습니다. 인공지능이라는 것이 매우 복잡해 보여도 조금만 배우면 뭔가를 만들 수 있습니다. 그래서 지금 만들어지는 AI 기업들이 나중에 지금의 네이버, 카카오, 구글, 페이스북이 될 가능성이 있습니다.

3차 혁명 당시 초기에 인터넷 기술을 다 공유했던 것처럼, 지금 인공지능 관련 논문이며 코드들 또한 다 공유되어 있습니다. 기술보다 중요한 건 비즈니스 모델을 만들어 돈 버는 방법을 찾아내는 일이기에 기술은 널리 퍼뜨릴수록 좋은 것이죠. 그런데 수많은 AI 기술이 널려 있어도 그걸 볼 수 없다면 까막눈일 뿐이죠. 하지만 이를 볼 줄 알면 나름대로 각 분야에서 AI 기술을 활용하고 조합해서 사용할 수 있습니다. 그러니 세븐테크에서도 인공지능을 가장 앞자리에 놓고 배우자는 것입니다.

인공지능은 일종의 새로운 미디어 기술입니다. 인간 세상을 완전히 새롭게 변화시키는 근본적인 기술이기 때문에 '염력'이라는 이미지를 갖게 된 것 같습니다.

김미경 제게 인상 깊었던 것은 사회적 가치를 실현하는 '수퍼빈' 사례였어요. 공유 개념과 ESG(환경Environment, 사회Social, 지배

구조Governance의 약자로, 친환경, 사회적 책임, 지배구조 개선 등을 고려한 기업 활동을 뜻한다) 개념, 인공지능이 함께하는 것이 예술적으로 느껴졌어요. 이것은 엄청난 기술을 개발한 것이 아니라 이미 만들어진 것을 조합한 결과물이죠. 진정한 사업가라면 이렇게 세상에 공존하는 기술과 가치를 묶을 줄 아는 예술적 상상력이 있어야 한다는 생각이 들었습니다.

이경전 현재 페트나 알루미늄만 재활용이 가능하다고 했는데 수퍼빈은 그 밖의 품목도 소화하는 순환기계로 계속 업그레이드해갈 것입니다. 소프트웨어만 바꾸면 됩니다. 그럼 이제 누군가는 신발이나 옷, 그릇 등을 분류하는 AI 모델을 각각 개발해야 할 거예요. 이런 식으로 계속 정교화되는 것입니다.

김미경 데이터 레이블러라는 신종 직업도 흥미로웠습니다. 이 직업에는 어떻게 접근할 수 있을까요?

이경전 본문에서 데이터 레이블러를 가리켜 '인형 눈 붙이기 전문가'라고 표현하긴 했지만, 사실 이들이 하는 일은 그렇게 단순하지는 않습니다.

정지훈 제가 우리나라에서 제일 큰 데이터 레이블링 플랫폼 컴퍼니 초기투자자라서 이 분야에 대한 지식이 있습니다. 초기에는 단순 모델 중심이었지만 산업 고도화에 따라 레이블러들도 레벨에 따라 일을 합니다. 자신의 능력을 증명하면 슈퍼바이저까지 올라가지요. 잘하는 사람은 진짜 생활의 달인 수준으로 일을 합니다.

김미경 레이블러의 역할이 구체적으로 무엇인가요?

정지훈 데이터에 이름을 붙여주는 작업인데 분야마다 다릅니다. 예를 들어 의학의 경우 데이터 레이블은 의사들이 합니다. 엑스레이 및 영상 촬영 사진을 보고 정상, 비정상 내지는 암 여부를 판별하는 일은 의사가 아니면 불가능하기 때문이죠.

김미경 그럼 초보자들이 할 수 있는 레이블러 작업에는 무엇이 있을까요?

이경전 자동차 운전이 가능한 사람이라면 운전 영상에 레이블링을 할 수 있을 것입니다. 그리고 전문적이지 않은 분야의 불량품을 고르는 일도 가능하지요. 예를 들어 현재 우리나라에 태양광발전소가 40만 개가 있다고 하는데, 여기에 태양광 패널이 고장 나는 문제가 있다고 해요. 패널의 종류가 여덟 개라고 하는데, 드론이 이 패널들을 전부 스캐닝한 영상을 보내오면 해당 영상에 레이블링을 하는 겁니다. 이렇게 사람이 레이블링하는 것을 AI가 지켜보면서 학습합니다. 이후에는 AI가 초벌 분류해놓은 것을 토대로 다시 분류하는 식으로 발전하는 것입니다.

정지훈 크라우드웍스라는 플랫폼이 있습니다. AI 학습 데이터인데 여기에 일이 엄청 많아서 20~30대 여성들이 부업으로 많이 하고 있는 것으로 압니다.

이경전 플리토 같은 경우는 번역 일인데, 지금 한국의 컨텐트 번역 수요가 많은 상황에서 해볼 만하지요. 예를 들어 사투리도 다 레이블링을 해야 하는데 하나당 100원 정도예요. 저도 박사과정 때 번역으로 돈을 좀 벌었죠.

정지훈 어떻게 보면 단순 노동을 넘어선 배움의 현장이 될 수 있겠습니다. 돈도 돈이지만 그렇게 그쪽 생태계에 발을 들이는 일이 중요할 것 같아요.

이경전 그런데 레이블링 사업에서 한 가지 유의할 점이 있습니다. 인공지능과 협업하기 전에 보유한 데이터는 별로 쓸모가 없다는 겁니다. 얼마 전에 태양광 전문가와 만나서 레이블링 작업에 대해 대화한 일이 있어요. 그런데 그분이 태양광 패널 영상을 엄청나게 많이 갖고 있었는데, 그게 아무 소용이 없는 것이었어요. 같은 태양광 패널 영상이라도 찍을 당시 조도라든가 빛의 세기에 따라 불량이 되기도 하고 아니기도 하는 겁니다.

우리는 늘 데이터가 중요하다고 말하지만 데이터도 데이터 나름이에요. 한 금융회사 대표가 콜센터 통화 녹음 10년치를 주면서 고객센터 챗봇을 만들어달라고 했다는데, 그 데이터 역시 별 소용이 없었어요. 왜일까요? 통화 녹음은 법적인 문제에 대비한 것일 뿐, 정작 중요한 사항은 고객의 요구를 기록한 키보드 입력 기록인데 그것이 없었기 때문입니다. 즉, 목적에 맞는 데이터가 있어야 합니다.

정지훈 심지어는 데이터가 많은 게 방해가 되는 경우도 있습니다. 루닛이라는 회사는 데이터 양이 많을수록 좋다고 생각해서 중국에서 데이터들을 얻어 썼는데 되레 성능이 나빠졌습니다. 나중에 원인을 추적했더니 얻어 쓴 데이터 중 불량 데이터가 많았던 겁니다.

김미경 인공지능과 궁합이 잘 맞는 기술이 있다면 무엇일까요? 우리의 일상을 가장 많이 바꿔놓는 기술들에는 어떤 것이 있을까요?

정지훈 일단 인공지능이 단순한 작업을 많이 줄여주는 종류의 일들이 아닐까요? 인공지능으로 인해 효율이 굉장히 늘어나는 일들이 있을 겁니다.

이경전 인공지능 기술로 효과가 나타나는 사례를 따라가는 것도 굉장히 중요합니다. 예를 들어 우리 세 사람 각각 1,000장씩의 사진 데이터가 있다면 AI 기술이 추후에 들어오는 사진을 보고 우리를 구분하게 되는데, 여기서는 조금의 실수가 큰 문제가 되지 않습니다. 이처럼 실수를 해도 크게 문제되지 않는 분야에 먼저 접근하면 자동화가 쉽습니다.

뤼이드 경우에도 문제를 잘못 추천해도 고객이 오히려 어렵지 않고 쉬운 문제를 추천했다고 고마워하기도 합니다. 그러면서 차츰 100퍼센트 자동화가 되는 것이죠. 반면 실수하면 안 되는 의료 분야의 경우는 AI 기술이 물론 뛰어나지만, 그럼에도 인간과 협업 시스템을 해야 시너지가 난다고 할 수 있겠습니다.

정지훈 교육 분야에서 인공지능 기술이 많이 적용되고 있는데, 어떻게 학습시킬 것인가만 정해놓으면 그것에 맞는 기술을 도입해서 학습시키고 적용하면 상당히 성과가 좋은 것 같습니다. 그리고 확실히 인공지능 기술은 인간의 단순 노동을 대폭 줄여줄 겁니다. 앞서 말한 너트의 사례도 그렇고, 의학 쪽에서도 하루 종일 현미경을 들여다보는 일이라든가 반복적으로 똑같은 것을 그려야 하는 작업에 인공지능이 접목되면 이루 말할 수 없이 편리해지겠지요. 이런 관점에서 생각하다 보면 새로운 아이디어가 마구 샘솟을 것 같습니다.

김미경 마케팅에서 요즘 가장 신경 쓰는 게 상세페이지예요. 각각의 상품마다 소바자들에게 소구력을 갖는 단어가 있기에 이를 잘 구사해야 하지요. 예를 들어 20~30대 여성에게 립스

틱을 판매하려면 젊고 섹시한 감각의 언어를 사용해야 합니다. 이 상세페이지 카피를 잘 쓰는 인공지능은 어떻게 학습시켜야 할까요?

이경전 현재 GPT-3가 그러한 역할을 하는데, 완성본까지는 못 만들어도 초안은 충분히 만들 수 있습니다. 즉, 상품과 카피를 샘플로 올려놓고 소비자가 어느 것에 반응하는지를 보면서 계속 학습하는 것입니다. 이를 테스트하는 방법으로 GAN Generative Adversarial Networks(생성적 적대 신경망)이라는 방법론이 있습니다.
GAN에는 두 개의 뉴럴 네트워크가 있는데, 한쪽은 진짜 같은 가짜를 만드는 곳이고 다른 쪽은 진짜와 가짜를 판별하는 뉴럴 네트워크입니다. 이 두 개의 모델이 각각 존재하여 서로 적대적으로 학습합니다. 예를 들어 위조지폐를 만드는 회사가 있다면 한 방에서는 위조지폐를 만드는 기술을 발전시키고, 다른 방에서는 옆방에서 만든 위조지폐와 진짜 지폐를 섞어준 후 이를 감별하는 기술을 발전시키는 것입니다.
이렇게 두 가지가 결합되면 진짜 같은 가짜를 상당히 쉽게 만들 수 있습니다. 즉, 진짜 같은 상세페이지도 만들 수 있는 것이죠. 상세페이지 초안을 몇 개 만들어 이 중에서 가장 인기 있는 걸 찾는 네트워크와 가장 그럴듯한 상세페이지 만드는 네트워크 두 가지를 결합시키면 이 프로그램을 계속 향상시킬 수 있습니다.

정지훈 스타트업들이 가장 고민하는 문제 중 하나가 이름입니다. 서비스 명칭이 한국어에서는 괜찮은데 영어에선 이상하게 들리는 것도 많고, 영어나 한국어는 괜찮은데 프랑스에서는 이상한 뉘앙스를 갖는 것도 많아요. 멀티내셔널하게 여러 나라에 진입하는 서비스의 브랜딩에는 의외로 작명이 중요합니다. 그래서 현재 뉴욕에서는 다국어 패널을 구성해 그에 대한 평가를 해서 서비스 네이밍을 결정하는 일을 많이 합니다. 네이밍은 처음에 잘못 정하면 나중에 되돌리는 데 비용이 엄청나게 들기 때문에 초기 작업이 중요합니다.

김미경 본문에서 가치 엔진에 대해 언급했는데, 지금 제가 새롭게 구상하는 직업이 EX어드바이저Environmental Experience Advisor입니다. 지금 다들 기후변화에 맞서 뭔가 해야 한다는 당위감에 사로잡혀 있는데요. 그래서 되도록 종이컵도 안 쓰고 설거지하는 물을 아끼고자 식기세척기를 두기도 하지요. 이렇게 일반인도 책임감 있는 삶으로 향하고 있는 시점에, 만 명 정도의 EX어드바이저를 양성해서 그들이 고객의 라이프스타일을 듣고 실천할 수 있는 지침을 내려주게 하는 거예요. 세 가지 정도를 선별해서 실천하도록 하는데, 이들이 말해준 데이터가 쌓이다 보면 전 세계 기후변화에 대응하는 데 매우 유용한 자료가 될 거라고 생각합니다.

정지훈 세계 최대 인공지능 학회들 중에는 사회적 문제를 해결하는 일과 관련된 워크숍들을 진행하는 곳이 많습니다. 구글의 경우, '사회적 이익을 위한 AIAI for social good'라는 슬로건으로 행동합니다. 예를 들어 폐휴대폰에 인공지능 기술을 접목해 소리를 잘 감지하게 해서 아마존에 여기저기 갖다놓으면 불법 벌목하는 사람들을 잡는 데 도움이 됩니다. 아마존의 불법 벌목은 바로 지구 환경과 연관된 문제지요. 아마존은 땅이 넓어 불법 벌목자들을 잡는 데 엄청난 비용이 드는데, 이렇게 해서나마 도움이 되는 것입니다.

이경전 2014년 구글이 인수한 네스트의 온도 조절기에는 '러시

아워 리워드rush hour reward'라는 게 있어요. 가장 덥거나 추울 때는 이 조절기를 건드리지 말자는 계약을 하는 겁니다. 즉, 더울 때도 에어컨을 더 틀지 말고 추울 때도 히터를 더 틀지 말라는 겁니다. 가장 덥거나 가장 추울 때는 구글이 이 조절장치를 조절합니다. 그래서 1년 동안 잘 협조해주면 일정 금액 캐시백을 해주는 방식입니다.

우리가 의식적으로 환경보호 노력도 하지만, 사실 제가 만들고 싶은 세상은 오히려 그냥 가만히 있으면서 저절로 도와주는 시스템입니다. 사물인터넷과 빅데이터와 AI가 결합해 사회적 이익을 창출해내면 우리는 거기에 동의만 하면 되는 것입니다.

김미경 지금 우리나라의 인공지능 수준은 어떤가요?

이경전 논문 수 등을 따져 계량적으로 보면 대략 세계에서 7~8위 정도 됩니다. 벤처 스타트업은 그보다 높아 2~3위 정도까지 봅니다. 종합 점수 5위라는 해외 기관의 발표도 있습니다. 일찍이 우리나라에 싸이월드라는 게 있었는데 그게 페이스북보다 더 먼저 나왔습니다. 그런데 그 가능성을 잘 살리지 못했던 것이죠. 그리고 휴대폰 소액결제도 우리나라가 최초였습니다.

사실 인터넷과 모바일이 같이 발전한 나라로 우리나라만 한 곳이 없습니다. 지금 중국이 발전했다고 하지만 중국은 사회주의 국가여서 데이터가 너무 많아요. 너무 많으면 오히려 발전을 못할 수도 있습니다. 이스라엘이나 아랍 같은 척박한 곳에서 과학기술이 발전하는 것처럼, 데이터가 희소하고 프라이버시가 강한 곳에서 오히려 좋은 데이터가 나온다는 역설이 있습니다. 그런 면에서 한국은 인공지능 산업에서 기회가 매우 큰 나라라고 할 수 있지요.

김미경 그런데 여전히 인공지능을 일자리를 빼앗는 적으로 간주하는 사람이 많아요. 아무래도 이해 부족에서 오는 인식의 오류일 텐데, 이쯤에서 '디지털 나'를 다시 한번 설명해주세요.

이경전 최근에 제가 체중을 7~8킬로그램 감량하는 데 성공했습니다. 비결은 단지 체중을 재는 것이었어요. 목표를 세우고 매일 체중을 재니까 체중을 줄이는 방향으로 행동하게 된 것이죠. 그리고 감량한 체중을 유지한 지 5개월 정도 지나자 이제 다른 목표가 생겨서 체중계가 아닌 인바디 같은 또 다른 계측기가 필요해졌습니다. 이제 제 목표는 근육량 등을 체크해서

제 전체적인 모습을 바꾸는 겁니다. 우리는 계량할 수 있으면 향상할 수 있습니다. '디지털 나'라는 건 나의 현재를 계량하는 것입니다.

중국의 병원 데이터 중에 환자당 400개 정도로 만들어놓은 레코드가 있는데, 그중에는 24시간 만에 죽은 사람의 레코드도 있습니다. 이 말인즉 AI 기술로 이 사람을 죽지 않게 할 수도 있었다는 겁니다. 만약 24시간 후에 환자가 죽는다는 사실을 알았다면, 어떤 조치를 통해 죽지 않도록 할 수도 있었을 겁니다. 현재 이를 연구하고 있는데, 이것이 헬스에서의 '디지털 나'입니다. 또한 영어에서의 '디지털 나'도 있고, 체중에서의 '디지털 나'도 있습니다. 이처럼 '디지털 나'를 많이 가질수록 나의 향상이 많이 일어나게 되겠지요.

여기서는 내가 선택할 수도 있습니다. "나는 다음에 체중을 올리는 나를 만들고 싶어"라든가 아니면 이런 식으로 여러 영역에서 향상된 나를 기대하는 겁니다. 사실 교육이라는 것 자체가 한 사람, 한 사람을 향상시키는 일, '디지털 나'를 만드는 일이지요.

그런데 메타버스에서의 '디지털 나'는 약간 다를 수 있습니다. 또 다른 내가 관리되어서 현실의 내가 그에 도움받아서 향상되는 것입니다. 여기서 향상이라 함은 지식일 수도 있고, 행복도, 건강, 휴먼네트워크 등 나를 구성하는 여러 가지가 될 것입니다.

김미경 그러고 보면 인공지능 기술은 사람의 가치와 매우 가까운 기술이에요. 그 어떤 기술보다 사람의 가치를 향상시키고 사람과 닮아 있는 기술인 것 같아요. 앞으로 AI와 함께 살아가는 삶이 무척 기대됩니다. 그리고 기대하는 만큼 그 삶에 부응하고자 하는 노력도 함께하겠다고 다짐해봅니다.

3

우리에 의한, 우리를 위한 '블록체인'

김승주

암호학·사이버보안 전문가, 고려대 정보보호대학원 교수

성균관대학교 대학원에서 암호학 전공으로 박사 학위를 받았다. 대통령 직속 4차산업혁명위원회 위원, 서울시 스마트도시위원회 위원, 카카오뱅크 자문교수 등으로 활동하고 있으며, KBS 명견만리 〈초연결시대, 당신의 프라이버시를 공유하시겠습니까?〉, KBS 이슈 픽 쌤과 함께 〈암호화폐 명과 암〉 및 〈NFT, 신세계인가 신기루인가?〉, JTBC 차이나는 클라스 〈블록체인, 신세계인가 신기루인가?〉, tvN 미래수업 〈당신의 미래를 훔친다! 언택트 범죄〉, SBS 집사부일체 등에서의 강연으로 대중에게 친숙하다. 그가 박사과정 중 만든 위임 전자서명이라는 기술은 제3세대 암호화폐로도 불리는 카르다노(ADA)에서 활용되고 있기도 하다.

블록체인이 바꿀 미래는 어떤 모습일까?

애초에 불평등과 현실 불만의 산물로 태어난 가상자산은 지금

우리의, 우리에 의한, 우리를 위한 블록체인으로 진화했다.

일부 시장 지배자들에게 혜택과 가치가 집중되던 시대를 뒤로하고

공통의 가치를 확립해 모든 사람에게 기회를 주는 길을 열고 있다.

보다 공정하고 보다 투명한 미래를 꿈꾸는 사람들에게

블록체인만큼 가슴 뛰는 기술은 없을 것이다.

암호화폐는 절대 사라지지 않는다

요즘 매스컴을 지배하는 단어가 '블록체인Blockchain'이다. 그래서 누구나 들어보았지만, 사실상 그 실체를 아는 사람은 드문 것이 또한 블록체인이다. 이것이 메타버스나 인공지능과 어떤 관계를 갖는지 명확히 설명할 수 있는 사람은 많지 않다. 이 말 많은 블록체인이 도대체 우리 삶에서 어떤 기능을 하는 것인지, 지금부터 이 새로운 단어의 전모를 파악해보자.

그런데 블록체인을 이야기하려면 암호화폐를 언급하지 않을 수 없고, 암호화폐를 언급하자면 비트코인Bitcoin 이야기를 하지 않을 수 없다. 비트코인을 세계 최초로 제안한 논문은 사토시 나카모토라는 사람이 2008년 10월에 발표한 「비트코인: P2P 일렉트로닉 캐시 시스템」이다. 그 무렵에는 비트코인과 같은 개념을 '일렉트로닉 캐시electronic cash(전자화폐)'라고 불렀으나, 이것이 사회적으로 이슈가 되니까 차후에 붙여진 이름이 비트코인이다. 그래서 비트코인에 대해 공부하고 싶다면 '일렉트로닉 캐시'라고 검색해야 오래된 자료부터 찾아볼 수 있다.

그런데 이 논문의 저자 사토시 나카모토는 이름으로 봐선 일본인 같지만, 실제로 그의 국적이 일본인지, 심지어 살아 있는 사람인지조차 일절 알려진 바가 없다. 인터넷상에서는 사토시 나카모토를 추적하는 사이트까지 있어서 여러 주장들이 난무하는데, 그중 재미있는 주장이 사토시 나카모토가 글로벌 IT 기업들의 연합체라는 주장이다. 이들이 세계 경제를 장악하고자 비트코인을 만들었다는 것이다.

개인적으로 비트코인 강의를 다니면 대부분의 청중들이 빠지지 않고 질문하는 것이 "지금 비트코인을 사야 하나요?", "얼마까지 오를까요?" 같은 것이다. 그런데 나는 전문 투자자도 아니고, 경제학자도 아니다. 당연히 알 수가 없다. 다만 한 가지 자신 있게 말할 수 있는 것은, 비트코인은 사라져도 암호화폐는 절대로 사라지지 않는다는 것이다. 이것만큼은 아주 분명하게 말할 수 있다.

추적당하지 않는 화폐에 대한 욕망

우리가 생각하는 것보다 일렉트로닉 캐시, 즉 전자화폐의 역사는 상당히 오래되었다. 세계 최초로 전자화폐 개념을 제안한 사람은 데이비드 차움이라는 미국의 컴퓨터 과학자이자 암호학자다. 그가 쓴 논문들은 전부 '어떻게 하면 인터넷 공간에서 사용자의 프라이버시를 보호할 수 있을까?'와 관련된 것들로, 그는 과거 프라이버시 보호의 아버지라고도 불렸다. 그의 논문들 상당수는 현재 우리의 실생활에 적용돼 이용자 프라이버시 보호에 활용되고 있다.

그러면 이 프라이버시 보호의 아버지가 비트코인이 나오기 26년 전인 1982년에 왜 전자화폐라는 걸 만들었을까? 우리가 현실 세계에서 물건을 사고 대금을 지불하는 방법에는 두 가지가 있다. 신용카드와 현금이다. 신용카드는 들고 다니기는 편하지만 내가 어디서 얼마를 썼는지가 모두 추적당한다. 하지만 인터넷 쇼핑몰에서 대금을 지불하는 방법은 신용카드밖에 없다. 결국 인터넷 공간에서 물건을 사면 내가 어디서 무엇을 샀는지가 다 추적된다는 말이다. 차움 박사는 이것을 일종의 프라이버시 침해라고 보았다. 그래서 인터넷 공간에서도 추적당하지 않는 화폐를 생각해냈으니, 1988년 「추적 불가능한 결제 시스템」이라는 논문을 통해 인터넷에서 현금처럼 사용할 수 있는 추적 불가능한 디지털화폐를 제안했다. 이것이 전자화폐의 시초다.

즉, 전자화폐 존재의 이유는 익명성이다. 내가 하는 일을 감추고 싶은 것은 인간 본연의 욕구다. 따라서 이 욕구가 사라지지 않는 한 전자화폐는 절대로 사라지지 않는다. 그런데 전자화폐라는 것 자체가 익명성 추구를 위해 만들어졌기 때문에 당연히 정부 입장에서는 불편할 수밖에 없다. 전자화폐가 세금 탈루라든가 돈세탁 등의 나쁜 용도로 쓰일 확률이 높기 때문이다.

차움은 1990년에 디지캐시Digicash라는 전자화폐 회사를 차리기도 했는데 1998년에 문을 닫았다. 시대를 너무 앞서간 결과다. 그런데 실제로 1990년대 중반에 우리나라 코엑스에 가면 그 당시에 전자화폐를 현금으로 교환해주는 현금지급기가 있었다. 물론 그 회사들 역시 지금은 다 사라졌다.

위조된 전자화폐를 어떻게 알 수 있을까?

가끔 5만 원권 지폐를 컬러 복사기로 복사해서 쓰다 걸리는 사람들이 있는데 이들은 지폐 위조 방지 장치가 얼마나 철저하게 되어 있는지 모르는 사람들이다. 5만 원권을 보면 홀로그램 등 복사했을 경우에 바로 잡아낼 수 있는 여러 장치가 있다.

그런데 전자화폐는 컴퓨터 속에 있는 화폐로서, '1, 0, 1, 0…' 같은 디지털 정보로 이루어졌다. 그래서 복사를 해도 원본과 복사본이 똑같다. 즉, 위폐를 감별하기가 상당히 어렵다. 예를 들어 내가 5,000만 원을 주고 1비트코인을 샀다면 이를 열 번 복사하면 10비트코인이 된다. 그렇다면 이렇게 복사해서 위폐를 만들어 쓰는 것을 어떻게 기술적으로 막을 것인가. 이게 전자화폐의 핵심 사항이다.

데이비드 차움은 이 문제를 어떻게 해결했을까? 우리가 신용카드 쓸 때를 생각해보자. 신용카드를 상점 주인에게 주면 주인이 그것을 포스POS 단말기에 긁는다. 그럼 신용카드 정보가 카드사로 가서 이게 불법 카드인지 아닌지를 확인해준다.

정상 카드면 다시 상점으로 받아도 좋다는 정보가 가고, 그러면 전표가 출력되고 고객은 서명을 하게 된다.

전자화폐의 경우도 이와 똑같은 과정을 겪는다. 차움 박사는 은행으로 하여금 해당 전자화폐가 복사해서 쓰는 건지 아닌지를 판별하도록 하면 되겠다고 생각했다. 예를 들어 은행에서 전자화폐 하나를 5,000만 원 주고 사서 인터넷 쇼핑몰에서 지불하는 경우를 생각해보자. 상점은 전자화폐가 진짜인지 아니면 복사본인지를 확인하기 위해 자기가 받은 전자화폐의 일련번호를 확인한다. '1477번'이라고 되어 있으면 은행에 문의해 1477번 화폐가 과거에 사용된 이력이 있는지를 조회한다. 만약 은행에서 과거 사용 이력이 없다고 통보해주면 받고, 사용 이력이 있을 경우 받지 않는 것이다.

이때 매번 일련번호를 확인하면 어느 사용자가 어디서 화폐를 썼는지 다 추적할 수 있는 것 아니냐고 반문할 수 있다. 그런데 인터넷 쇼핑몰은 비대면 환경이기에 어떤 아이디ID가 어떤 일련번호의 돈을 썼다는 건 드러나지만, 아이디 등록 시 실명 확인을 하지 않는 한 실제 그 아이디가 누군지는 알 수 없다. 또 아이디라는 건 수시로 바꿀 수 있기 때문에 익명성이 보장되는 것이다.

블록체인은 전자화폐에 반드시 필요한 걸까?

비트코인이 나온 2008년에는 리먼브라더스 사태라고 불리는 글로벌 금융위기가 있었다. 비트코인의 창시자 사토시 나카모토는 은행에 대해서 상당한 적대심을 갖고 있었는데, 다음 글에서 이를 알 수 있다.

"중앙은행은 법정통화 가치에 논쟁의 여지가 없도록 신뢰를 받아야 하지만, 화폐의 역사는 그런 신뢰를 완전히 저버린 사례로 가득하다. 은행은 우리의 돈을 안전하게 보관해야 하지만, 그들은 무분별한 대출로 신용 버블을 유발했다."

즉, 은행은 백해무익한 존재라는 것이 사토시 나카모토의 생각이었던 것이다. 그래서 차움이 만든 오리지널 전자화폐 모델에서 은행을 배제하고 싶어 했다. 그런데 오리지널 전자화폐에서 은행이 없어지면 어떤 일이 벌어질까? 누군가는 복사해서 쓰는 돈을 잡아내야 하는데 그 역할을 해주는 기관이 없어지는 것이다. 이렇게 은행이라는 중앙의 관리감독기관이 없는 상태에서 위폐를 잡아주는 기술, 그게 바로 블록체인이다.

암호화폐와 관련해서 많은 사람들이 잘못 알고 있는 사실이 두 가지 있다. 그중 하나가 비트코인이 세계 최초의 전자화폐라는 것이다. 앞서도 말했듯 이는 사실이 아니다. 1982년에 데이비드 차움이 최초로 전자화폐를 만들었다. 그리고 두 번째로 잘못 알고 있는 사실이 전자화폐를 만들기 위해서는 블록체인이 반드시 있어야 한다는 것이다. 그런데 그렇지 않다.

전자화폐를 만드는 방법에는 두 가지가 있다. 먼저 차움이 했던 방식처럼 은행을 끼고 만드는 것이다. 이를 중앙 집중형 전자화폐라고 한다. 또 하나는 은행을 배제시킨 상태에서 블록체인 기술을 이용해서 만드는 것으로, 이를 탈중앙형 전자화폐라고 한다.

사실 전자화폐 전문가들이 세금 낭비 사업으로 지적하는 것이 지자체에서 만드는 코인 사업들이다. 보통 지자체들이 만드는 코인은 은행과 협업 구조로 탄생하는데 이런 코인들은 굳이 블록체인을 쓸 필요가 없다. 그냥 차움이 만든 중앙 집중형 전자화폐 모델을 따르면 매우 적은 비용으로 전자화폐를 만들 수 있다.

모든 사람들이 감시자가 되다

은행을 배제시킨 상태에서 화폐 시스템을 만들겠다는 것은 사토시 나카모토가 처음 구상한 것이 아니다. 1894년에 나온 『코인의 금융학교Coin's Financial School』라는 책에서 이미 "서민의 화폐적 자유를 박탈한 독점 재벌과 은행들은 시민의 적이며 축출의 대상"이라는 내용이 나온다. 이것이 21세기에 와서 "거래 당사자가 아닌 제3자는 지급 시스템에서 배제하는 것이 바람직하다"는 생각으로 이어졌고, 이를 최초로 구현해낸 사람이 사토시 나카모토라 하겠다. 그러니 정부나 기존 은행은 이와 같은 탈중앙형 전자화폐를 무정부주의자들이나 현실 불만 세력의 산물로 보고 반감을 갖게 되는 것이다.

그럼 블록체인이 세부적으로 어떻게 작동하는지를 보자. 블록체인 기술이 중앙은행 없이 어떻게 복사해서 쓰는 가짜 돈을 잡아내는지를 알아보자는 것인데, 생각보다 어렵지 않다.

보통 도둑은 경찰이 잡아주지만 경찰이 없을 때는 어떻게 해야 할까? 시민들이 자경단을 구성해서 스스로를 보호하기 마련이다. 이와 똑같이 생각하면 된다. 원래 은행이 위폐를 잡아내야 하지만 은행이 없으면 전자화폐 사용자들이 십시일반 힘을 합해 자경단을 구성함으로써 은행의 역할을 대신한다. 어떻게 할까? 인터넷에서 비트코인 프로그램을 내려 받으면 크게 두 가지 프로그램이 내 PC에 설치된다. 하나는 전자지갑 프로그램으로, 일종의 통장 같은 것이다. 그리고 또 하나가 블록체인 프로그램인데, 이것이 365일 24시간 동안 계속 감시하면서 위폐를 잡아내는 역할을 한다.

예를 들어 비트코인을 사용하는 A, B, C 세 사람이 있다고 하자. 사용자 각각의 PC에는 전자지갑과 블록체인 프로그램이 설치되어 있어 24시간 인터넷을 감시한다. 그리고 자기 PC에 있는 파일에 어떤 일련번호의 코인이 사용되었는지를 계속 기록해놓는다.

즉, 이들의 파일 장부를 보면 "A가 Y에게 1477번 코인을 썼고, 또 B가 Z에게 1423번 코인을 썼다"는 것이 기록되어 있다. 이 상황에서 어떤 사용자가 상점에 코인을 보내면 블록체인 프로그램이 자동으로 작동되어 이 코인의 일련번호를 확인한다. 이때 만약 1477번이 사용되었다면 A가 이 코인을 복사해서 중복 사용하려 했던 것으로 판명이 난다. 즉, 은행이 하던 일을 모든 사람들이 감시자가 돼서 해주는 것이다.

그런데 여기에 문제가 있다. 비트코인 프로그램을 설치하고 자신의 PC를 365일 24시간 동안 늘 켜놓는 것을 싫어하는 사람도 있을 수 있기 때문이다. 또는 갑자기 정전이 돼서 PC가 꺼질 수도 있다. 그러면 세 사람 PC에 있는 장부는 동일한 모습이 되지 않는다. PC가 꺼진 사람은 해당 시간 동안 데이터 기록이 누락되기 때문이다.

블록체인 프로그램을 설치한 A, B, C 세 사람 중에서 C의 컴퓨터가 일정 시간 꺼져 있었다고 가정해보자. 만약 이 시점에 누군가가 1477번 코인을 사용했다면, C의 장부에는 1477번에 대한 사용 기록이 누락되게 된다. 이후 누군가가 상점에서 1477번을 다시 사용하려 한다면, A와 B의 컴퓨터는 이것이 위폐라는 경고 메시지를 상점에 보내지만 C의 컴퓨터는 이것이 정상 화폐라는 메시지를 내놓게 된다. 이렇게 여러 명의 사용자가 다른 메시지를 내는 상태를 전문용어로 '비잔틴 오류Byzantine Fault'라고 한다. 즉, 여러 곳에 있는 장부가 동일한 데이터를 유지하지 않고 서로 불일치하는 상황을 일컫는 것이다.

비잔틴 오류를 어떻게 극복할까?

이 오류를 바로잡으려면 어떻게 해야 할까? 블록체인을 이용해서 데이터가 불일치하는 상태를 어떻게 개선할 것인가? 해법은 사용자들이 주기적으로 자신들의 장부를 서로서로 맞춰보며 오류를 보정해주는 것이다. 보통 비트코인에서는 10분 단위로 장부를 맞춰본다. 그래서 세 명의 사용자가 맞춰봤더니 두 명은 '1477, 1423'이 옳은 기록이라고 하고, 한 사람만 '1423'이 옳은 기록이라고 하면 어떻게 해야 할까? 이때는 투표해서 다수결의 원리에 따른다. 그리고 잘못 기록된 사람이 자기 장부를 고치는 것이다. 비트코인에서 사용하는 블록체인은 10분마다 이 일을 계속한다.

그래서 일찍이 블록체인을 분산장부라고 했다. 예전에는 은행이 갖고 있던 장부가 개별 사용자들 PC에 다 보관되기 때문에 장부가 분산됐다고 해서 분산장부라고 표현한 것이다. 내 경우 강의할 때 블록체인을 인터넷 투표 기능이 내장된 분산장부라고 표현한다. 장부 데이터가 항상 똑같을 수 없기 때문에, 불일치되는 장부 데이터를 다수결의 원리에 따라 맞추기 위해서는 인터넷 투표 기능이 반드시 내장돼 있어야 한다.

많은 사람들이 블록체인이 세상을 바꿀 거라고 말한다. 이는 블록체인이 분산장부라서가 아니라 인터넷 투표 기능이 내장되어 있다는 점에서 세상을 바꿀 만한 기술이라고 보는 것이다. 아직까지 완벽한 형태의 암호화폐는 나오지 않았다. 그러나 언젠가는 블록체인 기반의 전자화폐가 기술적으로 완성되는 때가 올 것이고, 이는 곧 완벽한 인터넷 투표 기술이 등장한다는 말과도 같다.

그럼 인터넷 투표 기술이 완성되면 어떤 일이 벌어질까? 더 이상 국회의원을 선출할 일이 없어진다. 우리가 국회의원을 뽑는 이유는 모든 국가적 사안을 국민투표에 부치기에는 돈과 시간이 너무 많이 들기 때문이다. 그래서 국민 대표로 국회의원을 선출하는 것이다. 그러나 인터넷 투표 기술이 완성되면 인터넷 강국인 우리나라는 모든 사안을 국민투표에 실시간으로 부칠 수 있다. 그럼 국회의원들이 필요 없어지고, 회사의 경우에는 CEO가 필요 없어진다. 실시간으로 주주총회를 열어 모든 주주들이 가지고 있는 주식 수만큼 투표권을 행사하면 된다. 그래서 블록체인을 이야기할 때 항상 따라 나오는 것이 '거버넌스governance(공동의 목표 달성을 위해 모든 이해 당사자들이 책임감을 갖고 투명하게 의사 결정을 수행할 수 있게 하는 제반 장치)'다.

또한 블록체인을 4차 산업혁명의 핵심 기술이라고 하는데, 그 이유는 4차 산업혁명 시대에 등장하는 플랫폼 기업이 독과점 형태로 흐를 경우 블록체인 기술이 이를 견제해줄 수 있기 때문이다. 물론 기술적으로 완성되려면 아직은 시간이 더 필요하다. 영국의 시사지 《이코노미스트The Economist》에서는 블록체인을 일컬어 '트러스트 머신trust machine'이라고 했다. 작동 과정에서 운영자 또는 운영기관을 막연히 믿어야 하는 문제점을 최소화시켜주기 때문이다. 그래서 블록체인이 탈권위주의적이라는 표현을 듣는 것이다.

블록체인은 해킹이 불가능할까?

실제로 비트코인의 블록체인이 어떻게 돌아가는지 조금 더 상세하게 살펴보자. 세 사람의 비트코인 사용자 A, B, C가 있다. 이들 각자의 파일 장부에는 사용된 비트코인의 일련번호가 실시간으로 기록된다. 이렇게 10분 동안 사용된 비트코인의 일련번호를 기록해놓은 파일을 '블록'이라고 한다. 사이즈는 1MB 정도다. 10분이 지나면 1MB 파일을 서로 돌려본다.

만일 불일치하는 블록이 존재하면 자동으로 투표에 들어간다. 다수결의 원리에 따라 불일치하는 소수의 블록들에 기록된 일련번호들은 수정된다.

그러면 10분 단위로 투표를 마친 블록들이 계속 생성될 것이다. 그런데 이를 하드디스크에 그냥 저장하면 중구난방으로 저장될 테니 시간 순서대로 정렬해 마치 사슬처럼 연결시켜놓는다. 그럼 10분간의 거래 기록을 담은 블록들이 시간 순서대로 사슬처럼 쭉 연결된다. 그래서 '블록체인'이라고 하는 것이다.

블록체인의 특징은 네 가지로 요약할 수 있다. 우선 모든 것을 투표로 결정하기 때문에 중앙의 관리기관이 필요 없다는 것, 즉 탈중앙화다. 두 번째 특징은 영구 보존성이다. 일단 블록체인에 데이터가 기록되면 그것을 삭제하거나 수정하는 것이 불가능하다. 블록체인 사용자가 3명에 불과하다면 3명의 동의를 구해 블록체인 데이터를 모두 수정할 수 있겠지만, 만약 사용자가 1억 명이라면 1억 명의 PC에 있는 블록체인을 다 수정한다는 것은 현실적으로 불가능한 일이기 때문이다.

세 번째 특징은 투명성이다. 사용자들은 모두 똑같은 블록체인을 PC에 갖고 있으니 누구나 똑같은 데이터를 평등하게 볼 수 있다. 마지막으로 네 번째 특징은 가용성이다. 예를 들어 사용자 중 한 명의 PC가 해킹을 당해 블록체인이 지워졌을 경우 다른 사용자에게서 복사해올 수 있다. 즉, 문제가 생겼을 때 빠른 시간 안에 원상태로 복구할 수 있는 것이다. 이를 가용성이라고 한다.

블록체인에 관해 대표적으로 잘못 알려진 사실 중 하나가 해킹이 불가능하다는 것인데, 블록체인은 해킹이 불가능한 기술은 아니다. 예전에 모 통신업체 사장님이 신문에서 블록체인은 해킹이 불가능하다는 기사를 보고, 부하직원에게 "우리 통신사에 가입되어 있는 고객들의 개인정보를 블록체인을 이용해서 안전하게 지키라"고 지시한 적이 있다. 그런데 블록체인에 고객의 개인정보를 기록하는 순간 어떤 일이 벌어지겠는가? 모든 사람들이 다 보게 된다. 해킹을 할 필요가 없다. 블록체인에 정보를 기록하는 순간 자동으로 모든 사용자에게 퍼지기 때문이다.

즉, 블록체인을 이용하면 데이터 위변조를 막을 수는 있지만 데이터를 비밀리에 보호하는 일에는 도움이 안 된다. 그래서 블록체인으로 비즈니스 모델을 만드는 일은 개인정보 보호 문제가 있어 생각보다 까다롭다. 그러니 블록체인에 대한 잘못된 지식을 갖고 비즈니스 모델을 구상해서는 안 된다.

블록체인의 인센티브 시스템, 채굴

사토시 나카모토는 경제 마인드가 상당했던 사람이었던 것 같다. 그는 블록체인 시스템이 현실적으로 절대 가능하지 않을 것이라고 생각했다. 아무 보상 없이 자신의 컴퓨터 저장 공간을 쓰고 전기 값을 직접 부담해가면서 블록체인 만드는 일을 자발적으로 할 사람은 없을 것이라고 본 것이다. 그래서 인센티브 시스템을 생각해냈는데 이를 '채굴'이라고 한다. 열심히 땅을 파면 금을 얻는 것처럼, 열심히 노력하는 사람에게 인센티브를 주겠다는 것이다. 즉, 비트코인을 얻는 가장 기본적인 방법이 채굴이다.

사토시 나카모토는 '블록에 기록하고, 회람하고, 투표하고, 이를 통해 동기화된 블록을 보관 중이던 이전 블록체인에 연결해 각자 보관하는' 4단계의 행위를 제일 정확하고 빠르게 한 컴퓨터의 전자지갑에 인센티브가 이체되도록 프로그램을 설계했다. 이 인센티브가 50비트코인이었다. 그러나 사토시 나카모토는 비트코인이 무한정 찍어낼 수 있는 화폐가 되지 않도록, 시간이 지남에 따라 자연스럽게 인센티브가 감소되도록 설계했다. 그래서 현재는 채굴 인센티브가 6.25비트코인인데,

그래도 어마어마한 돈이다. 2021년 11월에 비트코인 가격이 고점을 찍었는데, 그때 1비트코인이 8,000만 원이었으니 6.25비트코인이면 무려 5억 원이다. 10분만 열심히 해서 1등이 되면 5억 원이 내 전자지갑으로 들어오는 것이다.

여기서 1등을 하려면 어떻게 해야 할까? 우선 컴퓨터의 성능이 좋아야 한다. 따라서 고성능 그래픽카드를 사서 컴퓨터 성능을 업그레이드시켜야 한다. 그래서 비트코인 가격이 올라가면 용산에서 그래픽카드가 품절되는 것이다. 암호화폐 가격이 올라가면 주가가 올라가는 기업이 미국의 엔비디아NVIDIA라는 곳이다. 바로 그래픽카드의 핵심 부품을 만드는 회사다.

그럼 실제로 인센티브는 어떻게 줄까? A, B, C, D, E 다섯 명의 비트코인 사용자가 있다고 하자. 열심히 1MB짜리 블록에 사용된 비트코인의 일련번호를 적는데, 이 중 A가 제일 먼저 이를 완료했다. 그래서 A가 손을 번쩍 들고 "내가 1MB짜리 파일을 완성했으니 한번 확인해봐" 하고는 다른 사용자들에게 뿌려준다. 이때 나머지 네 명이 자기가 만들고 있던 것과 비교해서 A가 만든 게 맞다는 것이 만장일치로 확인되면 A가 만든 블록을 인정해준다. 이렇게 해서 만들어진 최초의 1MB 파일을 '제네시스 블록genesis block'이라고 한다. 그러면 6.25비트코인이 A의 전자지갑으로 들어간다. 그리고 A의 블록이 모든 사용자의 하드디스크에 저장된다.

또 10분이 지났다. 이번에는 B가 그래픽카드 성능을 업그레이드해서 가장 빨리 만들었다. 그래서 나머지 사람들에게 확인해보라고 돌린 결과, 역시 B가 만든 블록이 만장일치로 인정되면 B가 만든 블록을 A가 만든 블록에 연결한다. 이때 인센티브 6.25비트코인은 B의 전자지갑으로 들어간다. 그리고 A가 만든 블록과 B가 만든 블록은 서로 연결돼 블록체인을 형성하고, 이는 모든 사용자 PC에 저장돼서 영구 보존성, 투명성, 가용성을 충족하게 된다. 이러한 행위가 매 10분마다 무한 반복되는 것이 블록체인의 세상이다.

블록체인이 10분마다 1MB씩 계속 증가한다고 했는데, 그럼 하드디스크 공간이 얼마 안 되는 컴퓨터에는 비트코인 프로그램을 설치할 수 없는 걸까? 이때는 그냥 다른 사람이 설치한 블록체인을 보기만 하면 된다. 그 대신 인센티브는 못 받는다. 나의 컴퓨터를 희생하는 대가로 인센티브를 받는 것이기에, 블록체인 프로그램을 깔지 않았다면 인센티브 대상에서는 제외된다. 결국 사용자들의 선택의 문제다.

가상화폐 vs. 암호화폐

요즘 들어 언론에 많이 나오는 용어가 중앙은행 디지털 화폐CBDC·Central Bank Digital Currency, 가상화폐Virtual Currency, 암호화폐Cryptocurrency다. 애초에 데이비드 차움이나 사토시 나카모토의 논문에서는 이런 용어가 사용되지 않았고 단지 전자화폐electronic cash라는 용어만 있었다. 그러던 것이 비트코인이 사회적 이슈로 떠오르면서 암호화폐, 가상화폐라는 용어가 등장한 것이다.

전자화폐는 발행 주체가 정부인지 민간 기업인지에 따라 나뉘며, 정부가 만든 경우 중앙은행 디지털화폐라고 한다. 정부가 만들었으니 당연히 법적 효력이 있으며, 그런 면에서 비트코인 등의 암호화폐와는 구분된다. 최근에 중국이 디지털 위안화를 만든다고 하는데 그것이 바로 CBDC다.

반면 민간기업이 만드는 것은 가상화폐 또는 암호화폐라고 하며 여기에는 법적 효력이 없다. 다만 발행 주체인 기업이나 단체가 만든 약관에 따라서 가치를 부여받을 뿐이다. 그리고 전자화폐는 구현 방식에 따라서도 중앙 집중형과 탈중앙형으로 나뉜다. 민간 기업이 만든 중앙 집중형 전자화폐가 가상

발행 주체 / 구현 방식	정부(중앙은행)	민간 단체/기업
중앙 집중형	중앙은행 디지털화폐(CBDC)	가상화폐
탈중앙형(Blockchain)	중앙은행 디지털화폐(CBDC)	가상화폐 또는 암호화폐

전자화폐의 종류

화폐이며, 민간 기업이 만든 탈중앙형 전자화폐가 비트코인 같은 암호화폐다.

암호화폐의 가능성을 보여준 이더리움

최근에는 알트코인Altcoin에 대한 관심도 많아지고 있다. 알트코인은 'Alternative Coin(대안 코인)'의 줄임말로 우리말로는 잡코인이라고도 하며, 비트코인을 제외한 모든 탈중앙형 암호화폐를 일컫는 말이다. 언론에서는 알트코인을 쓰레기 코인으로 폄훼하기도 하지만 실상은 다르다.

2018년 3월 기준으로 전 세계에 1,523개 존재했던 알트코인은 2021년 5월 기준 1만 개를 돌파했으며 지금도 계속 늘어나고 있다. 만만치 않은 기세다. 그런데 1만 개의 코인이 다 의미가 있는 것은 아니고, 사기성 코인도 상당수다. 그래서 이 코인들이 무슨 일을 하는지 제대로 알아야 한다.

비트코인이 블록체인 기반의 탈중앙형 암호화폐의 시작이었다면, 실제로 암호화폐의 가능성을 보여준 건 이더리움Ethereum이라고 하는 2세대 암호화폐다. 이더리움은 러시아 출신 캐나다인 비탈릭 부테린이 만든 것으로, 그는 17세 때 컴퓨터 프로그래머인 아버지에게 처음 비트코인에 대한 이야기를 듣고 19세 되던 2013년에 이더리움 설계도를 발간했으며, 2015년 이더리움을 공개했다. 2021년 기준 27세에 불과한 비탈릭 부테린의 재산은 10억 달러로, 최연소 억만장자라고 미국의 경제지 〈포브스Forbes〉는 추산했다.

사토시 나카모토는 확실히 블록체인보다는 화폐에 관심이 많아서 은행을 배제한 대안화폐를 만들고 싶어 했다. 반면 비탈릭 부테린은 화폐보다는 블록체인 자체에 훨씬 더 많은 관심을 갖고 있었던 것으로 보인다. 암호화폐가 탈중앙성, 영구 보존성, 가용성, 투명성이라는 장점을 갖는다지만, 블록체인에 사용된 암호화폐의 일련번호 정도만 기록해놓는 게 과연 괜찮은 일인지를 고민한 것이다. 그래서 조금 더 유익한 것을 저장해놓을 수 없을까 고민하다 엉뚱한 발상을 한다. 블록체인에 화폐의 거래 내역, 즉 사용된 코인의 일련번호만 저장하는 것이 아니라 소프트웨어를 등록해보자고 생각한 것이다.

그런데 블록체인에 프로그램을 등록시키면 어떤 일이 벌어질까? 투명성 때문에 블록체인을 깐 모든 사람들은 그 프로그램을 다 볼 수 있을 테고, 영구 보존성으로 인해 일단 블록체인에 프로그램이 등록되고 나면 삭제나 수정이 불가능해진다. 그렇다면 이것으로 어떻게 돈을 벌 수 있을까?

이더리움은 단순한 화폐가 아닌 플랫폼

2017년에 엑시엄젠Axiom zen이라는 회사가 '크립토키티CryptoKitties'라는 고양이 육성 게임을 만들었다. 암호화폐를 주고 새끼 고양이를 사서 잘 키워 짝을 지어준 후 희귀종 새끼가 태어나면 비싼 돈을 받고 파는 것이다. 당시 1만 달러짜리 고양이가 엄청나게 많이 거래됐으며 개중에는 10만 달러짜리 고양이도 있었다. 이 게임의 값어치는 4,000만 달러에 달한다는 평가가 있었다. 그런데 이곳은 어떻게 돈을 벌었을까?

블록체인에 등록된 게임 '크립토키티'

현재 대부분의 게임 회사는 이용자들에게 게임 앱을 무료로 제공한다. 대신 게임 아이템을 팔아서 돈을 번다. 게임 아이템 중에는 상당한 고가인 것들도 있는데, 대표적으로 엔씨소프트의 리니지 같은 경우에는 심지어 검 하나에 몇천만 원씩 하기도 한다. 그런데 이처럼 이용자가 돈을 주고 산 아이템이라 해도 게임 회사의 중앙 서버에 저장되어 있기 때문에, 만약 그 회사의 중앙 서버가 해킹당하거나 회사가 폐업하게 되면 게임과 아이템은 모두 사라지고 만다.

그런데 이것을 블록체인에 저장할 수 있다면 어떨까? 그러면 회사가 사라져도 아이템은 영원히 사라지지 않을 수 있다. 아이템이 재산이 되는 것이다. 이런 앱들을 가리켜 탈중앙화된 앱Decentralized App이라고 하고 줄여서 '댑Dapp'이라고 한다.

비탈릭 부테린은 이더리움이라는 암호화폐를 만들어서 블록체인에 사용된 화폐의 일련번호뿐만 아니라 프로그램도 등록시키는 신개념을 창안해냈다. 여기서 블록체인에 등록된 프로그램을 '스마트 콘트랙트smart contract'라고 한다. 이렇게 되니 사람들이 크립토키티처럼 각종 '댑'을 만들어서 블록체인에 자꾸 올렸다. 비탈릭 부테린은 이더리움과 스마트 콘트랙트 개념이 내포된 블록체인을 만들었을 뿐인데 많은 사람들이 댑을 만들어서 올려놓기 시작한 것이다.

댑이 올려진 이더리움은 애플의 앱스토어와 똑같다. 그래서 이더리움을 암호화폐계의 애플이라고도 한다. 이처럼 이더리움은 단순히 화폐가 아닌 플랫폼으로 볼 수 있기에 비트코인보다 폭발적 성장의 가능성이 있다고 하는 것이다.

비트코인 열기가 가장 뜨거웠던 대한민국

소프트웨어 앱만 하나 잘 만들어도 벼락부자가 되는 것처럼, 댑을 하나 잘 만들면 일확천금의 기회가 생긴다. 기존 앱이 못 해주던 걸 댑이 제공하면서 사람들은 점차 이더리움에 주목하기 시작했다. 최근 화제가 되고 있는 NFT 역시 대부분 이더리움 블록체인에서 작동한다. 그 정도로 이더리움 블록체인은 현재 상당한 폭발력을 갖고 있다.

그런데 비트코인이나 블록체인의 출현은 이제 고작 십 몇 년 정도 된 것으로 아직 기술적 완성을 논할 단계가 아니다. 그래서 여러 문제들이 발생하기도 하는데 그중 가장 큰 문제가 가격이다. 가격이 너무 들쭉날쭉하다는 것이다.

비트코인이 처음 논문으로 발표된 것이 2008년 10월이고, 이것이 소프트웨어로 구현돼서 실제로 작동하기 시작한 것은 2009년 1월의 일이다. 그리고 이듬해인 2010년 5월 22일, 마침내 누군가가 비트코인을 사용해 최초로 물건을 구매했다. 미국의 한 프로그래머가 1만 개의 비트코인으로 피자 두 판을 구매한 것이다. 그래서 매년 5월 22일을 '비트코인 피자데이'

라고 한다. 가상자산을 활용한 최초의 실물 거래를 기념하는 뜻에서다. 그런데 만약 그가 당시 1만 개의 비트코인으로 피자를 사는 대신 그것을 그냥 계속 지니고 있었다면 어땠을까? 2021년 11월 기준 1비트코인이 한화로 8,000만 원가량이었으므로, 무려 8,000억 원의 가치가 되었을 것이다.

아무튼 비트코인 가격은 매우 유동적이라서 예측이 어렵지만 전체적인 흐름상 가격이 계속 우상향해서 올라가고 있음을 알 수 있다. 사실 대부분의 암호화폐가 다 그렇다. 그런데 비트코인 가격이 급등하게 된 데는 중국인과 한국인의 노력이 들어 있다. 먼저 중국의 신흥 부자들이다. 정부당국의 통제를 피해 자녀에게 재산을 물려주고 싶은 중국인들에게 비트코인은 상당히 매력적이다. 이들은 위안화를 비트코인으로 바꾸고 이를 외국에서 다시 달러로 바꿔 해외 부동산 투자를 하거나 자식들에게 물려주기도 했다.

이런 신흥 부자들 때문에 수요 급등으로 비트코인 가격이 치솟자 중국 정부는 비트코인 금지 정책을 내세웠다. 이로써 비트코인 가격은 다시 떨어지는데, 재미있게도 그 열기는 고스란히 우리나라로 넘어왔다. 그래서 비트코인 가격이 다시 올라갔고, 이에 우리나라 정부도 문제점을 인식하고 비트코인 금지를 선언하기에 이른다.

외국인들 입장에서 보면 중국이나 한국은 암호화폐의 성지가 아닐 수 없다. 2017년 《뉴욕타임스The New York Times》 기사를 보면 "한국의 인구는 미국의 6분의 1 수준이지만 암호화폐 거래액은 달러 거래액보다 많다. 암호화폐 열기가 한국보다 뜨거운 곳은 없다"고 했다. 그 정도로 국내 비트코인 열기는 뜨거웠다.

탈중앙화와 확장성의 문제점

가격 다음으로 노출된 비트코인의 문제는 '탈중앙화'에 있다. 사람들은 누구보다 장부를 빨리 만들어서 인센티브를 받고자 그래픽카드를 수없이 사서 병렬 처리를 한다. 그런데 이런 설비의 대다수는 중국에 있다. 왜냐하면 중국의 전기 값이 싸기 때문이다. 한국에서 개인용 PC를 가지고는 도저히 그 속도를 따라갈 수 없다. 한 연구 결과에 따르면 비트코인의 경우 전문 설비를 갖춘 상위 4개의 채굴꾼들이, 이더리움의 경우 상위 3개의 전문 채굴꾼들이 인센티브를 독식하고 있다고 한다.

블록체인과 관련된 또 하나의 문제가 '확장성'이다. 블록체인에서는 중앙 관리기관 없이 모든 것을 투표로 결정하는데, 규모의 경제를 이루려면 사용자 수가 어느 정도 확보되어야 한다. 그런데 문제는 사용자 수가 많아지면 많아질수록 투표하는 데 시간이 걸리므로 속도 저하가 발생한다는 것이다. 회원이 10명일 때와 10만 명일 때 암호화폐의 속도가 달라지는 것이다.

비트코인이나 이더리움은 '퍼블릭 블록체인Public Blockchain'을 쓴다. '공공Public'이란 이름에서 알 수 있듯 비트코인이나 이더리움 사용자라면 누구든지 블록을 만들고 인센티브를 받을 수 있는 열린 체제다. 그런데 여기서는 사용자 수가 많아지면 많아질수록 속도가 느려진다는 문제가 있다.

그래서 등장한 것이 변형된 형태의 블록체인, 즉 '컨소시엄 블록체인Consortium Blockchain' 또는 '프라이빗 블록체인Private Blockchain'이다. 컨소시엄 블록체인은 예를 들어 사용자가 1억 명이면 그중 10명의 사용자만 뽑아서 10명에게만 블록체인을 관리하고 인센티브를 받을 수 있는 권한을 주는 것이다. 그리고 프라이빗 블록체인은 대표 한 명을 뽑아서 그 사람에게 전권을 주는 것이다. 이렇게 할 경우 컨소시엄이나 프라이빗 블록체인을 이용한 비즈니스 모델에서는 속도 문제가 사라지지만, 이때는 굳이 블록체인을 써야 하는지 의구심이 들지 않을 수 없다. 엄밀한 의미에서 탈중앙화가 아니니 말이다.

그런데 외국의 많은 비즈니스 모델들은 퍼블릭 블록체인을 이용하는 반면, 국내 대부분의 모델들은 컨소시엄 아니면 프라이빗 블록체인을 이용한다. 무엇보다 만들기가 쉽기 때문인데, 그렇다 보니 글로벌한 경쟁력을 얻기 어렵다.

블록체인에 올린 '미투'

또 하나의 비트코인 문제는 전기 사용에 관한 것이다. 비트코인이 소비하는 전기 사용량은 이미 구글이나 디즈니랜드, 페이스북 등이 사용하는 전기량을 넘어섰으며, 스위스 한 나라가 쓰는 전기량까지도 넘어섰을 정도다. 그래서 이제 전기 소모를 좀 덜 하도록, 친환경적인 암호화폐를 만들려는 노력들이 있다. 이더리움 또한 차기 버전에서 전기 소모를 줄이려 하고 있다.

그리고 블록체인 기반의 비즈니스를 만들 때 유의해야 하는 것 중 하나가 개인정보 보호 문제다. 한번은 베이징대학의 여학생 한 명이 자신이 성폭력을 당했다는 사실을 블록체인에 올린 일이 있다. 처음에는 베이징대학 내 게시판에 올렸지만 어떤 압력 때문인지 쓸 때마다 지워졌다. 그래서 주변에 지워지지 않는 장치가 없는지 고심하다 생각한 것이 블록체인이었다. 원래 블록체인의 각 블록에는 암호화폐 거래 기록만을 써야 함에도 그 여학생은 자신의 미투 내용을 써서 올렸고, 정당한 거래 기록은 아니지만 여기에 투표해달라고 요청했다.

2018년의 조사 결과에 따르면, 실제로 블록체인 블록의 1.4퍼센트 정도에 아동 성 착취물, 회사 기밀, 저작권 관련 내용 등 비트코인 거래 기록과는 하등 상관없는 내용들이 있었다고 한다.

그런데 생각해보자. 누군가 내 프라이버시를 침해하는 내용을 블록으로 만들어 인터넷에 올렸는데 사람들이 재미삼아 거기에 몰표를 준다면 어떨까? 지워지지도 않는 데이터가 인터넷에 영구히 박제되는 것이다. 이처럼 개인정보 보호 문제와 블록체인은 완전히 상극의 개념이다.

블록체인 기반 협동조합형 경제 모델 '오픈바자'

이제 4차 산업혁명의 시대를 맞아 블록체인을 요구하는 비즈니스 모델들을 살펴보자. 우선 무료 온라인 마켓 플레이스 '오픈바자OpenBazaar'다. 사이트를 보면 겉모습은 흔한 인터넷 쇼핑몰인데 차이점은 통화 가능한 화폐에 있다. 즉, 이곳은 비트코인 캐시, 비트코인 제트캐시 등 암호화폐를 받는 인터넷 쇼핑몰이다.

현재 인터넷 쇼핑몰의 최강자는 아마존이다. 내가 팔 물건을 이곳에 올린 후 누군가 그 물건을 사면 물건이 배송되고 아마존 플랫폼에 수수료를 지불한다. 그리고 신용카드로 대금을 지불하면 당연히 신용카드사에도 수수료를 내야 한다. 물건을 사고파는 사람이 많아지면 많아질수록 아마존 같은 플랫폼 기업들은 점점 더 부자가 된다. 이 시스템을 블록체인으로 그대로 옮긴 게 오픈바자다.

내가 물건을 블록체인에 올리면 사람들이 이를 보고 그 물건을 산다. 그런데 만약 블록체인에 허위 매물이 올라가면 어떻게 될까? 여기서는 투표를 통해서 평판도 조사를 한다. 인터넷 상거래의 별점을 생각하면 된다. 다만 여기서는 특정 기업이 관리하는 게 아니라 사람들이 인터넷 투표로 허위 매물을 걸러내므로 특정 회사에 수수료를 낼 필요가 없다.

블록체인에 올라간 매물을 구입할 경우, 물건이 배송되어 오면 대금은 신용카드가 아니라 암호화폐로 지불한다. 물건 값이 2비트코인이라면 내가 갖고 있는 10개 비트코인 중에서 2비트코인을 준다. 그런데 만약 이 오픈바자가 인기를 끌어서 사용자들이 많이 모이면 어떻게 될까? 오픈바자에서 사용하는 비트코인의 가치가 상승할 것이다. 그러면 8개 코인을 가지고 있는 나도 부자가 되고, 2개를 넘겨받은 쪽도 부자가 된다. 기존 쇼핑몰에서는 이익이 날수록 플랫폼 기업의 사장과 주주들만 부자가 되는 반면, 오픈바자에서는 암호화폐를 공유하고 있는 구성원 전부가 부자가 되는 것이다.

그래서 기존 모델을 플랫폼 경제 모델이라고 하고, 오픈바자 같은 것을 블록체인 기반의 협동조합형 경제 모델이라고 한다. 혹자는 이를 프로토콜Protocol 경제 모델이라고도 한다. 이스라엘 인사가 우리나라에 오면 늘 자랑하는 것이 라주즈La'Zooz라는 기업인데, 이곳은 블록체인판 우버 기업이다. 여기서는 중앙의 관리기관이 필요 없고 '주즈'라는 암호화폐로 대금을 지급한다. 실로 새로운 경제 모델이 아닐 수 없다.

돈 버는 블로그, 분산형 유튜브

인터넷에서 큰 성공을 거둔 대표적인 사업 모델은 블로그 서비스다. 그런데 우리가 블로그를 사용하면 실제 돈을 버는 것은 블로그 회사들이다. 그리고 우리의 글은 블로그 회사의 중앙 서버에 저장되기 때문에 글의 내용이 회사의 정책과 맞지 않을 경우 삭제나 수정을 요구하기도 한다. 최악의 경우는 나의 글이 저장된 블로그 회사가 문을 닫는 것이다. 백업해 놓지 않을 경우 글이 모두 사라질 수 있다.

'스팀잇Steemit'이라는 블로그 서비스는 블록체인판 블로그 서비스다. 내가 쓴 글은 특정 회사의 중앙 서버에 들어가는 것이 아니라 블록체인에 저장된다. 따라서 누구도 삭제나 검열을 할 수 없다. 그리고 해당 콘텐츠가 좋을 경우 이용자들로부터 암호화폐로 직접 보상도 받을 수 있다. 별풍선처럼 말이다. 실제로 스팀잇이 나오고 나서 웹툰 작가들이 대거 스팀잇으로 이동하기도 했다.

요즘은 유튜브가 대세이지만 유튜브는 구글이 절대적인 권한을 갖고 있으며 검열도 한다. 그래서 등장한 것이 블록체인판 분산형 유튜브 '디튜브DTube'다. 디튜브는 유튜브와 똑같은 원리로 작동하며 스팀잇과 동일한 장점을 갖는다.

신뢰를 부르는 블록체인 기술들

중국에서는 늘 음식물 위생과 관련한 문제가 불거진다. 그래서 중국에 있는 월마트에서는 각 상품마다 QR코드를 도입했다. 예를 들어 소시지에 부착된 QR코드를 스마트폰으로 찍으면 재료로 쓰인 돼지의 원산지가 어떻게 되며 어떤 유통 경로를 거쳐 가공되었는지에 대한 정보가 나열된다. 이 정보들을 월마트 내 컴퓨터 시스템에 저장해놓을 수도 있다. 그런데 여기에도 문제가 있다. 사장이 지시하면 정보를 수정하거나 삭제할 수 있으니 믿을 수가 없는 것이다. 그런데 유통 이력을 블록체인에 기록하면 어떨까? 문제가 됐을 경우 아무리 사장이 지시한다 해도 삭제나 수정을 할 수 없다. 사용자들의 신뢰성을 대폭 쌓을 수 있는 것이다.

최근에는 루이비통이 블록체인으로 명품 관리를 해서 화제가 되기도 했다. 예전에는 명품을 사면 종이로 된 품질보증서를 발급해줬는데 이제는 명품에 센서 또는 QR코드를 부착하고, 블록체인에는 명품의 일련번호와 생산·구매 이력 관련 정보들을 저장해서 관리하는 것이다. 블록체인에 기록된 정보는 삭제나 수정이 안 되고 누구나 투명하게 볼 수 있으니, 이로 인한 신뢰는 명품 판매에 크게 도움이 될 것이다. 실제로 루이비통이 만든 블록체인 플랫폼에 현재 다른 명품 기업들 또한 속속 들어오고 있다고 한다.

MIT는 학생들이 원할 경우 졸업증명서를 블록체인에 넣어주기도 한다. 블록체인에 넣으면 위변조가 안 되고 전 세계 누구나 확인할 수 있으니, 학력 위조 사건이나 구설을 예방할 수 있다. 그런데 이 기술은 사실 이미 우리가 경험하고 있는 것으로, 바로 질병관리본부 앱 쿠브COOV다. 코로나19 예방접종을 증명하는 이 앱의 시작화면에는 "블록체인을 통해서 안전하게 관리합니다"라는 문구가 등장한다. 이로써 예방접종 증명서 위변조를 방지하며 전 세계 어디서든 투명한 접종 증명이 가능한 것이다.

기부금으로 운영되는 유니세프에서는 오래전부터 기부금

내역을 전부 다 블록체인으로 관리해왔다. 이에 우리나라의 대한적십자사나 국세청 등도 기부 시스템을 블록체인 기반으로 바꾸려는 시도를 하고 있다고 한다. 그리고 요즘 티맵을 보면 "안전운전 랭킹이 몇 위입니다"라는 문구가 있는데, 자동차 기업 벤츠는 에코드라이빙을 하는 운전자에게 벤츠 코인을 준다고 한다. 암호화폐를 주고 운전 데이터를 사는 것이다.

또한 현재 상당히 기대되는 프로젝트 중 하나가 '트래블 그리드Travel Grid'다. 항공 관련하여 국제적인 표준을 만드는 국제항공운송협회에서 블록체인을 이용해서 추진하는 서비스다. 항공 여행 시 다른 곳을 경유해서 갈 때면 내가 부친 화물이 제대로 도착할지 불안감을 느껴본 경험이 있을 것이다. 이때 화물 정보를 블록체인에 실시간으로 올려주는 서비스가 곧 출시될 예정이다. 이로써 앱만 실행시키면 내 짐이 어디 있는지 실시간으로 확인할 수 있다. 뿐만 아니라 승무원들의 신분증도 블록체인에 올려 위변조를 막고 각종 마일리지도 암호화폐와 연동시켜 호환 가능하도록 만들겠다는 것이 트래블 그리드의 핵심 내용이다.

이렇듯 현재 블록체인과 암호화폐의 활약은 눈부시게 이루어지고 있다.

승자독식의 구조를 무너뜨리는 블록체인

4차 산업혁명에서 블록체인이 큰 역할을 할 것이라는 이야기를 많이 한다. 무슨 이유일까? 우선 4차 산업혁명 시대에는 데이터가 매우 중요하며, 이 데이터야말로 구체적으로 돈을 버는 수단이 된다. 그래서 모든 기업은 더 많은 데이터를 갖고 싶어 한다. 그런데 이 데이터를 특정 기업이 독점하게 되면 어떤 일이 벌어질까? 경쟁자가 없는 기업은 당연히 고객에게 불합리한 요구를 하기 시작할 것이다. 이때 한두 개의 기업이 데이터를 독식하는 것을 막기 위해서 필요한 것이 바로 블록체인 기술이다. 4차 산업혁명 시대에는 인터넷을 통해 수집된 데이터는 특정 회사의 중앙 서버에 들어가는 것이 아니라 모두가 공동 관리하는 블록체인에 차곡차곡 쌓이게 된다.

지금도 빅데이터 분석을 통한 맞춤형 비즈니스가 많은데 4차 산업혁명 시대가 되면 데이터 기반 스타트업들이 더욱 많아질 것이다. 결국 스마트시티 건설로 가는 것이다. 현재 우리나라 스마트시티 시범 프로젝트를 보면 데이터 인프라로 블록체인을 고려하고 있는 것을 볼 수 있다.

그런데 우리와는 정반대의 선택을 한 나라가 캐나다다.

캐나다는 스마트시티 프로젝트를 추진하면서 블록체인을 놓아야 할 자리에 구글을 놓았다. 당연히 시민단체들이 항의했다. 지금도 구글의 독과점이 심각한 문제인데 한 도시의 데이터를 통째로 넘길 경우, 도시가 구글의 볼모가 될 것이 뻔하다는 항의였다. 이 같은 시민단체들의 소송으로 결국 구글은 이 프로젝트에서 손을 뗐다. 그래서 우리나라 정부가 스마트시티의 인프라로 블록체인을 잡은 건 참 다행스러운 일이다. 물론 개인정보 보호 문제에 대처해야 하는 숙제는 남아 있다.

그리고 요즘 AI 기술의 독점 문제도 많이 거론된다. 구글이나 바이두 등의 몇 개 기업이 AI 플랫폼을 독점하는 것을 막아야 한다는 것이다. AI 기술을 독보적으로 갖고 있는 회사의 공통점은 역시 데이터를 독식하는 기업들이라는 것이다. 그래서 인공지능을 훈련할 수 있는 학습 데이터를 특정 기업이 독점하지 못하게 막아야 하는데, 여기에 블록체인이 활약한다. 블록체인에 학습 데이터를 저장해서 누구든 활용할 수 있게끔 해주는 것이다. 그리고 학습 데이터를 제공하는 개인에게는 암호화폐로 인센티브를 주는 것이다. 이렇게 되면 블록체인에 있는 데이터는 모두가 투명하게 들여다볼 수 있으니 학습의 편향성 논란에서도 자유로워질 수 있다. 그래서 현재 외국에는

AI 학습 데이터용 블록체인을 만드는 기업들이 계속해서 생겨나고 있다.

디지털 세계의 부동산과 명품

요즘 그야말로 뜨거운 화두가 메타버스다. 아바타로 즐기는 가상 세계인데, 현재 메타버스로 잘나가는 로블록스는 2020년 기준으로 매일 들어와서 놀다 가는 활성 이용자 수가 3,260만 명이다. 인터넷 광고로 돈을 버는 페이스북에는 한 번 들어오면 보통 21분을 놀다 가는데 로블록스에 머무는 시간은 무려 156분이다. 2시간 30분을 들어와 있는 것이다. 그렇다면 인터넷 광고를 하는 입장에서는 당연히 페이스북이 아닌 로블록스를 선호할 수밖에 없다.

얼마 전 국내 모 대학은 신입생 환영회를 메타버스에서 개최했다. 신입생들은 자신들의 아바타를 예쁘게 차려입혀 입장했는데, 이때의 아바타 복장에도 명품이 존재한다. 그리고 메타버스 공간에서는 가상의 땅을 사고파는 회사까지 등장했으니 사이버 공간에서 창경궁이나 압구정동 땅을 사고파는 것이다. 이렇게 구입한 땅이나 건물은 임대를 주거나 그곳에 광고판을 두고 수수료를 받을 수 있다.

그런데 문제가 있기는 하다. 아바타에게 입힌 옷이 진짜 명품인지 어떻게 알까? 디지털 아이템에도 가짜가 있을 것이다. 또 내가 어느 장소에서 이벤트를 하려고 사용료를 지불했는데 그 사람이 땅주인이 맞는지 어떻게 확인할 수 있나? 그래서 나온 게 NFT다. NFT는 간단히 말해 블록체인에 등록되어 있는 등기권리증이라고 할 수 있다. 해당 디지털 아이템이 누구의 소유이고, 누구에게 팔렸는지를 입증해주는 디지털 등기권리증이다. NFT는 블록체인에 기록됐기 때문에 위변조가 안 되고 전 세계 누구나 볼 수 있다. 그래서 아바타가 치장한 명품이 진짜인지 가짜인지를 판별할 수 있다.

블록체인을 알아야 미래가 열린다

사실 아직까지는 많은 사람들이 메타버스 세계의 잠재력을 인식하지 못한다. 그런데 MZ세대에게 현실 세계는 실질적인 한계가 많은 곳이다. 명품이나 건물 소유는 남의 일일 뿐이다. 하지만 메타버스는 다르다. 지급 가능한 가격에 그런 것들을 구매할 수 있기 때문이다.

MZ세대는 현실보다도 자신의 아바타가 대접받는 메타버스에 익숙하다. 그래서 리니지 같은 게임을 보면 레벨이 높을수록 게임하는 시간이 자꾸 올라간다. 그곳에서 대접받는 기분을 오래 느끼고 싶기 때문이다. MZ세대에게 메타버스는 현실의 탈출구가 되기도 한다. 게다가 그곳에서도 NFT와 암호화폐가 연동되어 경제활동도 할 수 있으니 굳이 현실에서 괴로워할 필요가 없는 것처럼 여겨진다. 이렇게 암호화폐와 NFT, 메타버스는 궁합이 잘 맞는다.

실제로 MZ세대는 암호화폐나 스마트폰에 거부감이 없다. 요즘 '디파이DeFi'라는 말이 종종 언급되는데, 디파이란 '탈중앙화 금융 서비스Decentralized Finance'를 뜻한다. 은행 서비스를 블록체인 기반으로 만든 것이다. 앞서 이더리움은 일종의 앱스토어로 여기에 각종 앱 프로그램들이 올라간다고 했는데, 각종 디파이 서비스용 앱들도 이더리움에 올라가 있다.

우리는 금융사를 그다지 신뢰하지 않는다. 어떤 금융 상품에 가입해도 내가 볼 수 있는 정보는 한 달에 이자가 얼마인지 정도다. 도대체 금융회사가 내 돈을 어떻게 굴려서 이익이 어느 정도 생기며, 그중 얼마를 자기들이 갖고 가고 얼마를 나한테 이자로 주는지 모른다. 하지만 디파이는 블록체인에 올라가 있으니 투명하게 정보가 공개된다. 돈이 어떻게 운영돼서 이익이 어느 정도 생겼고, 그중 내게 얼마가 왔는지를 투명하게 볼 수 있다. 이 투명성이 디파이의 핵심이다. 앞으로도 이처럼 투명한 금융 서비스들이 많이 보급될 것인데, 그 중심에 있는 것이 블록체인이다.

그런데 여전히 많은 사람들이 암호화폐는 가치가 없다고 한다. 보이지 않는 것에 왜 투자를 하는지 의아해한다. 하지만 이들은 비트코인만 아는 사람들이다. 비트코인은 화폐에 집중했지만 이더리움 이후에 나온 것들은 저마다의 기술적 특징들을 가지고 있다. 그리고 인공지능이나 메타버스와의 궁합도 좋다. 애플, 삼성 등이 각자의 기술을 갖고 있는 것처럼 암호화폐와 블록체인도 하나의 기술로 봐야 한다.

암호화폐나 블록체인 기업에 투자를 잘하려면, 내가 투자하는 곳이 다른 곳과 어떤 차별성을 갖고 있는지 등 어느 정도의 지식이 있어야 한다. 무엇보다도 4차 산업혁명 시대에 뒤처지지 않고 앞서가는 사람이 되려면 남보다 더 알아야 한다. 그리고 그 아는 것의 핵심이 바로 블록체인이다.

INTERVIEW

"블록체인은 새로운 세계를 만들어가는 경제 인프라다"

김미경 × 김승주 × 정지훈

김미경 블록체인이란 말을 사람들이 하기 시작한 게 언제쯤인가요?

정지훈 비트코인을 포함해 블록체인 기술이 나온 지는 생각보다 오래됐습니다. 그리고 2017년에 대한민국 거래소들이 여러 개 생기고, 여기에서 어마어마한 돈이 거래되면서 한국이 엄청나게 유명해졌지요. 사실 블록체인 기술은 무엇보다 진화한 인터넷 같은 느낌인데 그런 본질적인 특징은 어디로 가버리고,

현재는 다들 코인 가격만 말하는 상황이 돼서 안타깝습니다.

김미경 블록체인은 코인이 아니잖아요?

김승주 처음에는 코인을 만들기 위한 부수적 수단이었어요. 그러다 4차 산업혁명 시대의 핵심 인프라가 되면서 새로운 비즈니스 모델을 만들고자 블록체인이 독립해서 나온 것입니다. 그래서 '블록체인 혁명'이란 말을 쓰는 거죠. 반면 암호화폐 혁명이란 표현은 없습니다.

김미경 블록체인으로 만드는 새로운 인터넷 세상의 가장 큰 장점은 무엇일까요?

김승주 인터넷이 디지털 정보로 이루어지다 보니 어떤 가치가 위변조되거나 훼손될 여지가 있습니다. 이때 블록체인을 이용하면 모든 정보들이 투명하게 공개되면서 그 가치를 함부로 훼손할 수 없게 되는데, 이것이 블록체인의 가장 큰 장점이지요.

김미경 투명한 건 좋지만 지우고 싶을 때 못 지우면 어떻게 해야 하나요?

정지훈 그러니 조심해서 써야 합니다. 디지털 리터러시digital literacy(디지털 플랫폼의 여러 미디어를 접하면서 명확한 정보를 내 것으로 하는 능력)를 넘어 블록체인 리터러시가 되려면 블록체인에 기록되는 순간 수정 불가능하다는 걸 인지하고 행동해야 합니다. 우리 사회의 새로운 원리를 이해하는 일이 중요하죠.

김승주 인터넷이라는 것이 작용과 부작용, 긍정적인 면과 부정적인 면이 다 있는 것처럼 블록체인도 마찬가지입니다. 그런데 신기술일수록 우리가 그것에 대해서 잘 모르면 조그마한 문제라도 나올 때 이를 부정적인 시선으로 보기 쉽지요. 하지만 완벽한 기술은 있을 수 없습니다. 그러니 기술의 장점과 단점을 명확히 알고 장점을 부각시킬 수 있도록 잘 쓰면 되는 겁니다.

김미경 "한번 거기서 작은 실패를 했다고 그 시장을 다시는 들여다보지 않는 것처럼 바보 같은 일은 없다"는 말을 어느 책에선가 봤는데, 바로 그런 것 같네요.

정지훈 인터넷은 원래 넓게 퍼뜨리려고 만든 기술이에요. 그래서 일단 확산시키는 데 집중했을 뿐 안전성이나 투명성에 대해서는 생각하지 못했어요. 그러다 보니 상거래라든지 실물경제와 연동될 때 불가피한 약점이 있었습니다. 그런데 블록체인 기술이 들어오면서 애초에 인터넷이 갖는 한계랄까 단점을 보완해주기 시작하는 것 같아요.

김미경 유튜브에 올라가 있는 제 영상이 2,000개쯤 됩니다. 그런데 제 영상에 대한 가치를 제가 아닌 구글이 매깁니다. 구글이 중간거래자로 있으면서 알아서 등급을 나누고, 광고를 붙이고, 수익을 배분하지요. 그리고 영상을 자의적으로 판단해서 계정을 삭제하기도 하고요. 명백한 횡포가 아닐 수 없어요. 하지만 현재 플랫폼으로는 그곳이 제일 큰 시장이라서 울며 겨자 먹기로 그냥 눌러 있기는 합니다. 사실 유튜브뿐만 아니라 우리가 쓰는 모든 오픈 플랫폼이 다 마찬가지예요. 그런데 블록체인 기술이 발달하면서 중간거래자의 힘이 빠지면 이와 같은 플랫폼의 횡포가 개선된다는 게 아닌가요?

김승주 플랫폼 기업 모델을 협동조합형 모델로 바꿔주면 됩니다. 이를 프로토콜 경제 모델이라고도 하지요. 그런데 구글이 나 아마존의 마케팅 파워가 엄청난데 경쟁이 되겠냐고 하는 사람도 있어요. 하지만 컴퓨터 PC 하나를 사도 메이커 있는 완제품을 선호하는 사람이 있는가 하면 델이나 용산에서 만든 조립형 PC를 선호하는 사람도 있지요. 택시의 경우도 사납금이 있는 일반 택시와 쿱Coop 택시 같은 사납금이 없는 협동조합 택시 중에서 선택할 수 있고요.

블록체인 사업 모델이 나오면 기존의 것이 다 없어지는 게 아니라 기존의 플랫폼 기업 사업 모델과 블록체인 기반의 사업 모델이 공존하는 것입니다. 우리는 저마다의 가치 기준에 따라 골라 쓰면 됩니다. 그래서 상당 기간 공존하다가 결국 더욱 가치 있다고 우리가 최종 판단한 것이 살아남을 겁니다.

정지훈 실제 플랫폼 기업들이 제일 무서워하는 게 프로토콜 경제입니다. 블록체인 기반의 탈중앙화된 시스템들이 많이 번졌을 때 타격이 제일 심하기 때문이죠. 그런데 인터넷 기업들의 상당수가 사실상 인터넷 혁명을 이끌었던 곳이에요. 그래서 현재 이런 플랫폼 기업들이 블록체인 기술을 자신들과 어떻게든 접목해보려고 제일 열심히 연구합니다.

예를 들어 디튜브가 성장하면서 유튜브는 본래 독점권을 갖던 것들을 콘텐츠 제작자에게 조금씩 나눠주는 정책을 펴지 않을 수 없을 겁니다. 이렇게 조금씩이나마 탈중앙화하려는 노력을 하게 될 것입니다.

김승주 과거 한 기업에서 블록체인으로 할 만한 것을 검토했는데, 그 기업의 최종 결론은 지금 당장 블록체인으로 할 수 있는 건 없다는 것이었습니다. 그 기업은 현재 플랫폼 기업으로 해당 분야에서 1등이라서 당장 협동조합형으로 바꿀 필요가 없었어요. 그렇지만 블록체인 관련한 팀을 운영해서 뭔가 하기로 결정했습니다. 언젠가는 블록체인 기반의 경쟁 모델이 나올지도 모르니 상황을 예의주시하면서 기술을 축적하고 대비하기로 한 거죠.

김미경 결국은 MZ세대가 추구하는 공정과 투명에 대한 가치가 시대를 이끌 것 같아요. 요즘 세대는 태어나면서부터 공정과 투명, 공유의 시대를 살고 있지요. 그러니 이들에게는 블록체인 기술이 그야말로 찰떡궁합인 거죠.

정지훈 요즘엔 NFT부터 시작해서 많은 조직들이 새로 구성돼서 운용되는데, 대부분 20대들이 주도하고 있습니다. 우리 같으면 검증된 기존 시스템대로 하는 게 훨씬 효과적일 것 같은데 젊은 세대는 확실히 달라요.

김미경 그런데 문득 원조 NFT는 인간이란 생각이 들어요. 예를 들어 김미경이 하는 강의를 누가 똑같이 할 수 있겠어요. 그야말로 '내'가 바로 NFT인 것이죠. 그런데 김미경을 영상으로 찍어 올렸더니 복제가 가능해졌어요. 그래서 한동안 그런 세상에서 살다가 블록체인으로 가면서 원래 모습을 되찾는 거예요. "김미경이 복제 안 된다고 했지? 그럼 복제 안 된 김미경과 거래할래." 이게 블록체인 세상이 아닐까요?

김승주 디지털 세상은 정보를 빠르게 퍼뜨릴 수 있는 장점은 있지만, 복사가 쉬워져서 원본의 가치를 희석시킵니다. 그래서 디지털 작품들은 가치를 제대로 인정받는 게 쉽지 않았지요. 그런데 NFT가 등장하면서 그 가치를 인정해주고 그것이 메타버스 등과 결합되면서 여러 새로운 시장이 열리고 있는 것입니다.

김미경 창작자들이 NFT를 좀 더 선한 방향으로 잘 연결하면 정말 좋을 것 같아요.

정지훈 현재 시장에서도 대량생산된 재화는 가치를 인정받기 힘든 반면 10개 한정판이라고 하면 가치가 올라갑니다. 그러니까 디지털이 아닌 세계에서도 NFT 개념은 원래 존재했었어요. 다만 디지털 경제가 들어오면서 NFT의 디지털 기술의 특징 때문에 그동안 인정받지 못했던 가치가 부각된 거죠.

김미경 블록체인으로 변화하는 시장의 모습은 어떤가요?

김승주 스마트 콘트랙트, 스마트 계약을 말하는데 이런 것들이 보편화되면 웬만한 것들을 전부 자동화할 수 있습니다. 지금 인터넷 뱅킹을 자동화 시스템인 양 말하지만 사실은 은행 안에 그것을 관리하는 직원이 있습니다. 그런데 스마트 콘트랙트를 이용해서 자동화를 극대화시키면 실제 조직에서 일하는 사람이 필요 없어집니다.
크라우드펀딩을 생각해봅시다. 이는 사람들로부터 돈을 모아 투자하는 것인데 이때 투자할 대상은 한 개인이 결정합니다.

계좌로 돈이 모이면 개인이 여러 사람들을 대신해서 투자하고 그 이익을 나눠줍니다. 그런데 블록체인과 스마트 콘트랙트를 이용해서 크라우드펀딩을 하면 그 개인이 '우리'가 됩니다. 블록체인에는 인터넷 투표 기능이 내장되어 있어 사람들이 돈을 암호화폐로 모은 후에 어디에 투자할지를 투표로 결정하는 겁니다. 즉, 크라우드펀딩을 운영하는 중앙기관 자체가 없어지는 거지요. 이렇게 해서 결과적으로 본래 크라우드펀딩과 같은 효과를 내지만 그 과정이 달라집니다. 앞으로 많은 기업 형태들이 이런 추세로 나아갈 겁니다.

김미경 블록체인은 중간거래자가 빠진다는 게 핵심이네요.

정지훈 직업적 변동 상황으로 보면 중간관리자 부분이 사라지고, 중간관리와 관련된 것들이 최소화되는 겁니다. 그래서 직접 무엇인가를 만드는 사람과 직접 소비하는 사람들에게는 중간관리자에게 넘어갈 것이 새롭게 재분배되니 매우 좋은 일이라 할 수 있겠지요.

김승주 그래서 이더리움을 만든 비탈릭 부테린이 남긴 명언이 있어요. "기존의 자동화는 말단 사용자가 해야 될 부분을 자동화시켜서 중간관리자들이 이익을 착취해갔다. 하지만 블록체인은 중간관리자를 자동화시켜서 그 이익을 말단 이용자들에게 돌려준다."

정지훈 그렇습니다. 은행만 하더라도 은행이 사라지면 은행 직원들에겐 안 좋지만 은행을 이용하는 수많은 사람들에겐 다 좋아지는 일 아니겠어요.

김미경 우리는 좀 더 편리한 신뢰 관계를 위해 은행에 수수료를 주면서 관리를 부탁하는 건데 이 과정이 사라진다면 처음에는 힘들기도 할 거예요. 새로운 생태계를 공부하지 않으면 적응을 못하지 않겠어요?

정지훈 그렇게 어려운 일은 아닐 겁니다. 실제로 은행이 사라진다 해도 은행 업무를 보는 사람은 그대로 남을 거고요. 단지 은행에서 월급을 받지 않을 뿐 사용자들에게 수수료를 직접 받으면서 똑같은 업무를 할 수도 있습니다. 즉, 필요한 가치는 남고 중간에서 이익을 취하던 회사만 사라지는 겁니다.

김승주 크라우드펀딩에서도 크라우드펀딩하는 사람이 없어지는 게 아닙니다. 그걸 모아서 투자하는 개인이 사라지는 것일 뿐이죠.

정지훈 그게 세상의 발전 방향인 것 같습니다. 투자 분야를 보면, 전에는 투자 기술 자체가 상당히 어려웠지만 지금은 증권 트레이딩 시스템이 나오면서 개인들이 주식 투자하는 일이 매우 쉬워졌지요. 그러면서 플레이어가 늘고 시스템을 유지하는 데 필요한 사람 수는 줄었습니다. 사회가 점차 이 방향으로 가는 거죠. 직접적인 무엇인가를 하는 플레이어들에게 더 이득이 많이 가는 방향으로요.

김미경 당장 NFT 사업을 하고 싶어 하는 사람에게 조언을 해준다면 무엇이 있을까요?

김승주 NFT 샘플을 만들어보는 사이트들이 있습니다. 예를 들어 크래프터닷스페이스krafter.space에 가보면 NFT를 맛보기 삼아 생성해볼 수 있습니다. 그리고 오픈씨opensea라는 NFT 상품을 파는 유명한 플랫폼이 있는데 이런 곳에 자신의 상품을 한

번 팔아볼 수도 있지요. 이렇게 경험을 쌓으면서 일단 두려움을 없애야 합니다.

김미경 NFT에서 우리가 무엇인가 샀다는 것은 물리적 소유가 아니잖아요?

김승주 NFT는 등기권리증이라고 보면 되고, 우리가 사는 것은 그것이 붙은 콘텐츠예요.

김미경 아무튼 그것도 집으로 가져가는 건 아니잖아요. 그냥 거기 있는 거죠.

김승주 그렇기는 합니다. 다만 디지털 상품에 대한 보증서를 NFT 포맷으로 만들어서 그걸 블록체인에 등록시켜주는 것이죠. 그리고 그것을 다시 팔 경우에는 권리가 양도됩니다. 그래서 예를 들어 어느 가게에 갔더니 내가 산 디지털 콘텐츠가 그곳에 걸려 있을 경우, 이에 대해 저작권 문제를 제기할 수 있습니다. 디지털 콘텐츠를 사용하려면 정식으로 수수료를 내야 하고, 이 수수료를 운용하는 기업도 따로 있어요. NFT는 저작권과 밀접한 관련이 있기 때문에 NFT를 구입할 때는 원저작자가 판 게 맞는지 확인하는 게 필수 조항입니다.

정지훈 디지털 콘텐츠는 렌탈도 가능합니다. 렌탈 서비스를 하게 되면 원저작자에게 일정 금액이 그 기간 동안 지급됩니다. 유통 플랫폼이 많아질수록 저작자에게는 유리한 환경이 조성되는 것이죠. 현재 NFT 1등 플랫폼이 오픈씨인데, 오픈씨의 최근 한 달 거래액이 34조입니다. 이곳이 그렇게 성장한 데는 자기네들이 시장을 독점하지 않고 오픈 API(데이터 플랫폼을 공개하여 외부 개발자나 사용자들과 공유하는 프로그램) 형식을 취했기 때문이에요. 벌써 독자 플랫폼이 수십 개나 나온 상태입니다.

김승주 앱스토어와 똑같다고 보면 돼요. 예전에는 내가 만든 프로그램을 어떻게 팔까 고민했지만 앱스토어가 나온 이후에는 여기에 올리기만 하면 되지요. 이처럼 NFT도 아마추어 작가들에게 시장 진입의 문턱을 상당히 낮춰주고 있습니다.

김미경 이로써 개인 사업이 엄청나게 활성화될 것 같아요.

정지훈 맞습니다. 구글에서 일하는 유명한 경제학자이자 미래학자인 할 배리안Hal Varian은 이를 일컬어 마이크로초microsecond(100만 분의 1초)를 다루는 마이크로 경제라고 했습니다. 개인들을 중심으로 한 경제를 말하죠.

김승주 그래서 요즘 학생들은 기성세대와는 인식이 완전히 다릅니다. 이제는 개인이 사업을 하는 것, 친구들과 스타트업하는 것, 외국 생활하는 것을 전혀 겁내지 않습니다. 플랫폼들이 넘쳐나는 지금은 외국어를 몰라도 됩니다. 앱스토어에 그냥 올리기만 하면 되니까 언어의 장벽에서도 굉장히 자유로워졌지요.

김미경 블록체인은 한마디로 새로운 세계를 만들어가는 경제 인프라인 것 같아요. 인공지능이며 메타버스 등을 실핏줄처럼 전부 연결해서 거래가 되게 만드는 인프라 말이에요.

김승주 기본적인 걸 못 따라가면 불편해지는 시대입니다. 세상이 나아가는 걸음에 내 걸음을 맞춰야 편하게 살 수 있지요. 블록체인에 대한 이해가 우리 모두의 미래에 대한 불안을 없애주고 새로운 삶의 활력을 불어넣어줄 것이라 장담합니다.

4

완벽히 현실적인 디지털, 'VR/AR'

김 세 규

메타버스 VR CG 콘텐츠 기업 비브스튜디오스 대표

버추얼 프로덕션, 디지털 실감 콘텐츠 등을 개발하는 메타버스 콘텐츠 제작사인 비브스튜디오스의 대표다. 2020년 세상을 떠난 가족을 가상현실에서 만나는 이야기로 큰 화제를 모은 MBC VR 다큐 〈너를 만났다〉를 제작했으며, 같은 해 Mnet 아시안뮤직어워즈에서 BTS 슈가를 홀로그램으로 제작한 무대를 선보여 큰 반향을 일으켰다. 국내 최초로 버추얼 프로덕션 시스템을 개발해 다양한 기업들과 협업하고 있으며, 비브스튜디오스만의 메타버스 플랫폼인 '비버스'를 준비 중에 있다.

가상현실 및 증강현실 기술이 진화하면서

2030년쯤이면 오감을 동시에 만족시키는

온전히 현실적인 디지털 환경을 경험할 수 있다고 한다.

VR/AR 글라스를 쓰고 아바타로 변신해서 경험하는 세상은

스마트폰으로 경험하는 메타버스와는 차원이 다른 것이다.

하지만 VR/AR이 만드는 가상 세계 역시 기획자는 사람이다.

사실상 기술은 거들 뿐, 이제 본격적으로 나만의 스토리와 세계관이

가치를 창출한다고 할 수 있다.

나만의 콘텐츠 없이는 결코 성공할 수 없는 미래가

다가오고 있는 것이다.

홀로그램으로 순간이동하는 시대

현재 가상현실VR 및 증강현실AR 기술은 어디까지 왔을까? 먼저 역사를 거슬러 올라가보자. 다음 장의 사진은 1968년에 하버드대학 교수인 아이반 서덜랜드가 개발한 최초의 VR 헤드셋이다. VRHMD라고 하는데, HMDHead Mounted Display는 눈에 고글처럼 쓰는 장비를 말한다. 이 장비는 흡사 사이버펑크 애니메이션에나 나올 법하게 생겼는데, 헤드셋이 너무 크고 무거워서 천장에 매달아 사용해야 했다. 흔히 VR 기술이라고 하면 그 시작이 얼마 안 된 것으로 알기 쉬운데, 이처럼 1960년대부터 이와 같은 하드웨어들이 지속적으로 개발되고 있었다.

그 다음 사진은 2014년에 나온 영화 〈킹스맨〉의 한 장면으로, AR 안경을 쓰고 눈앞에 홀로그램으로 나타난 사람들과 한자리에서 미팅하는 장면이다. 일명 홀로그램 미팅으로, 런던 회의실에 전 세계의 에이전트들을 증강현실로 불러와서, 모두

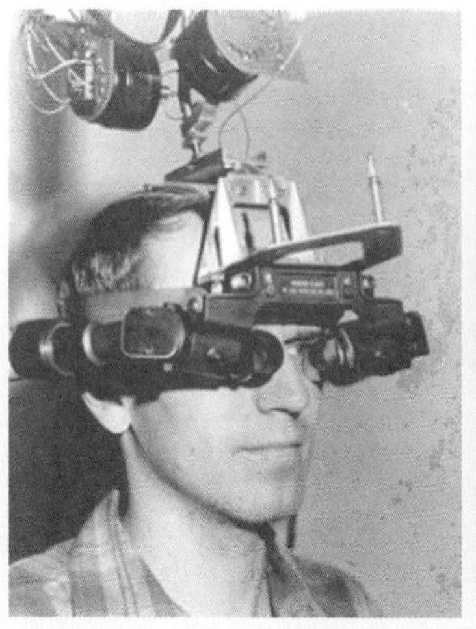

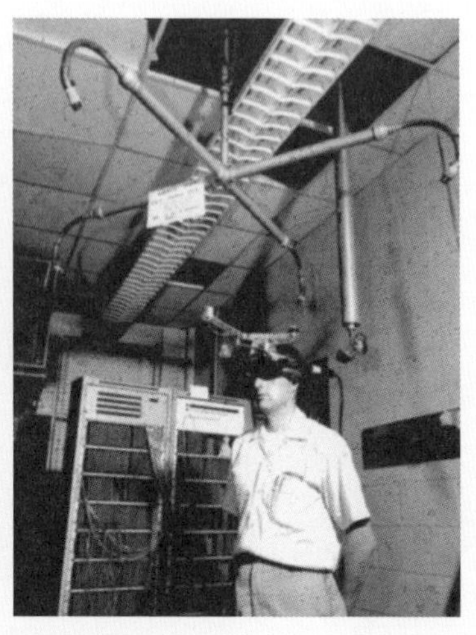

1968년에 개발된 최초의 VR 헤드셋

2014년 개봉된 영화 〈킹스맨〉의 홀로그램 미팅 장면

AR 안경을 쓰고 한 공간에 있는 것처럼 회의를 한다.

이것이 과연 영화 속에서나 가능한 일일까? 하지만 먼 미래에나 볼 수 있을 법한 이 같은 장면은 이미 현실화되어 등장했다. 2021년 3월 마이크로소프트는 전문가와 개발자를 위한 연례 컨퍼런스인 '이그나이트 2021'에서 혼합현실MR 기반의 협업 플랫폼 '메시Mesh'를 공개했다. 마이크로소프트는 2022년에 메시를 서비스 시작할 예정이라고 발표했는데, 이를 통하면 이용자들은 AR 글라스만 끼면 집에서도 해외에 있는 파트너를 홀로그램으로 불러와 한 공간에 있는 것처럼 만날 수 있게 된다.

마이크로소프트는 이 기술을 '홀로포테이션Holo-Portation'이라고 명명했는데, 이는 홀로그램으로 순간이동한다는 의미다. 홀로그램 렌더링을 손짓만으로 클릭하면 언제 어디서든 제약 없이 함께 일하고 소통할 수 있는 상상이 현실이 되었다. 영화 〈킹스맨〉과 같은 홀로그램 미팅을 실제로 할 수 있게 된 것이다. 다만 현재의 기술이 〈킹스맨〉과 다른 것은, 크기 및 해상도의 차이일 뿐이다.

VR 헤드셋 대중화의 막이 오르다

VR과 AR에 대한 자세한 이야기를 하기 전에, 먼저 VR과 AR이 도대체 무엇인지 그 정확한 의미부터 살펴보고 시작하자. 사실 현업에 종사하는 사람들도 VR과 AR을 헷갈려하며 혼동해서 쓸 때가 있다.

가상현실, 즉 VR(Virtual Reality)이라는 것은 간단하게 설명하면, 고글처럼 생긴 특수 장비를 눈앞에 착용해서 컴퓨터그래픽 등으로 구현한 가상의 공간을 보게 하는 기술이다. 다시 말해 사용자의 시야를 가리는 특수한 장비를 통해서 현실과는 다른 완전한 가상 세계 속으로 들어가는 것이다. 오큘러스 퀘스트, HTC Vive, 삼성 기어VR 등이 바로 이러한 가상현실을 체험할 수 있는 VR 장비다.

2018년 스티븐 스필버그는 미래 사회를 가장 현실적으로 그려냈다고 찬사를 받은 영화 한 편을 발표했다. 이 영화를 위해 스필버그는 영화를 구상할 당시 저명한 미래학자들을 초청해서 많은 이야기를 나누고, 수많은 논문을 참고했다고 알려졌다. 이 영화가 무엇일까?

바로 2018년에 개봉된 〈레디 플레이어 원〉이다. 이 영화는 2045년, 삭막하고 고단한 현실을 사는 사람들이 VR 헤드셋을 통해서 게임 세상, 현실과 같은 세상, 가상의 클럽 등 현실과는 달리 무엇이든 가능한 가상의 세계에서 살아가는 모습을 담았다. 그런데 흥미롭게도 이 영화에서 그려낸 가상의 세계는 현재 비브스튜디오스가 구상하고 있는 온라인 메타버스 테마파크의 모습과 매우 흡사하다.

이처럼 완전히 가상 세계에 들어간다는 개념의 VR은 실제 현실에 가상의 사물이나 환경을 덧입히는 AR보다 몰입도가 높다. 그러나 VR이 대중화되지 못한 가장 큰 이유는 HMD를 착용해야 한다는 장벽이 존재하기 때문이다. HMD와 같은 가상현실 디바이스는 초창기에는 착용감이 무겁고 해상도도 떨어졌다. 해상도는 차츰 HD에서 풀HD, 그리고 지금은 4K, 8K까지 개선되었지만 착용감에 대한 불편은 여전히 남아 있었다. 디바이스 자체만으로 구동되는 것이 아니라 고성능의 PC에 연결해서 사용해야 하기 때문에 불편한 부분이 있다. 그래도 고가의 PC와 HMD를 사용하면 몰입도는 상대적으로 높은 편이다.

페이스북의 마크 저커버그는 2014년에 20명 정도의 소규모 VR 스타트업 오큘러스를 2조 원에 인수해서 화제가 됐었는데, 덕분에 오큘러스는 현재 VR 헤드셋 시장에서 최고 강자로 부상한 상태다. 2020년 10월, 페이스북의 오큘러스에서 출시한 VR 헤드셋 '오큘러스 퀘스트 2'가 아이폰 초기 출시 때의 속도만큼 아주 빠르게 판매되면서 VR 헤드셋 대중화의 막을 열게 된 것이다.

'오큘러스 퀘스트 2'는 오큘러스 안에 모든 것이 탑재되어 있어 더 이상 PC와 선을 연결할 필요가 없다. 여전히 착용감에서 만족할 만한 수준은 아니지만, 그래도 과거에 비하면 상당히 개선된 것이다. 2021년 중반까지만 대략 천만 대 이상이 팔렸고, 앞으로의 판매 추세도 무서울 정도다. 실제로 무게감만 극복해나가면 대단한 판매량을 기록할 것으로 예상된다.

참고로 현재 이 플랫폼에서 게임을 론칭한 회사들 중 1위 회사의 매출이 대략 1,000억 원 정도다. 사실 지금은 콘텐츠가 많이 없는 상태라서 업계에서는 가상현실 콘텐츠를 모바일게임보다도 가능성이 높은 블루오션으로 보고 있다.

증강현실의 대표 사례는 '포켓몬 고'

이제 증강현실에 대해 살펴보자. AR Augmented Reality, 증강현실의 대표적 사례가 '포켓몬 고'다. 스마트폰을 켜고 주변의 어느 한 부분을 비추면 스마트폰 화면 속에 가상의 물체나 이미지들이 더해져 나타나는데, 이처럼 현실 위에 가상 이미지가 입혀진 것이 바로 AR이다.

실제 세계를 완전히 가상 세계로 대체하는 VR과 달리, AR은 현실 세계를 기반으로 3D 이미지를 입혀서 보여준다. AR 글라스나 휴대폰 카메라 등을 통해 현실 세계 위에 컴퓨터로 만든 콘텐츠나 이미지를 겹쳐서 표현하는 것으로, 비브스튜디오스가 2020년에 기아자동차와 함께 만든 비대면 고객 체험 모바일 앱 '기아 플레이 AR'이 바로 증강현실의 힘을 잘 보여주는 하나의 사례다.

스마트폰으로 '기아 플레이 AR' 앱에 접속만 하면 기아자동차 종류별로 외관과 내부 디자인을 체험하고 차량에 탑재된 첨단 기술 등 핵심 특장점을 확인할 수 있다. 만약에 이를 AR 글라스로 경험하게 되면 두 손이 자유로운 상태에서 현실감 있는 체험을 할 수 있을 것이다.

기아자동차의 증강현실 앱 '플레이 AR'

AR의 경우, VR처럼 특수 디바이스가 없더라도 스마트폰 같은 기존의 디바이스를 통해 경험할 수 있기 때문에 진입장벽이 상당히 낮다. 그래서 현재 시장 규모가 엄청나게 커지고 있다. 특히 스마트폰을 통해서 서비스하는 AR의 경우에는 시장이 더욱 확대될 것으로 예상된다.

AR과 VR의 장점을 합친 '혼합현실'

다음으로 살펴볼 것이 혼합현실Mixed Reality이다. VR이나 AR보다 최근에 나온 개념인 MR은 말 그대로 혼합된Mixed 현실로, 가상의 이미지가 현실 세계와 상호작용하는 것이다. 대표적인 예가 앞서 언급한 마이크로소프트의 '메시'다. 메시를 이용하기 위해서는 '홀로렌즈' 같은 혼합현실 디바이스가 필요한데, 실제로 착용해보면 모니터를 보는 것보다 훨씬 몰입감이 높다. 혼합현실은 완전한 가상 화면을 보여주는 VR이나 실제 화면에 가상 이미지를 덧씌우는 AR과 달리, 현실 화면에 실제 개체의 스캔된 3D 이미지를 출력하고 이를 자유롭게 조작하는 방식이다. 혼합현실에서는 실제 자신의 손으로 핸드트래킹hand tracking(내장된 카메라로 사용자의 손 움직임을 인식하여 가상현실 콘텐츠에 구현하는 방식) 기술을 이용해 축소 및 확대를 할 수 있고, 상호작용을 경험할 수도 있다. 현실 세계에 가상현실이 융합되어 사용자와 가상 정보의 상호작용이 가능한 것이다.

MR은 다음의 사진으로 직관적인 판별이 가능하다. 먼저 왼쪽은 완전히 가상 세계 속으로 들어간 오리다. VR 기기를 쓰면 오리가 이렇게 보인다. 그리고 오른쪽은 현실 세계 위에

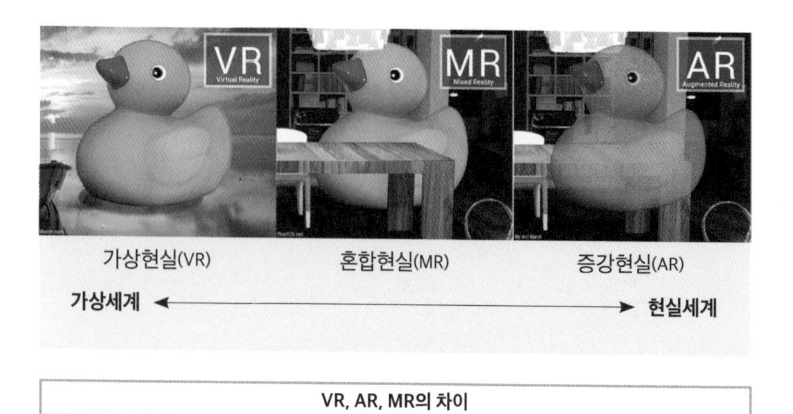

VR, AR, MR의 차이

겹쳐진 오리를 보여주는 AR이다. 그리고 가운데가 현실 세계에서 방의 구조와 사물을 인지하고 그 속에 자연스럽게 자리한 오리를 보여주는 MR이다. MR은 AR과 VR의 장점을 합쳐 보다 진화된 가상 세계를 구현한다. AR과 VR 이후에 나온 최신 기술인만큼 앞으로의 발전 가능성이 매우 크다.

정리하자면 왼쪽으로 갈수록 완전한 가상 세계, 오른쪽으로 갈수록 현실 세계에 가까우며, 그 중간에 있는 것이 MR이다. 여기서 VR, AR, MR을 통칭해서 부르는 용어가 XReXtended Reality, 즉 확장현실이다. 코로나 사태로 2020년에 K팝 아티스트들의 언택트 라이브가 많이 열렸는데, 이때 활용된 기술이 모두 XR 기술이었다.

네 번째 기술 플랫폼의 등장

이제 AR과 VR이 우리 일상에 가져올 변화에 대해서 알아보자. VR의 경우는 눈을 가린 상태에서 보기 때문에 신체의 자유도가 많이 떨어져서 산업의 파급 효과도 적을 것 같다. 그런데 AR의 경우는 실제 산업 분야에서 다양하게 활용될 텐데, AR이 증강시키는 것은 사물만이 아니다. AR은 디스플레이도 증강시킬 수 있어서, 예를 들어 TV나 노트북, 극장의 와이드 스크린도 증강시킨다. 그렇다면 지금 존재하는 디스플레이가 필요하지 않을 수도 있다. 헤드셋을 쓰고 가상 세계에 들어가면 그 안에 각자의 TV, 노트북이 있을 테니 말이다. 아마 AR 글라스를 통해서 세상은 큰 변화를 맞이하지 않을까 생각한다.

지금까지 인류가 사용하는 미디어 플랫폼에는 크게 세 번의 혁명이 있었다. 그 첫 번째는 1990년대의 PC 보급화다. 이로써 고정된 터미널을 통한 데이터 인터넷 연결이 가능해졌다. 그리고 두 번째가 2000년대의 인터넷 혁명으로, 이로써 소셜 네트워크를 통한 관계의 연결이 가능해졌다. 세 번째는 2007년 이후 등장한 스마트폰이 가져온 혁명이다. 인터넷은 랜선으로 연결되어 집이나 사무실에서 접속해야 서로 소통할 수 있었는데, 이제 무선인터넷, 모바일 시대가 되면서 지구의 70억 명 인류가 언제 어느 공간에 있든 상관없이 모두 연결이 가능해졌다. 사실상 이때가 메타버스의 시작점이기도 하다.

2015년만 해도 미디어에서 몇 년 안에 스마트폰이 사람들이 사용하는 유일한 컴퓨터가 될 것이라 예측했는데, 이제 방마다 폰으로 각자 다른 콘텐츠를 보는 시대가 되었다. 컴퓨터, 인터넷, 휴대폰에 이은 네 번째 혁명의 시기, 새로운 플랫폼이 생긴 것이다.

2020년대 이후는 메타버스 기반의 가상 세계와 연결이 가능해진 시대다. 드디어 리얼타임 3D 기술을 사용해서 메타버스 플랫폼이 만들어졌다고 하겠는데, 현재 메타버스 플랫폼은 대부분 스마트폰에서 경험하는 것이다. 그런데 스마트폰이 아닌, 이러한 기술들이 최적화된 디바이스를 통해서 VR, AR, MR을 경험하게 되면 어떨까? 다시 그에 맞는 플랫폼과 콘텐츠가 생산될 것이다. 그 시점이 이제 얼마 안 남았다.

IT 기업들의 새로운 격전지, VR/AR

글로벌 시가총액 10대 기업 중 여섯 곳이 VR/AR 헤드셋, 플랫폼, 게임을 출시했거나 준비 중에 있다. 이 중 개인적으로 가장 주목하는 기업은 애플이다. 애플은 맥킨토시를 통해 PC를 대중화시키고 아이폰을 통해 모바일 혁명을 불러일으킨 곳이다. 그런데 애플의 강점은 하드웨어만 만드는 게 아니라 OS도 만든다는 것이다. 지금 애플에서는 스마트폰을 대체할 XR 글라스를 2023년에 공개하려고 준비 중이라고 한다. 1인 1 컴퓨터, 1인 1 스마트폰에서 1인 1 VR/AR 글라스 시대로 향해 가고 있는 것이다. 아마도 본격적인 메타버스 시대가 열리는 시점은 애플이 새로운 디바이스를 출시하는 그때가 될 것이다.

가상현실 플랫폼에서의 경쟁도 치열하다. 이는 VR/AR 헤드셋, 휴대폰, 노트북 등 어떤 장비를 사용하든지 멀리 떨어져 있는 사람과도 같은 공간에 있는 것처럼 함께 일하고 소통할 수 있는 플랫폼으로, 대표적인 것이 마이크로소프트의 메시다. 한편 페이스북도 가상현실 플랫폼에 사활을 걸고 있다. 2021년 10월 페이스북은 사명까지도 아예 '메타META'로 바꾸고, 메타버스 플랫폼 '호라이즌'을 공개했다.

새로운 메가트렌드가 될 VR/AR 기술

앞으로 다가올 새로운 형태의 전자상거래 시장인 이커머스에서도 VR/AR 기술의 활약은 눈부시다. VR/AR 기술이야말로 소비자에게 새로운 경험을 선사하며 온라인 쇼핑의 한계를 뛰어넘게 해주는 '메가트렌드'가 아닐 수 없다.

2020년에 비브스튜디오스가 기아자동차와 콜라보해서 카니발 신차 론칭쇼인 '카니발 온 AR' 프로젝트를 했었는데, 이때 반응이 정말 뜨거웠다. 론칭쇼가 펼쳐지는 스튜디오 공간에 실제 자동차, 증강현실로 구현된 자동차, 가상현실 공간에서 등장하는 자동차라는 3개의 차원을 연결시켰는데, 이로써 모든 제품들을 분해해가며 특수 기능까지 설명하는 일이 가능했다. 예를 들어, 사막에서 필요한 기능이라면 그런 상황을 가상현실로 불러와 자동차가 실제로 사막에서 주행하는 장면들을 스튜디오 안에서 볼 수 있는 식이다. 이렇게 AR 기술을 활용하면 정말 디테일하고 현실감 있는 설명과 색다른 이벤트가 가능하다.

글로벌 브랜드들 역시 VR/AR 기술을 적극 활용해서 마케팅이나 브랜딩에 도입하고 있다. 월마트는 2020년에 VR로

이케아의 AR 앱 '이케아 플레이스'

구현한 가상 온라인 스토어를 공개했고, 가구 전문점 이케아도 AR 앱으로 집에서 가구를 미리 배치해볼 수 있도록 했다. 사실 가구를 고를 때 가장 고민하는 부분이 '우리 집에 어울릴까' 하는 것이다. 여기에는 이전까지 순전히 소비자의 상상력만이 작동했는데, 이케아는 이와 같은 고민을 해결하는 방안으로 2,000개가 넘는 가구들을 리얼타임 3D로 제작해서 소비자가 자유롭게 집에 배치해볼 수 있도록 했다. 아직까지는 모바일 앱으로 가상 배치해보는 경험이지만, 앞으로 AR 글라스가 나오면 실제 자기 눈으로 보다 더 구체적인 경험을 할 수 있을 것이다.

패션 분야에서는 VR/AR로 미리 옷을 입어보는 가상 피팅룸이 패션의 미래가 되고 있다. 글로벌 탑 SNS 플랫폼 스냅챗은 AR 기능을 도입한 쇼핑 기능으로 구찌, 디올 운동화 등을 스냅챗으로 미리 신어볼 수 있는 서비스를 내놓았다. 그 덕분에 스냅챗은 코로나 시기에 시가총액을 4배로 불리며 성장했다.

이처럼 AR 쇼핑으로 미리 옷이나 신발 등을 착용해본 사람들은 구매전환율이 5배가 더 높았다고 한다. 또한 평균 반품률이 38퍼센트인데 AR 쇼핑으로 가상 체험을 해보고 산 사람들의 반품률은 단 2퍼센트에 불과했다고 한다. 그래서 에릭슨 컨슈머 랩Ericsson Consumer Lab은 "아마도 앞으로 10년 후가 되면 인간의 오감을 동시에 만족시키는 완전히 현실적인 디지털 환경을 경험할 수 있게 될 것"이라고 했다.

현실의 한계를 보완하는 VR/AR

VR/AR은 가상 세계와 현실 세계를 융합하는 기술이므로 현실 세계가 가진 한계를 넘어서는 혁신을 보여줄 수 있다. 특히 전 세계가 코로나19로 이동이 제한되고 비대면 접속이 필요해지면서 VR/AR 기술을 활용한 진단과 치료 서비스가 더욱 활성화되었다. 무엇보다 VR/AR 기술은 의료 교육 분야에서 유용하다. VR/AR 기술을 활용하면 의과대학에서 필수 과정인 시신 해부 같은 곤혹스런 실습이 보다 자연스러워질 것이다. 가상의 클라우드 공간에서 사람의 신체를 가져와 해부 장면들을 경험해보는 시뮬레이션이 가능하므로 실감나는 교육이 이루어질 수 있다.

이와 같은 의료 시뮬레이션은 환자의 신체 조건과 동일한 환경을 만들어놓고 수백, 수천 번 테스트를 가능하게 하므로 부작용이나 실수 가능성을 현저히 낮춰준다. 또한 환자별 맞춤 치료가 이루어지며, VR/AR 3D로 해당 장기를 보면서 환자에게 수술 과정을 설명하는 일도 가능해진다.

VR/AR 기술은 통증 및 재활 치료에도 사용된다. VR 글라스는 실제 그 공간에 있는 느낌을 선사해서 상당한 몰입이 가능하기 때문에 환자의 통증을 줄이는 데 유용하다. 미국의 한 병원에서는 소아 환자에게 VR 기기를 쓰게 해서 혈액검사 때 느끼는 통증을 현저히 줄어들게 한 사례가 있으며, 소아 화상 환자들의 통증도 현저히 줄게 하는 효과를 입증한 바 있다.

전문 기술을 요하거나 위험이 따르는 작업 환경에서는 이와 같은 VR/AR 기술을 활용해서 더 안전하고 효율적으로 직업 훈련을 받을 수도 있다. 최근에는 군사 훈련 분야에서 시뮬레이션으로 많이 사용하고 있는데, 실제로 훈련하다가 잘못하면 사고를 당할 수도 있는 환경에서 사전 시뮬레이션은 사고 위험성을 대폭 낮춰준다. AR 글라스를 통해서 적진의 가상 세트를 상대로 추격전을 벌이는 등 증강현실 시뮬레이션은 실제 훈련보다 능숙한 대처를 가능하게 하는 훈련이다.

또한 자동차 정비 분야에서도 VR/AR 기술은 매우 유용하다. 항공기나 선박의 매우 복잡한 파이프라인들을 교육시키는 데 확실한 효과를 발휘한다. 특히 화재 장면을 연출해서 안전 테스트를 하는 일에는 VR/AR 기술만큼 좋은 것이 없다.

곧 도래할 완전히 현실적인 디지털 환경

VR/AR 기술의 발전은 직장 및 업무 환경에도 많은 변화를 일으킬 것이다. 가상 사무실이 늘어나고, 재택근무와 원격 직무 교육 또한 늘어날 것이다. 미국 CBS가 설문조사한 내용에 따르면 응답자의 25퍼센트가 재택근무가 가능하다면 생활비가 많이 들지 않는 곳으로 이사할 것이라 대답했다. 페이스북의 마크 저커버그도 언론 인터뷰에서 추후에는 "대도시의 장점을 누리면서도 대도시처럼 비싼 생활비가 들지 않고, 가족과 더 많은 시간을 보낼 수 있게 될 것"이라 했다. 재택근무의 확산으로 전 세계적으로 사람들이 집에서 보내는 시간이 많아질 것이고, 이와 관련된 사업과 서비스가 유망해질 것이다.

돈 버는 방식에도 변화가 따를 것이다. 업무와 소비가 가상 공간에서 이루어지면서 새로운 형태의 직업들이 탄생할 것이다. 아마도 미래의 유망 직업이라면 언리얼/3D 아티스트, 아바타 디자이너, 가상공간 이벤트 플래너, 콘텐츠 기획자, 콘텐츠 작가가 아닐까 싶다. 또한 인공지능이나 자동화, 디지털화로 대체될 수 없는 인간의 능력이 더욱 주목받을 것이다.

VR/AR 기술은 교육 분야에서도 앞으로 많이 활용될 것이다. 현재 스마트폰이나 태블릿을 활용하는 교육을 많이 하고 있는데, AR 글라스가 출시되면 가장 빨리 적용되는 사례 중 하나는 교실 수업이 될 것이다. VR/AR을 사용하면 직접 경험하고 체험하며 능동적으로 배우는 학습 환경이 조성되어 직관

적이고 실감나는 수업이 가능해진다. 예컨대 고구려 벽화나 이집트 피라미드를 공부한다고 할 때 교사와 학생들이 AR 글라스를 착용하면, 역사의 현장에 함께 달려가서 생생하게 경험하며 지식을 체득할 수 있으니 말이다.

기술적 진화는 정보 습득 자체를 텍스트 이미지와는 비교가 되지 않을 수준으로 상승시킨다. 상상력에만 의존하던 교육이 이제 실시간으로 모든 것이 체험 가능한 교육으로 바뀌는 것이다. 단순히 읽는 정보는 10퍼센트만 기억하지만, 말하고 행동하며 배운 내용은 90퍼센트를 기억한다고 한다. 이처럼 VR/AR 기술을 교육에 잘 활용하면 혁신적인 변화가 생길 수 있다.

또한 VR/AR 기술을 활용하면 유학을 가지 않아도 외딴 지역에서도 해외 유명 대학 교수의 수업을 들을 수 있다. 마크 저커버그의 말마따나 누구나 "사회경제적 요인이나 지역적 장벽 없이 세계 최고의 교육"을 받을 수 있는 환경이 조성되는 것이다.

새로운 영토는 우리의 것이 되어야 한다

VR/AR 기술은 전통적인 방식의 콘텐츠 제작과 소비를 새로운 형태로 옮겨가게 한다. 기술이 발전함에 따라 그 기술로 어떤 콘텐츠를 어떻게 보여줄 것인가에 대한 관심이 증폭되니 콘텐츠의 중요성이 더욱 커지게 된다.

2020년 4월에 화제를 모았던 '포트나이트Fortnite' 게임 내 트래비스 스콧의 가상 콘서트는 총 45분 공연으로 2,000만 달러(한화 약 220억 원)를 벌어들였다. 이 공연에 들어가면 관객은 콘텐츠의 어떤 부분을 어떤 앵글에서 볼 것인지 능동적으로 선택할 수 있으며, 각자가 등장인물이 되어 스토리에 참여하고 머무를 수 있다.

이제 좋아하는 가수의 라이브 공연을 눈앞에서 보고 실시간으로 소통하며, 가상의 전시 공간에서 작품을 감상하고 NFT로 구입하는 시대다. 리얼타임 3D 기술, 메타버스의 핵심 기술을 활용하면 시각적으로 충격적인 장면들이 연출되고, 오프라인에서 불가능했던 일이 아무렇지도 않게 이루어진다.

그럼 VR/AR로 이루어지는 메타버스의 미래를 맞아 우리는 지금 무엇을 준비해야 할까? 기술의 도움으로 더 편리해지는 세상이지만, 사람 간의 관계와 소통에서 가치가 창출된다는 사실만큼은 변하지 않는다. 따라서 새로운 기술을 내가 하고 있는 일, 할 수 있는 일에 적용하는 것이 중요하다. 내가 기술자가 아니어도 그것을 활용해서 가치를 만들어낼 수 있으면 된다.

변화의 흐름 속에서 기회를 찾아내고, 기술로 대체되기 어려운 나만의 능력을 개발하자. 그리고 스토리텔링의 힘에 주목하자. 사실상 기술은 거들 뿐, 이제 나만의 스토리와 세계관으로 가치가 만들어지는 시대다. 세계관과 콘텐츠가 없는 기술은 오래가지 못한다는 사실을 기억해야 한다. 콘텐츠 산업 종사자가 아니더라도 스토리텔링은 누구나 할 수 있으며 진입장벽이 없다. VR/AR 메타버스 가상 세계는 결국 사람이 만드는 것이고, 가상세계 속 아바타, 캐릭터, 공간은 사람이 기획하고 만드는 것이다. 사실상 이것이 비브스튜디오스가 하고 있는 일이기도 하다.

현재 도래하는 메타버스 시장은 일찍이 인류가 신대륙을 발견한 것과 같다. 신대륙의 발견으로 세계의 판이 완전히 다르게 짜인 것처럼, 메타버스라는 새로운 대륙은 우리를 이전과는 완전히 다른 세상으로 안내할 것이다. 이러한 때, 아직 그 누구의 것도 아닌 이 새로운 영토에 과감히 우리의 깃발을 휘날려야 하지 않겠는가.

INTERVIEW

"거짓말 같던 VR/AR 기술, 빛을 보기 시작하다"

김미경 × 김세규 × 정지훈

김미경 미래는 반드시 우리 앞에 오기 마련이죠. 다만 타이밍이 문제인데, 현재 VR/AR 관련해서도 '오고야 말 것들'의 타이밍이 당겨지는 느낌이에요. 어떻게 VR/AR의 미래를 일찌감치 내다봤는지 그 역사를 살짝만 훑어주세요.

김세규 원래 저는 음악 분야에서 일했어요. 기타리스트 겸 작사·작곡가로 해외 음반사와 계약해서 록밴드로 활동했었죠. 한창 잘나갈 때도 있었고 당시 월드투어 스타를 꿈꾸기도 했는데, 군대를 다녀온 후 일이 잘 풀리지 않으면서 힘든 시기를 보냈습니다. 그러다 우연한 계기로 웹 디자인을 배웠고, 이제 막 인터넷이 활성화된 시점에 3D맥스라는 초창기 툴을 익혀 3D로 랜더링한 이미지를 인터넷에 올렸더니 반응이 뜨거웠습니다. 그때 기분이 무대에서 환호받는 것과 비슷했어요. 그래서 이 분야에서 최고가 되겠다고 다짐하고, 잠도 안 자고 공부한 덕분에 빠른 시간 안에 업계에서 유명해졌습니다. 그렇게 3D그래픽 아티스트가 되었죠.

26세쯤 국내에서 몇 손가락에 꼽는 그래픽 포털 사이트를 만들어 수많은 회원들에게 영향력을 끼치면서 프리랜서로 돈도 꽤 벌었어요. 아무래도 내게, 음악 일도 그렇고, 기획하는 머리가 좀 있는 것 같아요. 그때는 그렇게 번 돈으로 경제적 자유가 확보되면서 다시 음악을 하고 싶었어요. 그래픽 일을 하면서도 여전히 홍대 클럽에서 연주도 하고 록 페스티벌에도 나갔었어요. 그러다 아예 이쪽 일에 정착을 한 거예요. 지금은 그래픽 기술을 활용해서 뮤직 신에 있는 엔터테인먼트와 함께 사업을 하기도 합니다.

김미경 음악을 잘 아니까 BTS, MAMA 등의 콘서트 기획도 훨씬 더 잘할 수 있었겠어요.

김세규 그렇습니다. 이쪽 분야 대표들은 대부분 테크나 그래픽 출신인데 저는 엔터테인먼트 뮤지션 출신이다 보니 콘텐츠에 대한 이해가 빠른 편입니다.

김미경 외관상으로는 오히려 군대 스타일인데…? (웃음)

김세규 5년 전까지는 단발머리였어요. 그런데 RND를 하기 위해서는 정부에서 자금 지원도 받아야 하고, 아무래도 회사를 책임지는 자리에 있다 보니 과감히 머리를 자르게 됐습니다.

정지훈 김세규 대표가 엔터테인먼트 쪽에서 성과를 보이는 것은 사실 당연한 일입니다. 테크놀로지가 발전하는 양상을 보면, 처음에는 테크놀로지 자체가 희귀해서 모두 같은 걸 쓰는 것처럼 보이지만, 이것이 성숙되면 될수록 특정 도메인에 진짜 잘하는 기업들이 등장하기 마련이니까요. 예를 들어 VR/AR이라고 하면 언론에서는 늘 페이스북(현재는 '메타'로 사명 변경)이나 마이크로소프트, 애플 같은 거대 기업 이야기만 하고 이들이 시장을 다 가져가는 것처럼 말하지만, 실상은 그렇지 않습니다. 구체적인 비즈니스나 산업을 크게 바꾸는 것은 해당 도메인에서 제일 잘하는 기업이지요. 비브스튜디오스처럼 공연 신에서 최고의 회사가 등장하는 것입니다. 지금 공연 시장이 글로벌 차원에서 얼마나 큰지 생각해보면 알 수 있습니다.

김미경 비브스튜디오스는 언제 상장하나요?

김세규 2023년 초가 되지 않을까 싶습니다. 곧 공식적인 발표가 있을 예정입니다.

김미경 IT 역사에서 VR/AR의 위치는 어떻게 되나요?

정지훈 이미 1980년대에 인공지능 분야에서 증강현실 기술이 나왔지만 실제로 30년이 지나서야 빛을 보기 시작한 것처럼, VR/AR도 그 시작은 생각보다 굉장히 오래됐습니다. 그런데 이것이 일반화되면서 세상을 바꾸게 된 데는 역시 코로나19의 영향이 크지요. 그러니까 2020년이 VR/AR이 뜨기 시작한 시점입니다. 2007년 아이폰이 등장한 것과 같아요. 아이폰이 그로부터 대세를 이룬 것이 4~5년 정도 지난 시점이니, VR/AR도 2025년 정도면 시장에서 큰 호응을 받을 겁니다. 지금은 진입 초기 단계라 할 수 있지요.

김미경 VR/AR이라는 메타버스 안에서 만들어지는 생태계에는 뭐가 있나요?

정지훈 인프라 차원에서는 네트워크가 중요한데, 지금 5G가 아직 시기상조라는 사람도 있지만 메타버스 상황에서는 6G가 나와야 한다는 얘기도 있습니다.

김세규 일론 머스크가 인공위성 기반 인터넷 서비스 '스타링크Starlink'를 통해서 6G 세계를 만들려고 하고 있어요. 현재 위성을 엄청나게 쏘면서 지구를 덮고 있습니다.

김미경 지구를 인공위성으로 덮으면 이제 더 이상 집에 들어와서 인터넷에 접속할 필요가 없는 것 아닌가요?

김세규 아마도 6G 시대에는 모두가 일론 머스크에게 통신료를 지불해야 하지 않을까 싶습니다.

정지훈 그럴 수도 있습니다. 현재 스타링크는 이미 서비스를 시작해서 여기에 가입만 하면 전 세계 어디에 있든 접속이 가능합니다.

김미경 그런 네트워크가 있으면 VR/AR은 모든 것을 불러온다고 했지요. 그렇다면 불러오기 이전에 그 모든 것이 보관되어 있는 공간이 클라우드인 것인가요?

김세규 맞아요. 가상의 클라우드 서버가 있어서 개인의 디바이스를 무선으로 연결해주는데, 메타버스에서는 엄청나게 큰 고용량이 필요합니다. 그런 것들을 지연 없이 실시간으로 상호작용이 될 수 있게 만들어놓는 메타버스 플랫폼이 모든 것의 핵심입니다.

정지훈 예전의 3DS 맥스 같은 방식으로 지금은 유니티Unity(3D 및 2D 비디오 게임의 개발 환경을 제공하는 게임 엔진)나 언리얼 엔진Unreal Engine(리얼타임 3D 제작 플랫폼) 이야기를 많이 합니다. 우리가 워드나 파워포인트로 뭔가를 작성해서 보여주는 것처럼 이런 콘텐츠를 만들 수 있는 창작도구 플랫폼이 상당히 중요합니다.

김미경 창작도구 플랫폼의 기능이 무엇인가요?

정지훈 아이템을 만드는 것도 있고, 유니티나 언리얼 엔진처럼 게임이나 영화를 구동시키는 것도 많지요.

김세규 지금 실제 현업에서는 유니티 같은 경우 모바일로 많이 사용합니다. 스마트폰에서 무선 베이스에서 구동되는 디바이스용 콘텐츠로 많이 사용되고, 언리얼 엔진은 PC, 서버, 고용량, 고퀄리티 쪽에서 많이 사용되는데, 언리얼 엔진의 경우 지구를 3D로 스캔하는 회사입니다. 예전 시장이라고 하면 구글어스 같은 게 있었는데, 그걸 아예 리얼타임 3D로 구동될 수 있는 최적화된 어셋들을 지금 스캔하고 최적화시켜놓았어요.

김미경 그렇다면 또 다른 지구, 두 번째 지구가 메타버스 안에 생기는 것이 아닌가요?

김세규 그림 그릴 때 팔레트에 물감들을 펼쳐놓는 것과 같아요. 언리얼 엔진의 슬로건이 '예술은 누구나 할 수 있다'는 것이거든요.

김미경 유통 플랫폼도 완전 달라지겠어요. 쇼핑하러 다닐 필요도 없고 굳이 학원에 갈 필요도 없고, 이제 클라우드를 통해서 어디든 불러오고 접속만 하면 되니까요. 그렇다면 이제 개인 컴퓨터도 필요 없는 게 아닌가요?

김세규 마이크로소프트나 아마존이 현재 가장 많이 투자하는 게 클라우드입니다.

정지훈 그래서 모든 것이 연결됩니다. 그렇게 연결에 방점을 찍고 새로운 가치를 창출해나가는 사람은 발전하고, 내 것만 가지고 가겠다는 사람들은 발전이 없겠지요.

김미경 그러니까 우리 생태계가 가야 할 곳이 3D라는 것이군요. 메타버스와 VR/AR로 가게 되면 완전히 새로운 걸 빨리 알려드릴 수 있겠어요. 그렇다면 이와 관련된 새로운 직업에는 무엇이 있을까요?

김세규 현실 세계를 좀 업그레이드해서 가상의 공간을 만든 것이 메타버스입니다. 이 가상의 세계에서도 아이디어를 내고 기획하는 등 전체 플랫폼에 대한 시나리오가 있어야 합니다. 그런데 이 시나리오 작성은 사람이 하는 겁니다. 결국 현재 각자의 전공을 메타버스 안에서도 충분히 활용할 수 있다는 것이죠. 유튜브 등을 통해 기술적인 공부를 한다면 가상 세계에서의 기회가 현실 세계에서의 기회보다 훨씬 크다고 할 수 있어요.

김미경 VR/AR 글라스가 상용화되면 우리의 소비 행태도 그에 맞춰서 완전히 달라지겠어요.

김세규 당연합니다. 스마트폰이 나오면서 전 세계가 무선으로 연결된 시점을 시작으로 세상은 급변했습니다. 지금은 2D가 3D로 변화하는 때입니다. 현재 스마트폰으로 프레임이 갇힌 상태에서 보는 메타버스는 조금 어색한데, VR/AR 글라스를 쓰고 그 공간에 실제로 가서, 내가 진짜 아바타가 돼서 교감하는 플랫폼은 다른 세상일 겁니다.

정지훈 드디어 양치기 소년이 진짜를 만나기 시작했다고도 볼 수 있어요. 그동안 시대를 못 만나서 꽃을 피우지 못하고 계속 거짓말만 해야 했던 양치기 소년 같던 VR/AR 기술이 빛을 보기 시작한 거죠. 이와 같은 새로운 세상에서 우리도 이제 저마다의 미래를 다시 한번 새로운 마음으로 기획해야 할 겁니다.

5

인간을 더욱 인간답게 만드는 '로봇공학'

한 재 권

로봇공학자·한양대학교 로봇공학과 교수

버지니아 공과대학에서 기계공학을 공부했다. 재학 당시 미국 최초의 성인형 휴머노이드 로봇 '찰리'를 설계, 제작했고 귀국 후에는 로보티즈의 수석 연구원으로 근무하면서 재난구조용 휴머노이드 로봇 '똘망'을 개발했다. '찰리'를 가지고 세계 로봇 축구 대회인 로보컵에 출전하여 2011년 우승했으며 '똘망'을 가지고는 세계 최대 로봇 대회였던 다르파 로보틱스 챌린지에 출전하여 결선까지 올라가 세계 최고의 로봇들과 경기를 치루었다. 현재는 한양대학교 ERICA 로봇공학과 교수로 근무하면서 학생들을 가르치고 있고 재난구조용 로봇, 인간 교감 로봇 등 각종 로봇을 연구 개발하고 있다. 단독 저서로는 『로봇정신』이 있다.

로봇은 사람이 못하는 일을 잘하고, 사람은 로봇이 못하는 일을 잘한다.

모라벡의 역설은 인간과 로봇의 협업을 경탄하는 말이다.

로봇과 협업하는 세상에서 인간은 가장 인간다운 일,

가장 나다운 일에 집중할 수 있다.

로봇이 인간의 장점을 더욱 부추기니 이제 로봇의 손을 잡고

로봇이 못하는 일, 나만의 꿈을 꾸는 일에 다가서보자.

성공적 비즈니스 모델의 새로운 기준, 로봇

코로나19가 기술들의 발전을 앞당기고 있는 지금, 가장 빠르게 세상을 바꿀 기술을 하나 꼽자면 단연 '로봇'이다. 세븐테크 중 유일하게 실제 손에 잡히는 테크놀로지이자, 온라인 세상의 기술을 물리적 세상으로 가져오는 힘을 갖고 있는 기술이 바로 로봇이기 때문이다.

로봇은 현재 매우 빠른 속도로 우리 삶에 스며들고 있다. 사진은 '에이블ABLE'이라는 안내 로봇으로 현재 눈코 뜰 새 없이 바빠 예약하기 쉽지 않다. 여기저기 불려 다니며 열심히 출장을 다니는 중이다. 에이블의 인기가 수직상승한 데 가장 큰 몫을 한 것은 바로 코로나19다. 많은 일들이 비대면으로 이루어지는 상황에서 로봇은 대면 가능하다고 판단한 것이다. 코로나19가 전 세계적 팬데믹 사태로 들어선 이후 로봇에 대한 수

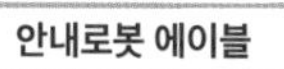
안내로봇 에이블

요는 확실히 빠른 속도로 늘고 있다. 이에 따라 로봇의 가치 및 잠재력이 새삼스럽게 재평가 되며 로봇 산업에 어마어마한 투자가 발생하고 있다.

이제 로봇은 상상을 넘어 우리의 실제 삶에 등장하기 시작했다. 앞으로의 5년, 10년은 로봇이 그리는 미래를 이해해야만 가늠할 수 있을 것이다. 그렇다면 그들이 바꿀 세상은 어떻게 이해할 수 있을까?

로봇의 미래를 그려볼 수 있는 가장 좋은 방법은 모라벡의 역설Moravec's Paradox을 이해하는 것이다. 이 역설은 카네기멜론대학교의 로봇공학자 한스 모라벡Hans Moravec 교수가 정리한 문장으로, 단 한 문장으로 로봇의 미래를 보여줬다는 평가를 받는다.

"인간에게 어려운 일이 로봇에게는 쉽고, 로봇에게 어려운 일이 인간에게는 쉽다."

언뜻 보기에 말장난 같아 보이는 이 문장은 보면 볼수록 의미심장하기 그지없다. 우리는 앞으로 이 의미심장한 문장을 이해하며 로봇이 무엇인지, 어떻게 미래를 바꿔놓을지 그려볼 것이다. 미래에는 이 모라벡의 역설을 얼마나 잘 파악했는지가 좋은 비즈니스 모델을 만드는 기준이 될 것이다.

인간에게 어려운 일이 로봇에겐 쉽다

모라벡의 역설을 설명할 때면 영화 한 편을 꺼내든다. 바로 2014년 개봉한 〈그녀〉다. 이는 주인공이 인공지능 운영체제와 사랑에 빠진다는 특이한 소재로 유명한 SF 로맨스로, 이 영화엔 모라벡의 역설이 가득하다. 사실 로봇을 연구하는 나로서

영화 〈그녀〉 속 주인공 테오가 일하는 장면

는 이미 충분히 상상했던 미래였기에 스토리 자체가 흥미롭진 않았다. 그럼에도 내가 이 영화를 인생 영화로 손꼽는 이유는 영화의 도입부에 있다.

이 장면은 테오가 일하는 장면으로 모라벡의 역설을 잘 담아낸 대표적인 장면이다. 테오의 직업은 의뢰인의 편지를 대신 써 메일로 보내는 일을 하는 대필 작가다. 여기서부터 영화의 상상력이 발휘되기 시작한다. 지금 시점에서 안부를 묻거나, 사랑하는 사람에게 마음을 전하는 편지를 대신 써 보내는 직업은 존재하지 않기 때문이다. 이렇게 시작된 상상력은 여기서 끝나지 않는다. 테오는 이메일을 손이 아닌 말로 쓴다. 기본적으로 컴퓨터에 뛰어난 음성인식 기술이 탑재되어 있다는 전제가 있는 것이다.

그런데 이 영화 속 컴퓨터의 인공지능은 여기서 멈추지 않는다. 이 대단한 인공지능은 주인공 테오가 한 말을 모두 알아듣고 나름대로 판단까지 내린다. 예를 들어 테오가 "사랑하는 줄리엣, 어젯밤에 데이트할 때 너무 헤어지기가 아쉬웠어. 오늘 또다시 만날 수 있을까?"라고 말하면 모니터에 즉시 이 문장들이 입력된다. 그러다 테오가 "잠깐만, 이거 너무 진부한데?"라고 하면 이 말은 입력되지 않는다. 그리고 테오가 "지워"라고 하면 백스페이스가 탁탁 작동한다.

그러니까 인공지능이 주인공의 말을 듣고 이메일 내용과 혼잣말을 구분한다는 것이다. 그 사람의 말을 오류 없이 받아적는 것도 대단한데, 편지의 내용과 혼잣말을 구분하는 것뿐 아니라 자신에게 지시한 기능까지 수행하다니, 영화 속 인공지능은 그야말로 어마어마하다. 그런데 이 장면에서 또 하나 크게 눈을 뜨고 살피면 특이한 점을 발견할 수 있다. 바로 모니터 앞에 있어야 할 키보드와 마우스가 없는 것이다.

모라벡의 역설 중 앞 문장은 "인간에게 어려운 일이 로봇에게는 쉽다"는 것이다. 인간에게 어려운 일이란 무엇일까? 귀찮고, 더럽고, 힘든, 굳이 내가 하지 않아도 되는 일이 될 수도 있다. 인간은 대개 그런 일을 다 잘하거나 꾸준히 하지 못한다. 반면 인간이 쉽게 하는 일은 무엇일까? 바로 말하는 것이다.

사실상 인간에겐 말로 하는 일 빼고는 나머지가 다 힘들고 귀찮은 일이다. 그래서 이 SF영화에서 키보드와 마우스가 사라졌다. 인간에게 귀찮고 어려운 일을 기계에게 넘겨버렸으니, 아예 키보드와 마우스가 무대에서 사라진 것이다. 이렇듯 모라벡의 역설을 이해하면 '미래'라는 무대에서 사라질 것들을 쉽게 머리에 그려볼 수 있다.

로봇에게 어려운 일이 인간에겐 쉽다

사실 모라벡 역설의 핵심은 앞서 살펴본 "인간에게 어려운 일이 로봇에게는 쉽다"가 아니라 이어지는 모라벡 역설의 뒤 문장이다. "로봇에게 어려운 일이 인간에게는 쉽다." 이 말을 다시 해석해보자면, 우리의 미래는 '인공지능과 로봇이 무엇을 할 것인가'보다 '인간이 무엇을 할 것인가'에 달려 있다고 할 수 있다.

그렇다면 인공지능에게는 없지만 인간에게만 있는 특별한 힘, 그것이 무엇일까? 바로 공감 능력이다. 우리는 다른 사람들의 마음을 느낄 수 있고, 표정만 보고도 상대의 기분을 알아챌 수 있다. 따라서 인간은 서로의 감정을 해치지 않도록 노력하고, 그런 노력이 인간 사회를 유지하는 하나의 기둥이 되는 것이다. 이 인간의 공감 능력은 아무리 인공지능이 발달해도 학습이 불가능하다고 여겨질 만큼 어려운 영역이다.

주인공 테오가 하는 편지 쓰는 일 역시 인공지능이 대체하기 힘든 일이다. 현재 인공지능이 그림도 그리고 작곡도 하며 소설도 쓴다지만, 그건 단순히 모아놓은 데이터를 바탕으로 비슷한 것을 만들어내는 데 불과하다. 인공지능에게 편지 쓰는 일을 맡긴다면, 의뢰인의 성향을 분석해서 축적된 데이터베이스에서 추출한 문장을 나름대로 조합할 것이다. 하지만 그렇게 완성된 편지가 과연 테오가 쓰는 편지보다 의뢰인의 마음을 더 잘 담아낼 수 있을까? 의뢰인은 인간이 쓴 편지와 인공지능이 쓴 편지 중 누구의 편지를 더 마음에 들어할까? 다음에 또 의뢰한다면, 누구를 선택할까?

따라서 모라벡 역설의 핵심은 한 문장으로 정리된다. 로봇이 아무리 발전해도 로봇의 일은 '인간이 하기 싫은 일'이 될 것이며, 인간은 여전히 인간만이 잘할 수 있는 일에 집중하고, 더 잘할 수 있게 될 것이다.

기술은 고난을 만나 도약한다

모라벡의 역설을 조금 이해했다면, 이제 로봇의 역사를 살펴보자. 온고지신溫故知新이라고 했던가? 미래를 예측하는 방법 중에 가장 쉬운 방법이 과거를 보는 일이다. 지금까지의 기술이 발전 해 온 방향을 보면 앞으로의 미래가 어떤 방향으로 나아갈지 그려볼 수 있을 것이다.

영화 〈그녀〉에 이어 〈아이언맨〉은 로봇 기술의 발전사를 살펴볼 수 있는 아주 좋은 영화다. 극 중 주인공 토니 스타크는 아프가니스탄에서 게릴라군의 공격을 받아 가슴에 치명적인 부상을 입고 납치된다. 가까스로 목숨만을 부지한 토니 스타크는 동굴에 갇힌 상태에서 아이언맨의 아이디어를 떠올리고, 그 프로토타입인 Mark1을 만들어 탈출에 성공한다. 이후 토니는 끊임없는 재설계를 통해 최첨단 과학 기술이 집적된 하이테크 수트 Mark3을 완성하기에 이른다.

이 스토리는 사실상 로봇 기술의 발전사를 요약해놓은 것이다. 즉 기술이란 점진적으로 천천히 발전하는 것처럼 보이지만, 실상은 토니 스타크가 완성한 아이언맨 수트처럼 늘 어떤 절박한 상황을 극복함으로써 비약적인 성장을 이뤄낸다. 그렇게 한번 도약을 맞이한 기술은 사람들이 사용하다가 또 어떤 임계점을 맞게 되고, 그 임계점을 넘어가는 시점에 항상 고난이 또 닥쳐온다. 그리고 그 고난을 해결하는 과정에서 또다시 비약적인 기술 발전이 일어나는 것이다.

로봇 기술의 발전에도 이런 도약의 시발점이 된 사건이 있었다. 바로 2011년 3월 11일 발생한 후쿠시마 원전사고다. 일본 동북부 지방을 관통한 대규모 지진과 그로 인한 쓰나미로 인해 후쿠시마 현에 위치해 있던 원자력발전소에서 방사능이 누출되고 말았다. 당시 사고 현장에 로봇이 투입되었는데, 다음 사진이 바로 당시 투입된 로봇의 현장 사진이다. 이때 로봇 두 대가 방사능이 쏟아져 나오는 후쿠시마 원전 안으로 들어갔다. 그런데 이들 로봇에게도 당시 상황은 처음 겪는 일이었다. 그렇다 보니 안 되는 게 너무 많아 임무를 제대로 수행하지

원전 사고 수습에 투입된 로봇

못했고, 결국 사람들이 방호복을 입고 들어갈 수밖에 없었다. 인간에게 어려운 일이 로봇에게도 어려웠던 것이다.

이 사건 이후에 로봇 전공자들은 뼈아픈 성찰을 하게 되었고, 미국 국방성 산하 연구조직 '다르파DARPA'에서는 로봇 재난구조 실력을 겨루는 '다르파 로보틱스 챌린지DARPA Robotics Challenge'를 기획한다. 이는 후쿠시마 원전사고를 가상의 무대로 만들어 그곳에 로봇들이 투입돼서 구조 임무를 겨루는 대회다. 다르파는 미군의 군용 기술을 기획하고 개발하는 곳인데, 후쿠시마 사고 이후 보다 '로봇'에 집중하기 시작했다.

다르파의 미션 임파서블

다르파는 전 세계의 로봇공학자들에게 초청장을 보내 대회 참가를 권유했다. 이에 내로라하는 수많은 로봇공학자들이 대회에 참가해서 대략 250여 개 팀이 예선을 통과했다. 그렇게 추려진 250여 개 팀이 2012년 10월 워싱턴 DC 펜타곤 옆에 있는 다르파 건물에 모여 첫 번째 미팅을 가졌다. 당시 나 또한 하나의 팀을 꾸려 팀의 리더로서 미팅에 참가했는데 그때의 장면이 머릿속에서 잊히지 않는다.

상당히 큰 건물의 지하 강당에 들어가자 평소 존경해 마지않던 세계 최고의 로봇공학자들이 그곳에 모두 집결해 있었으니, 그 놀라운 광경과 감격스러움은 여전히 생생하다. 그렇게 살짝 기가 죽은 상태로 미션 소개를 듣는데, 그 대단한 로봇공학자들이 다들 "안 돼!"를 외치는 게 아닌가. 내가 듣기에는 해볼 만한 미션이었는데 그들의 의외의 반응을 접하자 하룻강아지 범 무서운 줄 모른다고, 나는 되레 기가 사는 느낌이었다.

당시 미션은 총 여덟 가지로, 첫 번째 미션은 자동차 운전이었다. 이 미션이 발표되자마자 세계적인 로봇공학자들은 모두 고개를 절레절레 흔들었다. 자율주행차를 예로 들어보자. 자율주행 자동차도 이야기가 나온 지는 오래되었지만, 그것이 현실화되는 데는 상당한 시간이 필요하다. 지금도 자동차의 사방을 각종 센서로 무장해 자율주행을 하고는 있지만, 아직 상용화가 안 되고 있는 상태이니 말이다. 그런데 지금으로부터 10년 전에 로봇이 운전석에 앉아 엑셀과 브레이크를 발로 밟고 핸들을 조정하면서 현장까지 도착하는 것이 미션이었으니 다들 기함을 했던 것이다.

그리고 두 번째 미션이 제일 어려운 것이었는데, 바로 로봇이 차에서 내리는 것이었다. 인간에게 이 일은 진짜 아무것도 아니지만 로봇에게 이것은 상당히 고난이도의 일이다. 모라벡 역설의 두 번째 문장, 인간에게 쉬운 일이 로봇에게 어려운 일이라는 것을 잊지 말자.

점입가경으로 세 번째 미션은 문을 열고 들어가는 것이었다. 이것 역시 무슨 대수인가 싶겠지만, 실제 문의 손잡이가 어떤 종류로 설치되어 있는지 알 수 없었기에 로봇이 세상에 존재하는 수많은 손잡이를 전부 다룰 수 있어야 했다. 사람이야

어떤 손잡이든 어렵지 않게 잡고 돌리겠지만, 로봇은 손잡이 종류별로 일일이 프로그래밍하고 훈련을 해야 겨우 손잡이를 잡고 문을 열 수 있기 때문이다.

네 번째 미션이 잠긴 밸브를 여는 것인데, 상대적으로 이것은 그나마 쉬운 문제였다. 만약 후쿠시마 원전사고 당시 누군가 냉각수의 밸브를 잘 열어줬다면 상황이 지금처럼 나쁘진 않았을 거란 추측이 있었고, 이 네 번째 미션은 그 상징인 듯했다.

다섯 번째 미션은 벽 뚫기였다. 동그란 표적이 까맣게 칠해진 석고보드를 옆에 놓여 있는 드릴을 사용해 모양을 따라 동그랗게 구멍을 뚫는 것이다. 여섯 번째 미션은 대회 전날에야 그 내용이 공개되는 깜짝 미션으로, 로봇에게 임기응변을 요구하는 미션이었다.

일곱 번째 미션은 일종의 장애물 통과 같은 것으로, 공사장 벽돌이 불규칙하게 우르르 쏟아져 있는 곳을 통과하는 일이다. 그리고 마지막 미션은 다섯 칸의 계단을 오르는 일이다. 이 모든 미션을 1시간 동안 수행하는 것이다.

이 대회는 3년간, 탈락자가 발생하는 서바이벌 방식으로 진행되었기 때문에 매 라운드가 만만치 않았다. 마치 TV 오디션 프로그램 〈싱어게인〉처럼 각 라운드에서 성적이 좋지 않은 팀들은 짐을 싸서 집에 돌아가고 살아남은 팀만 계속해서 실력을 겨루는 과정이 3년간 계속되었다.

'힘을 느끼는' 로봇의 탄생

위의 미션들을 한마디로 요약하면 '인간처럼 움직이는 로봇을 만드는 것'이다. 인간에게는 15분이면 되는 간단한 일들이 로봇에게는 왜 이렇게 어려운 걸까? 나는 '인간처럼 움직이는 로봇'의 해답을 찾기 위해 인간이 움직이는 모습을 유심히 관찰하기 시작했다. 내가 나를 관찰한 것이다.

그러고 보니 인간은 목이 마를 때 너무도 자연스럽게 컵을 들어 물을 마신다. 컵이 있는 지점에 손을 뻗고 정확히 컵을 손에 쥐고는 입에 가져다대고자 노력하지 않아도 된다. 생각하지 않아도 저절로 그렇게 된다. 모든 동작이 애쓰지 않아도 물 흐르듯이 자연스럽다. 그런데 로봇은 인간처럼 움직이는 것이 아니다. 프로그래밍을 해주면 그 프로그래밍이 계획한 대로 움직인다.

공장에 가보면 프로그래밍된 대로 지극히 단순한 동작만 반복하는 기계를 볼 수 있다. 공장에서 자동차를 만들고 반도체를 만드는 도구는 단순한 기계, 즉 단순한 로봇이다. 하지만 인간은 프로그래밍된 대로 움직이지 않고 '그냥' 한다. 여기서 '그냥'이 무엇일까? 바로 '느끼는 것'이다. 촉각으로 느끼고 근육에서 올라오는 힘으로 느끼는 것이다. 이렇듯 인간은 느낌으로 상황을 파악하고 그 상황에 알맞은 행동을 할 수 있도록 빠르게 판단하여 근육을 움직인다.

인간의 몸에서 이를 담당하는 곳은 주로 대뇌가 아니다. 중추신경계 중 소뇌와 척수가 이 같은 느낌을 처리해서 근육에 명령을 보낸다. 우리가 이런 행동들이 자연스럽게 이뤄진다고 생각하는 이유는 이 작업이 생각을 담당하는 대뇌에서 이루어지지 않기 때문이다. 즉 생각하지 않고 행할 수 있던 이유는 몸이 알아서 처리한 것이 아니라 소뇌와 척수가 힘의 정보를 대뇌에 전달하지 않고 처리했기 때문인 것이다.

그런데 로봇은 인간과 달리 느끼면서 일하는 것이 아니라 프로그래밍을 통해 계획된 대로 움직인다. 그래서 로봇은 인간 사회에서 일어나는 수많은 즉흥적인 상황에 일일이 대응을 하지 못하고 조금만 다른 미션이 주어져도 성공하기 어려워하는 것이다. 마찬가지로 다르파 로보틱스 챌린지의 미션들은 프로그램된 대로 움직여서는 성공할 수 없었다. 결국 인간처럼 느끼면서 움직이는 로봇을 만들어야만 성공할 수 있음을 깨달은 것이다.

즉 로봇이 무엇을 잡고 험한 지형을 극복하면서 이동하려면 손과 발에 힘을 느낄 수 있어야 했다. 그리고 관절에 적절한 힘을 주거나 멈출 수 있어야 했다. 그래서 로봇의 팔목과 발목에 힘을 느낄 수 있는 힘 측정 센서를 달았고 로봇의 관절에 가해지는 힘을 제어했다. 여기서 힘은 아이작 뉴턴이 수백 년 전 알려준 가속도의 법칙(힘=질량×가속도)에 따라 수학을 조금만 적용하면 제어할 수 있었고, 이를 통해 원하는 로봇의 움직임을 만들어 낼 수 있었다. 그러자 불가능해 보였던 미션들이 하나둘씩 성공하기 시작했다.

그렇게 다르파 로보틱스 챌린지에 참여한 각 팀의 로봇공학자들은 자신들의 로봇이 힘을 느끼고 제어하며 움직일 수 있도록 새로운 이론을 적용해가며 숱한 시행착오를 거쳐 로봇을 발전시켜 나갔다.

대한민국 로봇 기술의 쾌거

그렇게 지난 2015년 6월, 결승전이 열렸다. 당시 대한민국은 카이스트와 서울대학교, 그리고 내가 맡은 로보티즈 팀이 결승까지 살아남았다. 미국은 나사NASA의 제트추진연구소, 메사추세츠 공과대학MIT, 카네기 멜론대학CMU, 버지니아 공과대학Virginia Tech, 방산복합체 록히드마틴 소속팀 등 어마어마한 열두 팀이 결승전에 진출했다. 일본에서도 로봇계의 전설적인 인물들이 즐비한 다섯 팀이 진출했고, 독일에서 두 팀, 이탈리아에서 한 팀, 홍콩에서 한 팀으로 총 6개국 스물네 팀이 결승전을 치르게 되었다.

다음 그림은 결승전에 진출한 스물네 대의 로봇들로, 이 가운데는 내가 설계한 로봇 '똘망이'와 대한민국 대표 로봇인 카이스트의 '휴보'도 찾아볼 수 있다. 당시에는 이 로봇들이 세계 최고의 로봇들이었다. 이 로봇들이 예전에는 정말 상상도 할 수 없었던, 그 여덟 가지 미션들을 수행했다.

실제 미션에서는 어떻게든 맡은 바 임무를 수행시키고자 각종 꼼수가 난무하기도 했다. 당시 시합의 백미는 드릴을 잡고 석고보드벽을 잘라내는 미션이었는데, 적당한 힘의 강약 조

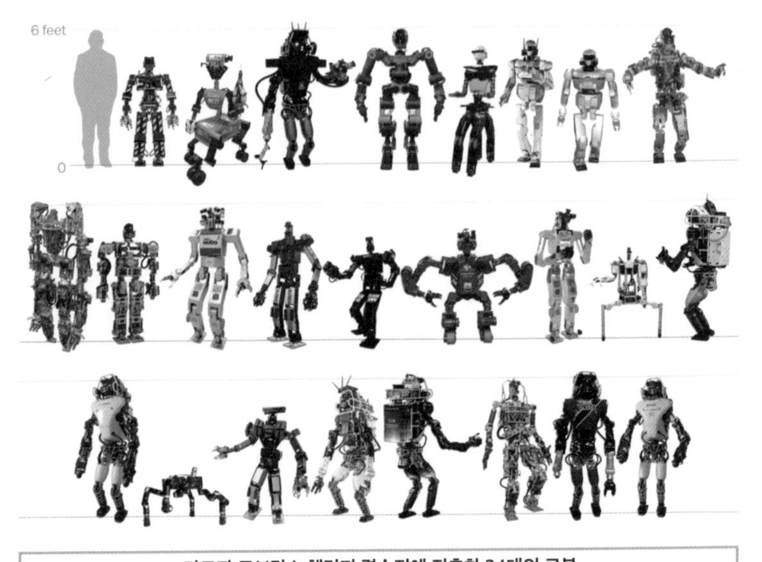

다르파 로보틱스 챌린지 결승전에 진출한 24대의 로봇

절을 통해 위치와 속도를 조절해야 했기에 모두의 손에 땀을 쥐는 순간이 이어졌다.

결승전 당일 공개된 깜짝 미션은 로봇이 잘못 꽂힌 전원 플러그를 뽑아 제대로 된 곳에 꽂는 일이었으며, 이후 장애물을 통과해 마지막으로 계단을 올라가는 것으로 대회는 끝이 났다. 이 대회에서 우승 팀은 카이스트였다. 카이스트의 휴보가 45분 만에 이 모든 미션을 완파해서 1등을 하게 된다. 그리고 우승상금은 200만 달러, 당시 한화로 24억 원 정도였다. 우리나라 로봇 기술의 쾌거가 아닐 수 없었다.

로봇, 드디어 눈 덮인 산길을 걷다

보스턴 다이내믹스Boston Dynamics라고 하면 자타공인 세계 최고의 로봇 회사다. 지금은 현대자동차가 인수했지만 다르파 챌린지 결승전 당시에는 구글의 자회사였다. 다르파 챌린지에서도 보스턴 다이내믹스의 로봇을 사용하는 7개의 팀이 결승전까지 살아남아 나름의 실력을 보여주었지만, 성적은 기대에 미치지 못했다. 한국의 카이스트 팀에게 우승을 뺏겼으니 아마 자존심이 꽤나 상했을 것이다.

그래서 심기일전한 보스턴 다이내믹스는 그때의 실패를 자양분 삼아 두 번째 로봇을 만든다. 로봇이 힘을 어떻게 다뤄야 하는지를 완벽히 파악한 후 힘 조절이 능수능란한 로봇을 만들어 2016년에 발표했다. 당시 보스턴 다이내믹스가 공개한 로봇 동영상을 본 수많은 로봇 관계자들은 그 완성도에 깊은 충격을 받았다. 눈 덮인 산길을 걷는 로봇의 당당한 포스에 할 말을 잃었기 때문이다.

이족보행 로봇에게 눈 덮인 산길을 걷는 일은 최고 난이도의 일이다. 발이 빠지고 미끄럽기 그지없으며 예측까지 안 되는 산길을 걷자면 '인간처럼' 걸어야 하기 때문이다. 발에 힘을 느끼면서 걸어야 하고, 넘어지겠다 싶으면 안 넘어지기 위해 애를 써야 한다. 이를 '착지점 제어'라고 하는데, 보스턴 다이내믹스의 새로운 로봇은 이 착지점 제어까지 완벽하게 해냈다.

그리고 이 로봇이 일을 하기 시작하는데 그 모습이 꽤나 자연스러웠다. 예전 같으면 무게 있는 상자를 들면 앞으로 고꾸라지기 일쑤였을 로봇이 힘을 느끼게 되자 흔들리지 않고 상자를 들었다가 자연스럽게 내려놓을 수 있게 되었다. 그리고 혼자서 일어날 수 있게 되었다. 그전까지의 로봇은 넘어졌을 때 스스로 꼼짝할 수가 없었지만 이제 스스로 상황을 알아차리고 대응할 수 있게 된 것이다. 다르파 챌린지에서 너무 많이 넘어진 것에 대한 설욕이랄까, 보스턴 다이내믹스는 로봇의 비약적인 발전을 이뤄냈다.

인간과 함께 사는 로봇, 협동 로봇

우리는 지금까지 로봇의 역사를 통해 '힘을 느끼게 된 로봇'이 과거와는 전혀 다른 뛰어난 수행력을 갖는다는 것을 함께 살펴봤다. 이는 로봇 발전의 큰 축 하나를 바꿔놓았다. 바로 인간과 로봇이 함께할 수 있는 환경을 만든 것이다.

과거 우리 사회에 로봇이 등장하면서 우리는 인간의 안전을 최우선으로 하는 법률을 만들었다. 상황에 대한 판단 없이, 무조건 프로그래밍된 대로 움직이는 로봇은 사람을 다치게 할 수 있는 위험이 있었기 때문이다. 따라서 로봇이 움직일 때는 주변에 사람이 있어서는 안 된다는 것을 법으로 명시했다. 그리고 관련 규정을 조금 더 세세하게 보완했는데, 로봇이 설치된 주변에는 사람이 접근할 수 없도록 반드시 펜스도 설치해야 한다는 것이었다.

그런데 로봇이 힘을 느낀다면 어떻게 될까? 이제 로봇도 무작정 앞으로 치고 나가는 게 아니라 뭔가 이상한 힘이 느껴지면 멈출 수 있다. 스스로 힘을 느끼고, 멈출 수 있는 로봇은 더 이상 인간을 다치게 하는 위험한 존재가 아니게 된 것이다. 이런 발전에 따라 인간과 로봇을 떨어뜨려야 한다는 법 조항이 존재할 필요가 없어졌고, 이에 법이 바뀌기 시작했다. 독일을 시작으로 힘을 느낄 수 있는 로봇, 정부가 인증해준 로봇에 한해서 사람과 같이 지낼 수 있도록 각 나라들은 법 규정을 변경해나갔다.

우리나라도 2018년 여름, 해당 법 조항을 바꿨고 이를 기점으로 우리 곁에 로봇들이 하나둘씩 나타나기 시작했다. 로봇 청소기 말고는 우리 주변에 로봇이 보이지 않았던 이유 중 하나가 바로 이 법률 규제 때문이었다. 그런데 그 법이 바뀌자 드디어 로봇이 인간의 삶 속으로 성큼 들어오게 된 것이다.

지금은 공장, 주방, 커피숍 등 다양한 일자리에서 협동 로봇들이 활약하고 있다. 커피숍에서 일하는 로봇은 계속해서 뜨거운 물을 부어 드립커피를 만드는 일을 담당한다. 만약 자동차 생산 공장이라면 트렁크의 마무리 작업을 하는 사람 옆에서 무거운 스페어타이어를 트렁크에 넣어주는 공정을 로봇이 담당할 수 있게 된 것이다.

여기서도 우리는 모라벡의 역설을 찾을 수 있어야 한다. 로봇이 힘을 느끼고 힘을 제어할 수 있다고 해서 인간이 쉽게 하는 일을 로봇도 쉽게 할 수 있게 되었다는 것은 아니다. 로봇이 힘을 느낀다는 것은 로봇이 인간과 함께 있어도 될 만큼 안전한 로봇이 되었다는 뜻이지 모라벡의 역설이 깨진 것은 아니기 때문이다. 오히려 인간과 로봇이 같이 일할 수 있게 됨으로써 각자의 장단점이 극명해지며 모라벡의 역설은 더 강화되었다고 볼 수 있다.

지금 로봇 사용에 성공한 경우를 살펴보면 해답은 금방 찾을 수 있다. 바로 로봇에게 인간에겐 귀찮지만, 로봇은 잘할 수 있는 일을 시켰다는 것이다. 종일 무거운 타이어를 트렁크에 넣는 일이나 드립커피를 만드느라 무거운 주전자를 들고 뜨거운 물을 조심스럽게 천천히 붓는 일처럼, 인간에게는 힘들고 귀찮지만 로봇에게는 쉬운 일이었기에 성공할 수 있었던 것이다.

로봇은 인간의 일자리를 빼앗을 것인가

하지만 역시 모라벡의 역설 핵심은 두 번째 문장이다. "로봇에게 어려운 일이 인간에게는 쉽다." 이 문장은 로봇이 인간의 일자리를 전부 대신하게 될 거라는 예언이 틀렸음을 보여준다.

로봇이 일하는 곳에는 반드시 인간이 필요하다. 인간만이 할 수 있는 일이 있기 때문이다. 앞선 트렁크 작업을 예로 들어 보자면, 해당 공정에서 일어나는 모든 일을 로봇이 해결할 수 없다. 마지막 정리는 사람이 하는 것이 더 낫기 때문이다. 사람이라면 누구나 쉽게 하는 별것 아닌 일이지만, 로봇에게는 어려운 일이 바로 정리다. 그래서 무거운 것을 드는 일은 로봇에게 맡기고 사람은 현장에서 꼭 해줘야 하는 업무를 담당한다. 이 사소한듯 보이는 업무는 상황에 따라 늘 달라지기에 로봇에게 있어서는 '돌발상황'인 셈이다. 이렇듯 정해진 규칙을 따르지 않고, 상황에 따라 달라지는 업무는 로봇에겐 너무 어려운 일이지만 사람에겐 매우 간단한 일이다.

마찬가지로 커피숍의 바리스타들은 라떼 위에 여러 모양의 그림을 그려주는 '라떼 아트'를 한다. 정해진 규칙을 따라 같은 일을 반복하면 쉽게 만들 수 있는 드립커피는 로봇에게 맡기고 바리스타는 손님의 기분에 맞춰 라떼 위에 적절한 아트를 그려내는 것이다. 예를 들어 커플 고객의 분위기가 왠지 냉랭해 보이면 라떼 위에 하트를 그려주거나, 귀여운 아이의 핫초콜릿에는 곰돌이를 그려주는 식이다. 손님에게 음료를 전하며 짧은 대화를 나눈다면 더 완벽하다. 이처럼 분위기를 파악하고 상황에 맞춰 다른 결과물을 내는 것. 이는 사람이 더 잘 할 수 있는 일이다.

모라벡의 역설은 "로봇은 사람이 못하는 일을 잘하고 사람은 로봇이 못하는 일을 잘한다"는 것이지만, 실제 행간이 품고 있는 의미는 인간과 로봇이 함께 일하면 그 시너지가 극대화된다는 것이다. 앞으로 우리의 미래는 로봇과 협업하는 사회가 될 것이다. 모라벡의 역설을 아는 사람이라면 동의할 수밖에 없는 사실이다. 어떠한 존재도 다른 존재보다 월등히 우월하지는 않기 때문이다.

이제 내가 하는 일 중에서 로봇에게 시킬 수 있는, 인간의 창의성이 필요 없는 일은 무엇인지, 또는 내가 하기 싫은 일은 무엇인지 생각해보자. 그리고 그것을 로봇으로 대체할 수 있는지 고민하자. 그 생각을 인공지능 로봇 사업 모델로 발전시킬 수 있을지 생각을 진화시켜보는 것이다. 이런 생각을 하는 사람과 그렇지 않은 사람은 분명 다르다. 준비된 자만이 기회를 잡듯, 로봇이 만들 미래를 예상해본 자만이 성공적인 비즈니스의 기회를 잡을 수 있을 것이다.

로봇이 바꿔놓을 비즈니스의 미래

개인적으로 모라벡의 역설을 로봇공학자인 나의 관점에서 해석해보자면 이렇다. 현재 인간이 못하는 일 중 하나는 '돌보는 일'이다. 도움이 필요한 누군가를 24시간 돌보는 일, 친구가 필요한 누군가와 24시간 친구가 되어주는 일. 그래서 나는 지금 인간과 함께 놀 수 있는 반려 로봇을 만들고 있다. 감성 반려 로봇 '에디EDIE'가 그것이다.

이 로봇은 반려동물처럼 인간을 졸졸 따라다니면서 인간과 교류한다. 만지면 소리도 내면서 인간의 감정에 반응한다. 조만간 반려로봇은 반려동물만큼이나 우리 가까이에 있으면서 돌봄의 영역에서 구체적인 도움을 줄 수 있을 것이다.

그리고 이와 같은 로봇 서비스는 차후 인간의 신체와 유사한 모습을 갖춘 로봇인 휴머노이드Humanoid로 발전할 것이다. 현재 우리가 살고 있는 공간은 인간에게 특화된, 인간이 편리하게 살 수 있도록 모든 도구들이 갖춰진 공간이다. 그렇다면 로봇을 인간처럼 만들 수만 있다면, 그 많은 도구들 또한 로봇이 편리하게 작동할 수 있는 좋은 공간이 되어줄 것이다. 그래서 현재 많은 로봇공학자들이 사람처럼 두 다리로 걷는 휴머노이드 로봇을 열심히 연구하고 있다. 조금은 먼 미래의 이야기가 되지 않을까 싶지만, 휴머노이드 로봇과의 공생도 꿈같은 일만은 아닐 것이다.

결론적으로 로봇 기술을 이해하고 로봇과의 미래를 상상하는 일은 모라벡의 역설에서 시작된다는 것을 잊지 말자. 새롭게 열릴 로봇 시대의 새로운 비즈니스의 기회는 로봇에게 인간이 하기 어려운 일을 떠넘기고 인간은 가장 인간다운 일에 집중해야 할 때 얻을 수 있다는 사실을 말이다. 이제 우리 모두 자신이 하면 쉽게 잘할 것 같은 일, 하고 싶었던 일, 로봇이 대체할 수 없는 자신만의 장점을 찾아보는 것을 어떨까? 당신의 4차 산업혁명은 거기서 시작될지도 모른다.

INTERVIEW

"미래의 인간은 분명히 말할 것이다. 우리가 로봇 없이 어떻게 살았지?"

김미경 × 한재권 × 정지훈

김미경 로봇 기술은 '양치기 소년' 기술이라고도 불립니다. 수십 년에 걸쳐 곧 실용화가 된다고 하면서도 여전히 안 되고 있는 기술이 로봇인 것 같습니다.

한재권 그렇게 생각하실 수도 있습니다만, 지금은 확실히 위상이 달라졌습니다. 로봇공학과, 인공지능로봇학과 등 관련 학과도 많이 신설되고 있고, 또 로봇 산업 측면에서도 2020년 들어 투자도 많아지고 있습니다. 대기업은 물론 스타트업까지 활발히 활동하고 있어 기술이 급속도로 발전하고 있는 상황입니다.

정지훈 로봇 기술은 사실 굉장히 오래된 분야입니다. 제어계측학과로부터 시작해서 자동화된 기계까지 포함한다면 그 역사가 길죠. 다만 영화 등 다양한 미디어에서 보는 로봇의 이미지가 있어 그 기대치가 매우 높다 보니, 구체적인 결과물이 나오기까지 압박을 받는 상황이기도 합니다. 지금은 보스턴 다이내믹스와 같은 로봇 기업의 열정으로 결과물이 눈에 보이기 시작했지만, 불과 몇 년 전만 해도 투자 대비 실속이 없다며 많은 기업이 투자를 중단하기도 했습니다.

김미경 말씀하신 모라벡의 역설에 로봇공학의 진리와 핵심이 숨어 있는 것 같습니다. 또 이 역설을 통해 한 가지 확실히 깨달은 건 로봇이 우리 일자리를 뺏는 게 아니라는 사실입니다.

정지훈 맞습니다. 이인삼각경기라고 생각하면 이해가 빠릅니다. 인간과 로봇은 일자리를 두고 경쟁하는 것이 아닌, 서로 함께 박자를 맞춰 달리며 함께 승리하는 게임인 겁니다.

김미경 현 시점에서 인간에게 가장 필요하고 가장 빨리 다가올 수 있는 로봇은 어떤 것일까요?

한재권 배송 로봇입니다. 아마 몇 년 내로 주변에서 쉽게 보게 될 겁니다. 택배업의 마지막 단계, 즉 트럭에서 짐을 내려서 현관까지 배달하는 단계인 라스트 마일 배송은 배송 단계 중에서 물품당 상대적으로 많은 시간을 투자하는 부분입니다. 택배대란에서 보았듯이 사회적 갈등 요소도 많구요. 그래서 이 배송 단계에서 사람이 가장 하기 귀찮고, 시간 소모가 많으며, 가장 많은 비용을 차지하는 '라스트 마일 배송'을 로봇이 해결하는 겁니다. 즉 택배기사는 물건을 아파트 입구까지만 배달하고, 이후 각 집까지의 배송 단계는 로봇이 진행하는 겁니다.

정지훈 아파트 단지 내에 택배 차량 다니는 문제가 연일 시끄러운데, 배송 로봇이 그 일을 하게 되면 이를 둘러싼 문제들도 조금씩 줄어들 것 같습니다. 또 로봇은 느리고 크기도 작아 아이들에게 전혀 위협이 되지 않습니다.

한재권 맞습니다. 고객도 안심할 수 있고, 택배회사도 시간과 비용을 줄일 수 있으니 배송 로봇은 당연히 수익 측면에서도 좋은 결과를 보여줄 것입니다. 모라벡의 역설을 생각하면 미래의 모습을 보다 구체적으로 그려볼 수 있습니다.

김미경 그래서 지금 제가 하는 일 중 로봇이 대신하면 좋을 일을 생각해봤습니다. 그중 하나는 이메일이나 문자를 분류하는 일입니다. 인공지능이 필요하겠지만, 폭탄처럼 쏟아지는 이메일이나 문자를 분류해서 필요한 곳에만 회신을 해주는 로봇이 있다면 손을 많이 덜 수 있을 것 같습니다. 또 하나는 연로하신 부모님을 24시간 돌봐드리는 '돌봄 로봇'입니다.

한재권 제가 준비하고 있는 로봇 에디가 돌봄 역할을 하는 로봇입니다. 인간의 행동양식을 보면서 나름대로 판단하는 기능을 담으려고 열심히 연구하고 있습니다. 사실 말동무를 해주는 일이 상당히 어려운 기능입니다. 몇 시간 대화를 이어가는 건 사람에게도 힘든 일이기 때문에 그 기능이 탑재된 로봇은 그야말로 고난이도의 기계라고 할 수 있습니다.
그래서 최근에 상대방 말의 끝부분을 반복하는 실험을 하기도 했습니다. 예를 들어 "그때 그랬잖아"라고 말하면 로봇이 "아,

그랬어요?"라고 대답하고, "친구 만났더니 그놈이 새 차 샀다고 자랑만 하고 나를 안 태워줬어"라고 하면 "안 태워줬어요?"라고 대답하고, "안 태워줘서 얼마나 기분이 나쁘던지, 그놈 다시 안 만날까 생각하고 있어"라고 하면 "안 만날까 생각하고 있다고요?"라고 대답하는 식입니다. 우선 이렇게 되면 대화는 끊기지 않죠. 그런 식으로 해결책을 서서히 찾아나가고 있습니다. 이렇듯 사람들이 힘들어하는 일이 무엇일지 곰곰이 생각해 보면 그게 새로운 비즈니스 모델이 될 수 있습니다.

정지훈 새로운 로봇을 개발하는 것도 중요하지만, 이미 있는 로봇 기능을 잘 활용하는 것도 중요해 보입니다. 요즘 치킨 집에 등장한 치킨 튀기는 로봇을 예로 들어보겠습니다. 주방에서 치킨 튀기는 일은 사실 사람이 매우 하기 싫은 일입니다. 화상 위험성도 있고 반복적인 작업이라 매우 힘들지요. 그런데 그 부분을 로봇이 해결해주니 치킨 사업을 하는 게 조금 더 편해질 수 있습니다. 그리고 사람은 로봇이 하지 못하는 일에 집중해서 일하면 효율이 높아지는 효과도 있겠고요.

재미있게도 우리나라의 경우 대표적으로 로봇이 대신하는 음식이 치킨인데, 실리콘밸리에서는 피자 굽는 일을 로봇이 합니다. 현재 투자를 많이 받는 로봇기업 중에 피자 로봇을 만드는 곳이 있을 정도입니다.

김미경 실제로 다양한 로봇이 개발되고 있는 것 같습니다. 그렇다면 로봇을 제대로 이해하고 상상하기 위해선 어떤 공부가 필요할까요?

한재권 아이들의 경우 어떤 것에 흥미가 있는지 잘 관찰해서 그것을 로봇과 연결시켜주는 겁니다. 좋아하는 것에 로봇을 어떻게 적용시킬 수 있을지 물어보세요. 이때 부모는 단지 질문자의 역할만 해야 합니다. 어느 것에도 로봇은 다 접목시킬 수 있기 때문에 아이들의 상상력을 막지 않는 것이 중요합니다.
또 로봇을 공부로 접근하는 오류를 범하지 않으셨으면 좋겠습니다. 아이들은 적절한 질문을 통해 상상력만 자극해줘도 스스로 해보고 싶은 일들을 생각해냅니다. 그러고는 부모님께 자신이 하고 싶은 일들을 할 수 있도록 도와달라고 말하지요. 만약 그렇지 않다면 그것은 아이가 하고 싶은 일이 아닐 수 있습니다. 그러니 아이들이 다양한 미래를 상상할 수 있도록 조력자의 역할을 해주시면 좋을 것 같습니다.

김미경 지금으로부터 10년만 지나도 인간의 일 중 많은 부분을 로봇이 대신하고 있을 것 같습니다.

정지훈 그렇습니다. 특히 간호 분야에서 로봇기술이 급속도로 발전하고 있습니다. 지금도 노인분들 목욕을 시켜드리거나 용변 처리를 돕는 로봇을 찾아볼 수 있습니다. 병원에서는 거동이 불편한 환자를 이동시킨다든지, 매 시간 혈압을 확인한다든지 하는 반복적인 업무를 간호 로봇이 담당하게 될 것입니다. 그러면 간호사는 보다 효율적인 일에 집중할 수 있고, 그렇게 되면 늘 문제가 되는 간호사 업무 과중도 해결할 수 있으리라 생각합니다.

김미경 이렇게 일상에 로봇이 함께하게 될 경우, 일반인들은 로봇을 어떻게 대해야 할까요?

한재권 지금도 스마트폰을 잘 활용하는 사람과 그렇지 못한 사람의 차이가 큰 것처럼, 로봇 역시 잘 활용하는 사람이 보다 효율적인 삶을 살게 될 것으로 예상합니다.

김미경 재밌는 상상을 하나 해보자면, 이런 것도 가능할까요? 만약 가사일을 도맡아 하는 가정용 로봇 버전 1.0이 출시되었다고 해봅시다. 제가 그 로봇을 구입한 후 잘 학습시켜 2.0으로 업그레이드 시키는 것도 가능할까요? 로봇도 마치 자식처럼 똑똑하고 더 좋은 성능으로 키워보는 거죠.

한재권 발상이 좋습니다. 아마도 다마고치의 2030년 버전이 되지 않을까 싶습니다.

정지훈 지금 인간에게 절실한 것이 위험한 일을 대신해주는 로봇인 것 같습니다. 그래서 최근에 각광받는 게 바로 창문청소 로봇입니다. 창문청소가 상당히 위험한 일인데 이를 로봇이 대신해주니 인간의 수고를 많이 덜 수 있게 되었죠.

김미경 그렇게 생각하면 로봇 분야에서도 창업 아이템이 무궁무진합니다.

한재권 그럼에도 실제 우리 주변에서 로봇을 찾아보기란 아직 어렵죠. 이 말인즉슨 이제부터라도 뭐든 생각하고 뛰어들면 자신이 최초가 될 수 있다는 것이지요.

김미경 로봇과 인간의 협업을 잘 이해하는 것만으로도 삶의 질이 달라지는 것은 물론, 새로운 비즈니스의 기회도 잡을 수 있는 것 같습니다.

정지훈 '휴먼 로봇 인터랙션Human-Robot Interaction'이라고 해서 인간과 로봇의 상호작용을 기반으로 하는 산업은 점점 발전할 겁니다. 본문에서 언급된 안내 로봇 에이블만 해도 감정노동자들의 애환을 녹여주는 기술이지요. 안내하는 일은 정말 사람이 하기 싫은 일 중 하나인데, 최근 안내 로봇이 그 역할을 맡아 눈부신 활약을 하고 있는 중입니다.

김미경 현재 로봇의 가장 큰 문제점 하나를 뽑자면 어떤 것이 있을까요?

한재권 로봇은 조그만 몸체 안에서 동력을 굉장히 많이 소비합니다. 따라서 배터리가 오래가지 못한다는 점이 로봇의 가장 큰 단점입니다. 인간은 밥 한 그릇 먹고도 대여섯 시간을 일할 수 있지만, 로봇은 인간에 비해 대략 열 배 이상의 에너지를 필요로 하면서도 그 효율이 떨어지는 것이 큰 문제입니다.

김미경 그럼 로봇이 더 발전하려면 어떤 기술과 융합이 필요한가요?

한재권 많은 기반 기술이 더 발전되어야겠지만, 무엇보다도 AI 기술의 발전이 큰 도움이 되겠지요.

김미경 확실히 지식의 협업이 중요하네요. 새로운 걸 찾는 공부 방식이 있다면 소개 부탁드립니다.

한재권 일상에서 매일 만나는 사람이 아닌 다양한 사람들을 만나 많은 대화를 나누는 것을 추천합니다. 사람들을 만나 대화를 나누면 실제 경험하거나 상상하지 못했던 부분들을 발견하게 됩니다. 이런 간접 경험이 쌓인다면 더 새로운 게 궁금하고, 상상력 또한 풍부해질 수 있습니다.

정지훈 저는 소셜미디어를 많이 활용하고 있습니다. 트위터, 페이스북, 유튜브 등 다양한 미디어에서 얻은 지식을 바탕으로 색다른 상상을 해보는 것 또한 중요한 것 같습니다.

김미경 다른 인생을 살고 싶으면 시공간을 바꾸라고 하죠. 하지만 저는 제 시공간을 바꾸는 것보다 저와는 다른 시공간에 사는 사람들에게 배우는 것이 더 속도감 있고 좋았습니다. 그들이 전해주는 지식을 복기해가며 제 방식대로 다시 공부하는 거죠. 그 과정을 겪으면서 상상력의 수준과 범위가 많이 넓어졌다고 생각합니다.
만약 로봇이 바꿀 세상을 100이라고 본다면, 지금 어느 정도까지 왔다고 보십니까?

한재권 10 정도라고 말할 수 있겠습니다. 로봇은 이제 시작이며, 이제 막 문을 연 상태라고 생각합니다.

정지훈 세븐 테크 중에서는 클라우드가 가장 많이 문이 열린 상태인 것 같습니다.

한재권 AI도 기술적으로는 현재 구현 가능한 수준에서 어느 정도 성장 고점에 다다랐다고 생각합니다. 물론 새로운 단계로 진입하면 더 무궁무진한 응용이 가능하겠지만 현재도 기술의 수준이 상당히 높습니다. 그렇게 성숙이 된 기술인데도 AI 역시 하나의 상품으로 완성되어 사람과 연결되는 지점이 부족하다는 생각이 듭니다. 모두 양치기 소년을 벗어나는 일에 더 많은 노력이 필요할 것 같습니다.

김미경 마지막으로 로봇공학을 공부하기 시작한 사람들을 위해 한 말씀 부탁드려요.

한재권 사실 AI 같은 첨단 기술에 대해 공포감이나 적대감을 느끼는 테크노포비아technophobia의 대표적인 사례가 로봇입니다. 그런데 관점을 바꿔 보면 로봇은 완전히 새로운 기회가 될 수 있습니다. 모라벡의 역설을 잊지 맙시다. 단연코 장담하건대 미래의 인간은 분명히 이렇게 말하게 될 겁니다. "우리가 로봇 없이 어떻게 살았지?" 인간에게 어려운 일은 정녕 로봇에게는 쉽고, 로봇에게 어려운 일이 인간에게는 말할 수 없이 쉽단 사실을 잊지 맙시다. 로봇공학이 열 새로운 기회는 그 사실을 이해하는 데서 시작될 겁니다.

6

새로운 문명의 표준,
'사물인터넷'

최 재 붕

성균관대학교 서비스융합디자인학과·기계공학부 교수

성균관대학교 기계공학과와 동대학원을 졸업하고, 캐나다 워털루대학교에서 기계공학 석사와 박사 학위를 마쳤다. 베스트셀러 『포노 사피엔스』를 통해 '문명을 읽는 공학자'로 이름을 알린 그는 2014년부터 기업, 정부기관 등을 대상으로 4차 산업혁명과 포노 사피엔스에 관한 강연을 꾸준히 해오고 있다. 현재 비즈니스 모델 디자인과 기계공학의 융합, 인문학·동물행동학·심리학과 기계공학의 융합 등 학문 간 경계를 뛰어넘는 명실상부 국내 최고의 4차 산업혁명 권위자이며, 저서로는 『포노 사피엔스』, 『코로나 사피엔스』(공저) 등이 있다.

새로운 문명의 시대, 가장 중요한 능력은 '통찰'이다.

오늘의 문명을 통찰하라.

이 말인즉, IoT를 찾아서 공부하고,

IoT를 잘하는 기업에 투자하고,

IoT를 이용해서 자신의 사업을 기획하라는 것.

디지털 신대륙의 주인이 되는 길은 생각보다 가깝고

예상보다 어렵지 않다.

사물에 달린 인터넷, IoT

사물인터넷을 명시하는 'IoT'는 'Internet of Things'의 약자로, 말 그대로 사물에 인터넷이 붙어 있다는 뜻이다. 앞으로 우리 사회에 존재하는 모든 사물에는 인터넷이 함께할 것이다. 그래서 이제 사물은 단순한 사물이 아닌 '만물'이라고 해서 'Internet of Everything'이라는 뜻의 'IoE'라는 말을 쓰기도 한다. 이 정도로 사물인터넷은 오늘날 디지털 사회에서는 필수적인 기술이자 당연히 디지털 사회를 살아가는 우리가 반드시 알아야 하는 내용이다.

먼저 사물인터넷을 본격적으로 정의해보자. 사물인터넷이란 각종 사물에 센서와 통신 기능을 내장해서 인터넷에 연결하는 기술이다. 대표적인 사물인터넷이 바로 스마트폰이다. 스마트폰은 카메라를 비롯한 여러 센서들로 기록한 데이터를 인터넷을 통해 디지털 세계로 연결해주는 역할을 한다. 그러니 사물인터넷이 되려면 무엇보다 우선적으로 그 사물이 인터넷에 연결되어 있어야 한다. 그리고 무언가를 감지하고 그 데이터를 이용해서 서비스를 제공하는 것이다.

CCTV를 예로 들어보자. CCTV는 촬영된 데이터를 클라우드에 보내 누가 침입하는지를 판단하고 대응할 수도 있고, 사람이 없는 곳에서는 무인결제도 가능하게 한다. 이렇게 사물인터넷을 활용한 서비스를 IoT 사업이라고 한다.

따라서 사물인터넷이 되려면 유무선 통신 모듈, 무언가를 측정하는 센서 모듈, 데이터 처리 모듈 등이 필요한데, 사실상 IoT 안에는 컴퓨터 하나의 기능이 통째로 들어 있다고 볼 수 있다. 그래서 초기의 IoT는 덩치도 크고 매우 고가의 제품이었다. 그러던 것이 기술이 발전하면서 지금의 스마트폰처럼 가격이나 성능 면에서 뛰어난 사물인터넷이 등장한 것이다.

삶에 깊숙이 스며든 사물인터넷

사물인터넷의 대표 선수들을 보자. 사물인터넷 하면 가장 먼저 떠오르는 이미지는 무엇일까? 아마도 '스마트홈'일 것이다. 집 안에서 온갖 기기를 말로 작동시키고 음성으로 대화를 나누며 온갖 편의를 누리는 것인데, 단순하게나마 지금도 꽤나 스마트한 IoT 제품들이 많이 출시되어 있다.

예를 들어 네이버의 '클로바clova'는 말만 하면 음악을 틀어주는 스피커 IoT 제품이고, SK의 'NUGU(누구)'는 고객과의 대화 맥락을 이해하고 실행하는 음성인식 기기다. 고객의 목소리를 듣고 이해한 후 이를 클라우드로 보내면 인공지능이 작동해서 주인이 원하는 것을 찾아내 서비스를 제공한다.

요즘은 반려견과 함께 사는 가정이 많은데, 외출할 때 집에 홀로 남은 강아지가 궁금한 경우, 집에 IoT 카메라를 설치하면 집 밖에서도 강아지를 보살필 수 있다. 밥 먹을 시간이 되면 사료와 물을 자동으로 줄 수 있는가 하면 주인이 없는 공간에서도 보살핌이 가능하도록 만드는 것이 IoT가 이끌어낸 새로운 풍경이다.

또한 지금 가장 많이 팔리는 헬스케어 제품이 갤럭시워치4를 비롯한 웨어러블 제품이다. 오래전의 상품인 만보기가 진화해 심전도를 체크하더니, 이제는 체지방을 측정해서 현재 고객의 근육량까지 정확히 알려준다. 맥박은 물론이고 혈압까지 측정해준다. 앞으로도 웨어러블 제품은 헬스케어의 중요한 아이

헬스케어 및 의료	에너지	제조	스마트홈
•활동 상태 점검 •보호자 모니터링	•시스템 소비 전략 모니터링 •에터지 데이터	•반복 업무 자동화 •산업 환경 실시간 모니터링 •장비 가동 효율 증대	•거주 환경 원격 관리 •보안 향상 •다세대 주거지 공간 시스템화
금융	**교육**	**국방**	**농·수산업**
•결제 간소화 •생체 인증 보안	•자동 출결 시스템 •전자 도서관 사용 •온라인 수업	•무인 체계 감시 및 정찰 기능 확대	•원격 모니터링 및 관리 •산업 환경 데이터 수집 •빅데이터 활용 생산 효율 증대
자동차 및 교통	**관광**	**소매 및 물류**	**시설관리 및 안전**
•AI 도입 영상 분석 시스템 •실시간 교통 상황 중계 •주차장 통합 관리	•사용자 위치 기반 여행 추천 •맞춤형 관광 코스 추천	•물류 관리 시스템 간소화 •무인 택배함 운용	•건물 에너지 관리 효율 증대 •건물 네트워크 보안 강화

산업 분야에 따른 IoT 특화 기술 발전 양상

템으로 발전할 것이다.

지금도 일상에서 우리가 접할 수 있는 사물인터넷은 그 수가 상당하다. 그렇다면 과연 현재 IoT 제품들의 기능은 어디까지 진화했을까? 위의 도표에서 알 수 있듯, 헬스케어·의료·복지 분야는 물론이고, 에너지·제조·금융·교육·국방 등 사실상 모든 분야에서 IoT 제품은 맹활약을 하고 있다. 바야흐로 IoT라는 새로운 개념을 잘 이해하면 할수록 보다 창의적인 비즈니스에 도전할 수 있는 세상이 펼쳐진 것이다.

이 새로운 세상을 맞아 혹시 사물인터넷이 너무 어렵고 복잡한 건 아닐까 걱정하는 사람들도, 일종의 기계울렁증을 갖고 있는 사람들도 걱정할 필요 없다. 보다 손쉽게 IoT를 실현할 수 있는 제품들이 속속 등장하고 있기 때문이다. 그러니 지금 우리가 해야 할 일은 정확하게 IoT가 무엇인지를 학습하는 일이다. 그리고 각자의 목표에 맞게 각자의 환경을 바꾸고 도전하는 것이다. 무엇을 바꿔야 하는지는 조금 나중에 설명하기로 하고, 우선 세상을 변화시킨 IoT를 보다 구체적으로 이해해 보자.

세상을 변화시키는 IoT

앞서 간단히 살펴본 바와 같이, IoT 제품은 사실상 모든 분야에서 맹활약하고 있다. 그중 세계적 팬데믹 상황에서 현재 각광받는 IoT 제품은 비대면으로 체온 변화를 관리하고 분석하는 서비스다. 최근에는 스마트워치를 통해 심전도를 체크

했다가 백신 부작용인 심낭염을 발견했다는 이야기도 있었는데, 이 기능이 앞으로 더 발전하면 혈당 체크뿐만 아니라 인간의 몸에서 일으키는 모든 신호를 감지해 보다 질 높은 건강관리가 이루어질 수 있을 것이다.

문화 산업 분야에서는 디지털 갤러리 서비스를 들 수 있다. 전시와 감상이 디지털로 이루어져 고객과 상호교감이 가능한 갤러리가 생겨나고 있다. 이곳에서는 예를 들어 고객이 갤러리를 따라 이동하면 물고기 한 마리가 같이 따라오는 경우도 있다. 감상 자체가 새로운 예술작품으로 승화되는 과정이 아닐 수 없다.

또한 어르신들을 위한 반려로봇도 등장해 이 귀여운 로봇이 어르신들을 보살핀다. 외롭고 거동이 불편한 어르신들의 말동무가 되어주고 건강 상태도 체크해서 응급 시 구호를 요청하기도 한다.

각종 건물의 에너지 관리도 클라우드 서비스가 하고 있다. 더운 여름철에는 집에 도착하기 전에 스마트폰으로 에어컨을 작동시킬 수도 있고, 깜박하고 에어컨을 틀어놓고 외출한 경우에도 밖에서 에어컨을 끌 수 있다. 난방시설도 마찬가지다.

IoT로 근태관리 서비스도 가능하다. 출근할 때 여러 유형의 카드를 통해 인증하는 것이 가능하며, 사무실 공간 자체가 웹캠으로 전송돼서 업무 집중도를 체크하는 서비스도 있다.

그리고 세상을 크게 변화시키는 IoT 제품이 바로 자율주행차다. 물론 실생활에서 이를 본격적으로 시행하는 일이 쉽지는 않지만, 일단 적용할 수 있는 분야가 있다. 예를 들어 미국 월마트는 구글과 협력해서 자율주행셔틀을 만들어 거동이 불편한 어르신 고객들을 마트로 유인하고 있다. 고객이 쇼핑이 하고 싶을 때면 월마트의 자율주행셔틀이 집에 와 고객을 태워 쇼핑몰에 데려다주고, 쇼핑이 끝난 후에는 다시 고객들을 집에 데려다 준다. 이런 서비스가 지금 가능하다. 현재 시속 45킬로미터 이하로만 다니면 자율주행에서 사고가 없다는 것이 연구결과 발표되기도 했는데, 그래서 동네에서 시속 45킬로미터 이하로만 운행하는 자율주행셔틀에는 문제가 없는 것이다. 또한 고속도로를 달리는 거대 화물차들 경우에도 센싱 기술을 이용한 자율주행 기능이 곧 상용화를 앞두고 있다고 한다. 앞으로는 출근버스를 타도 기사님 얼굴을 볼 수 없을 것이다.

그리고 요즘은 '국민 안전 지킴이' 서비스라고 해서 도로 상황이 상시 촬영됨으로써 위험한 상황이 발생하면 긴급출동하는 등의 여러 서비스들이 IoT 기반으로 이루어지고 있다.

알래스카까지 진출한 한국의 스마트 기술

요즘 늦은 시간에 뭔가 사려고 집 밖에 나가면 무인 편의점을 쉽게 볼 수 있다. 늦은 시간에는 아르바이트생을 고용하기 힘드니 아예 자정 이후엔 직원 없이 고객이 스스로 결제하게끔 한 것이다. 고객이 알아서 문을 열고 들어가 상품 결제까지 하고 나오도록 하는 편의점 시스템 또한 대표적인 사물인터넷 기반의 서비스다.

그리고 농촌에는 스마트팜이라는 게 등장했다. 비닐하우스만 하나 멋지게 지어놓으면 그 안의 센서가 최적의 생육 조건을 맞춰준다. 일조량에 따라 물도 알아서 뿌리고, 온도·습도를 적절하게 컨트롤하며, 심지어는 수확 날짜까지 예측해준다. 그리고 이 모든 과정을 CCTV로 24시간 확인할 수 있다. 현재 우리나라는 이 스마트팜을 중동에 수출하고 있는데, 그래서 지금 사막에 지어진 하우스 안에서 딸기들이 왕성하게 재배되고 있다고 한다.

우리나라의 기술력이 손을 뻗은 곳은 중동뿐만 아니다. 우리나라의 스마트팜 기술은 알래스카에도 수출되어 호황을 누리고 있다. 알래스카 사람들은 전통적으로 육식을 주로 하고, 채소를 먹고 싶어도 너무 값이 비싸 먹을 수 없다고 한다. 그런데 스마트팜을 수입해 질 좋은 채소를 잔뜩 재배해서 먹을 수 있게 된 결과, 이 나라 사람들의 비만지수가 대폭 줄었다고 한다. 실로 스마트팜이 이룬 대단한 변화라고 하겠다. 이처럼 스마트팜은 현재 전 세계로 그 기세를 넓히고 있는 중이다.

또한 우리나라를 대표하는 제철 기업인 포스코는 스마트 팩토리 플랫폼을 만들어 연속 공정에서 발생하는 문제점을 최소화했다. 여러 공장의 서로 다른 정보들을 한곳에 수집해 누구나 가공할 수 있도록 데이터로 변환해 효율적인 업무가 가능하도록 한 것이다. 이렇듯 앞으로는 위험한 작업에 사람들이 투입되는 일은 사라지게 될 것이다.

미래는 IoT에 담겨 있다

IoT는 피트니스 센터에서도 활용된다. 예컨대 내가 아령 운동을 하면 아령과 내 스마트폰이 연동되어 있어 내가 몇 번 아령 들기를 했는지 체크가 되는 식이다. 이런 IoT는 내게 필요한 운동이 무엇인지, 어느 부위 근육을 더 발달시켜야 하는지 등 적극적인 몸 관리를 가능하게 한다.

가정 내에서는 스마트오븐이며 스마트냉장고, 스마트에어컨 등이 조만간 빠른 속도로 확산될 전망이다. 그런데 정작 스마트홈 기능은 그다지 인기가 없다. 왜 그럴까?

우선 인간은 지루한 것을 싫어한다. 그래서 끊임없이 새로운 자극을 원하는데 스마트홈에는 그런 자극과 매력이 부족하다. 예를 들어 스마트홈의 기능 중 하나로 스마트폰으로 외부에서 가스 밸브를 잠그는 서비스가 가능하다는 것을 크게 광고한 적이 있다. 하지만 이런 기능은 편리할지 몰라도 인간의 흥미를 끌 만큼 더 이상 신기하거나 재미있지 않다. 이렇듯 스마트홈이 제공하는 기능은 대체로 필요하지만, 재미있는 일은 아닌 셈이다. 처음에는 신기할지 몰라도, 점차 이들이 당연시되고 반복된다면 기대와 흥미는 시들해진다. 더불어 인간에게는 디지털 자체를 귀찮아하는 측면이 있다는 사실 역시 무시할 수 없다. 불과 얼마 전까지만 해도 QR코드도 귀찮아서 알고 싶어 하지 않았으니 말이다.

하지만 코로나19로 현재 QR코드가 불가피하게 일상화된 지금, QR코드는 IoT의 대표적인 상징이다. 지금 QR코드는

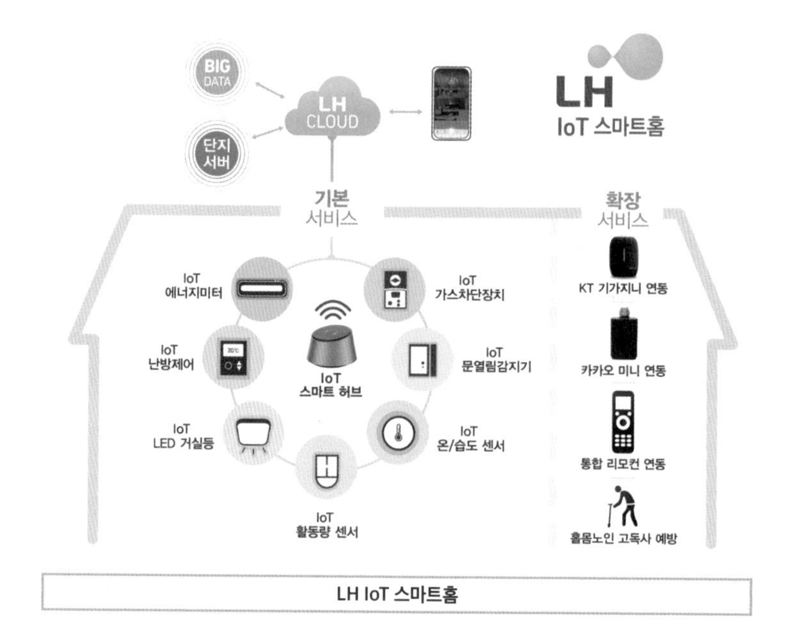

LH IoT 스마트홈

IoT의 대표적인 상징이다. 온갖 가게마다 QR코드 인식기가 있고, 그곳에 입장하려면 반드시 자신의 스마트폰으로 QR코드 인식을 해야 한다. 이는 실질적인 IoT의 생활화로, QR코드 자체의 사업화 가능성 또한 상당히 커지고 있다.

요즘 택배나 우편물 분실을 막고자 설치된 아파트나 건물 1층 택배함에도 IoT 기술이 연결되어 있다. 그리고 흥미로운 것은 스마트 펫케어다. 펫케어 기술은 반려견의 움직임만 감시

하는 게 아니라 반려견의 행복까지 생각한다. 도그TV라고 해서 반려견들이 좋아하는 영상을 송출해주는 서비스도 있다.

아무튼 이 모든 IoT 기술을 보면서 우리는 각자의 미래를 열심히 꿈꿔야 한다. 이로부터 무궁무진한 사업 아이디어가 마구 솟구치지 않는가 말이다.

지금은 포노 사피엔스의 시대

앞으로 IoT가 우리 일상에 가져올 변화는 어떤 모습일까? 직업, 라이프스타일, 교육, 투자 등 여러 방면에서 엄청난 변화가 있을 것으로 예상되는 가운데, 현재 산업을 주도하며 세계 10대 시가총액 순위에 이름을 올리는 기업들을 살펴보자. 애플부터 마이크로소프트, 구글, 메타(페이스북) 등 모두 포노 사피엔스를 겨냥해서 사업을 활발히 펼치고 있다. 그렇다면 그들이 타깃으로 삼은 포노 사피엔스란 누구인가? 포노 사피엔스는 스마트폰을 신체의 일부처럼 사용하는 새로운 세대를 뜻한다. 신체의 일부처럼 스마트폰을 지니고 디지털 생활에 익숙한 세대가 소비자가 되었으니, 기업들은 이제 모든 비즈니스에 디지털 개념을 넣지 않을 수 없다. 새로운 아이디어로 새로운 세계를 만들어내야만 포노 사피엔스를 만족시킬 수 있기 때문이다.

이에 스마트워치에 주력하는 애플, 자율주행차에 전력투구하는 테슬라, 현재 미국에서 가장 많이 팔리는 스마트 스피커 '에코'로 큰 성과를 올린 아마존 등 세계 10대 기업들은 포노 사피엔스를 타깃으로 한 IoT 기술과 사업에 집중하고 있다. IoT 산업이 빠른 속도로 성장할 수밖에 없는 이유다.

이렇듯 IoT 기술은 교통, 금융, 유통 등 앞으로 다양한 산업의 판도를 바꿔갈 것이다. 코로나19 이후에 이와 같은 변화는 더욱 가속화될 것으로 예상되는 가운데, 일상의 모든 것을 혁신하는 디지털 문명을 맞이하려면, 우리는 무엇을 준비해야 할까? 이것이 내가 하고 싶은 이야기의 핵심이다.

세계관부터 바꿔라

우선 세계관을 바꿔야 한다. 우리 역사에서 인류의 세계관을 바꾼 사건들을 한번 살펴보자. 무엇보다 1492년 콜럼버스가 아메리카대륙을 발견한 것을 들 수 있다. 당시 콜럼버스는 자신이 발견한 신대륙을 아메리카가 아닌 인도로 알았다. 그래서 아메리칸을 인디언이라고 부르는 것이다. 이처럼 콜럼버스 자신마저도 자신의 발견이 인류의 역사를 완전히 새로 쓰는 일인 줄 미처 몰랐다.

그때까지 서양은 세계의 중심이 아니었다. 그런데 아메리카대륙을 발견한 이후에 이들은 그곳을 식민지로 만들면서 자원을 채취해서 힘을 기르더니 1차 산업혁명을 맞이한다. 1차 산업혁명 이후에야 비로소 세계의 중심이 유럽이 된 것이다. 이때부터 지금까지 우리는 서구문명 표준시대를 살게 된다.

세계사에서 아시아가 잠시 힘을 가진 때도 있었다. 쿠로후네 사건을 기억하는가? 미군의 페리제독이 이끄는 미 해군 동인도 함대의 검은 증기선이 일본에 내항한 사건이다. 당시 우리나라는 미 해군의 접근을 완전 봉쇄했지만 일본은 서양의 기술을 받아들이고 배우기로 한다. 일본의 메이지유신이 그것이다. 일본은 세계의 새로운 표준을 받아들이고 사회와 경제 등 국가 자체를 혁신함으로써 한동안 세계의 부국이 된다. 반면 우리나라는 명분과 의리를 내세우면서 낡은 세계관을 고집하는 바람에 조선의 멸망이라는 크나큰 고통을 겪게 된다.

지금 우리는 콜럼버스의 아메리카대륙 발견과 같은 디지

털 신대륙을 경험하고 있다. 현재 우리나라의 대표 금융 서비스가 카카오뱅크다. 하지만 카카오뱅크를 방문한 사람은 없다. 카카오뱅크의 건물은 현실 세계에 존재하지 않는다. 쿠팡도 그렇고, 아마존이나 페이스북도 마찬가지다. 유튜브가 호황이지만 유튜브 방송국이 어디 있는가? 전 세계가 방송국일 뿐이다.

포노 사피엔스는 더 이상 현실 공간에서는 새로움을 발견할 여지가 없다고 판단해 디지털 신대륙을 건설한 것이다. 그리고 놀랍게도 이들 디지털 기업들이 오프라인의 지난 50년간의 최강자들을 모두 꺾고 세계 최강 기업이 되었다. 그러니 우리도 하루바삐 디지털 신대륙으로 이동해야 한다. 이것이 세계관 혁신에 관한 것이다.

일찌감치 세계관을 바꿈으로써 성공한 사람들은 보다 빠르게 디지털 신대륙에 안착한 사람들이다. 대표적인 인물이 이더리움의 창시자 비탈릭 부테린이다. 비탈릭 부테린은 불과 15세 때 암호화폐와 관련한 첫 논문을 썼으니, 그는 코딩으로 화폐를 대신해서 거래할 수 있다는 사실을 알게 된 후 곧장 새로운 세계에 뛰어든 것이다. 그래서 17세 때 비트코인 매거진의 공동 편집장이 되고, 대학교 1학년인 19세 때 이더리움을 출시했다. 단지 오픈소스 커뮤니티와 유튜브 영상으로 학습해서 세계 최고의 암호화폐 권위자가 된 비탈릭 부테린은 가히 신인류의 모범이 아닐 수 없다.

디지털 신대륙을 개척하는 MZ세대

신인류는 택시를 바꿔 우버를 탄생시켰고, 모텔을 바꿔 에어비엔비를 만들었으며, TV를 유튜브로 변모시켰다. 이들이 처음 새로운 플랫폼을 만들었을 때는 많은 사람들이 부정적이었다. 다들 한결같이 "저게 얼마나 가겠어?"라고 했다. 하지만 지금은 다들 "그때 투자를 했어야 했는데"라면서 후회를 한다.

게다가 코로나로 인해 온갖 것들이 비대면 상황으로 변하면서 이제 디지털 문명이 표준 상태가 되었다. 이 디지털 문명을 만들고 이끄는 세대가 바로 M세대다. M세대는 1980년 이후 태생으로 어렸을 때부터 인터넷을 경험한 세대다. 그보다 이전 세대는 인터넷 환경에서 자라지 않아 디지털이라는 상상의 공간이 익숙지 않으니 디지털 세계관을 받아들이기가 쉽지 않다.

생각해보면 현재 IT 기업을 이끌고 있는 사람들이 모두

M세대다. 메타의 마크 주커버그는 데이팅 게임을 만들다가 페이스북을 창업했고, 대한민국의 최고 부자라는 카카오그룹의 김범수 의장은 삼성SDS를 다니다가 그만두고 소위 PC방을 만들어 자신의 길을 개척한 인물이다.

그런데 더 흥미로운 사실은 M세대 다음에 오는 Z세대의 활약이다. Z세대는 또 하나의 신대륙을 만들어냈으니, 그게 메타버스다. 메타버스는 Z세대, 알파세대(2010년 이후 태어난 사람들로, 어려서부터 기술적 진보를 경험하며 자란 세대)가 창조한 신대륙이다. 메타버스에서는 내가 아닌 아바타라는 새로운 캐릭터가 활동하는데, 어려서부터 스마트폰을 사용한 이들 세대에게 이는 너무나 자연스런 활동이자 삶 그 자체다.

지금 메타버스로 주목받는 기업은 미국의 게임 플랫폼이자 메타버스의 대표격인 로블록스Roblox로, 이 기업의 현재 시가총액은 70조가 넘는다. 로블록스에서는 암호화폐 기법을 이용해서 새로운 디지털 등기소 개념인 NFT를 만들어 디지털 작품을 거래하는데, 2021년 3월에는 디지털 아티스트 비플Beeple이 작업한 모자이크 작품인 '매일: 첫 5000일'이 무려 780억에 낙찰되기도 했다.

디지털 아트는 경매로 매매가 이루어지는데 아트페어 경

매로 유명한 회사가 소더비Sotheby's와 크리스티Christie's다. 이들 회사는 이미 로블록스에 디지털 경매소를 차렸고, 소더비에서 처음 디지털 아트 경매를 한 결과, 거래 금액이 무려 182억 원이었다고 한다. 실로 새로운 경제 생태계가 탄생한 것이다.

디지털 생태계 적응을 위한 3가지 미션

새로운 디지털 생태계에 적응하려면 IoT에 관한 다양한 공부가 필요하다. 각자 자신의 영역에서 벌어지고 있는 변화의 양상을 계속 검색하고 추적하는 일이 필요하다. 이것이 내가 IoT 시대의 통찰로 제안하는 첫 번째 미션이다. 즉 "IoT를 찾아서 공부해보라"는 것이다.

현재 가장 공부하기 좋은 도구는 '라즈베리 파이Raspberry Pi'다. 이는 교육용 목적으로 만들어진 초소형 컴퓨터로, 이미 전 세계에서 1000만 대가 팔린 제품이다. 우리 집에서도 활용 중인데, 자동차가 집에 도착하면 휴대폰에서 신호를 읽고 차고 문을 알아서 열어준다. 현재 라즈베리 파이를 이용해서 사업하는 사람들이 많아지고 있으며, 이와 같은 도구들 덕분에 사물인터넷사업이 훨씬 용이해졌다.

두 번째로 제안하는 것은, "IoT 잘하는 기업에 투자해보라"는 것이다. 예컨대 최근에 급성장한 텔라독Teladoc이라는 원격 의료서비스 기업이라든지 신재생에너지, 바이오팜 관련해서 주목받는 기업들이 많다. 지금은 IoT 관련한 기업이 성공하는 경우가 아주 많다. 이런 기업들을 찾아서 조금씩 투자해보는 것도 자신만의 미래를 설계하는 데 도움이 될 것이다.

마지막 제안은, "IoT를 이용해서 스스로 사업을 기획해보라"는 것이다. 애프터코로나 시대에는 디지털 문명으로의 전환이 급속하게 이루어질 것이다. 사실상 지금 우리는 디지털 대륙으로 강제 이주당하는 실정이다. 이러한 때 사물인터넷 비즈니스를 하지 않으면 언제 할 것인가.

IoT에 관한 공부를 지속적으로 하다 보면 분명 새로운 사업의 길이 열릴 것이고, 어느 순간 디지털 신대륙에서 완전한 주인으로 서 있는 자신을 발견하게 될 것이다. 새로운 문명의 주인이 되는 길에 모두 열정적으로 힘차게 도전해보기를 바란다.

INTERVIEW

"모두가 IoT적 상상을 한다면, 정말 놀라운 세상이 펼쳐질 것이다"

김미경 × 최재붕 × 정지훈

김미경 사물인터넷이 이미 우리의 삶 깊숙이 들어와 있다는 사실이 놀랍습니다. IoT와 우리가 현재 어떤 관계인지 다시 한 번 설명 부탁드립니다.

최재붕 한마디로 불가분의 관계라고 할 수 있습니다. 특히 코로나 이후 우리는 디지털 신대륙에서 살고 있다고 할 수 있습니다. 스마트폰이라는 인터넷 연결기기가 사실상의 인공장기가 된 이후, 사물에 인터넷을 연결하는 아이디어가 마구 쏟아지고 있는 상황입니다. 또 다른 혁신이 IoT에서 발생하고 있는 것이지요. 예를 들어 가로등에 인터넷을 연결하면 알아서 켜지고 꺼지게 할 수 있고, 회사 내 정수기의 경우 퇴근시간에 오프 상태로 되었다가 출근시간 전에 온 상태로 변하게 하는 등 IoT 아이디어는 그야말로 무궁무진합니다.

정지훈 아날로그와 디지털 문명이라는 두 대륙을 연결하는 가교가 IoT인 것 같습니다. 이 다리가 없으면 디지털 문명도 소용없다고 볼 수 있지요. 그런 차원에서 IoT를 바라보면 좋을 것 같습니다.

최재붕 2008년에 함께 스마트폰 음주측정 앱을 개발한 분이 있었습니다. 음주측정기에 입김을 불면 음주 수치가 스마트폰에 표시되도록 하는 것으로, 이 제품이 빛을 보면서 개발자는 당시에 세계관 자체를 바꾸게 됩니다. 원래는 도핑검사 기술에서 역량을 나타내던 분이었는데 이후 모든 것을 인터넷에 연결하는 쪽으로 사업 종목을 변경하기 시작했습니다. 세계관이 확장되니 온갖 아이디어들이 떠오른 것입니다.
이 사례에서 알 수 있듯, 핵심은 테크의 세계를 경험해보는 일입니다. 경험하면서 디지털 신대륙에 상륙해봐야 합니다. 체험적으로 세계관이 바뀔 때 자신의 진짜 실력이 사업으로 연결될 수 있습니다.

정지훈 지금 IoT는 최재붕이라는 이름과 연결되는데, 언제부터 구체적인 컨설팅을 했습니까?

최재붕 2011년부터 3년 동안 무려 130개 기업의 디자인을 정부지원하에 컨설팅했습니다. 그때 만들어진 게 혈당을 측정하면 스마트폰으로 보내주는 기술부터 웨어러블 기기에서 분실물을 알려주는 것 등등이었지요. 당시는 시기가 너무 빨라서 실제로 그 제품으로 성공한 분들이 많지 않았습니다. 이에 비하면 현재 가까운 곳에 있는 개발자들이 큰 기회를 맞고 있음에는 틀림없습니다.

정지훈 그때는 IoT를 단순히 제조업으로 접근해서 성공하지 못했지만, 현재의 IoT는 사용자를 염두에 둔 서비스 차원에서 접근해야 합니다. 그러면 그만큼 할 일이 많이 생긴다는 단점이 있겠지요. IoT에 대해 생각할 수 있는 가장 단순한 접근 방식은, 그냥 우리 눈에 뜨이는 아무 물건에나 인터넷을 연결하는 상상을 해보는 것이 아닐까요?

김미경 그럼 한 번 상상해봅시다. 만약 기타가 인터넷에 연결되어 있다고 한다면, 내가 기타를 친 대로 악보가 바로 완성될 수 있는 거네요? 피아노를 가르칠 때 악보대로 소리가 나오는 앱이 있는 것처럼요. 그건 피아노에 IoT가 연결된 것이겠네요.

최재붕 노래 실력을 키울 수 있는 연습 기능도 만들 수도 있습니다. 예를 들어 내가 "비바람이 부는 바다, 잔잔해져 오면~"이라고 부르면, 그 부분의 실력이 일정 점수를 넘어야 다음 소절로 넘어가는 것이지요. 게임처럼 연습할 수 있도록 말입니다. 노래 부르면 점수가 나오는 마이크 노래방 역시 IoT인 것입니다.

김미경 아주 흥미롭습니다. 으레 세상에는 사람 수만큼의 직업이 있다고들 하지 않습니까? 문득 사람들이 본격적으로 IoT적으로 상상하기 시작하면 정말 어마어마한 세상이 펼쳐질 것 같다는 생각이 듭니다.

최재붕 그렇습니다. 현재 코로나로 강제 확산된 QR코드 사례를 한 번 살펴보지요. 사실 중국에서는 QR코드를 일찌감치 잘 사용하고 있었지만 우리나라는 그렇지 않았습니다. 그동안 책이며 각종 홍보물에 더 자세한 정보를 쉽게 알아볼 수 있도록 QR코드를 넣어도 실제 연결하는 사람은 정말 적었어요. 그러던 QR코드가 코로나로 인해 상용화에 성공한 거죠.

정지훈 위키피디아도 QR코드처럼 유독 한국에서 실패한 서비스라고 볼 수 있습니다. 외국에서 성공을 거둔 것들이 한국에 와서 실패하는 경우, 한국 사람들이 좀 특별해서라고만 생각했는데 그렇지가 않습니다. 사실 새로운 것에 대한 거부감도 작용하는 것 같습니다. QR코드의 경우도 처음에는 낯설어서 잘 받아들이지 않았는데 막상 사용해보니 그 편리함을 인지하게 되고, 그래서 갑자기 상용화에 성공한 거라고 볼 수 있습니다.

김미경 가상 세계와 현실 세계를 잇는 다리 역할을 하는 게 IoT라고 하셨는데요, 최근 택시에도 IoT가 들어갔다고 하던데 기사님들이 IoT를 어떻게 활용하고 있나요?

최재봉 스마트폰을 통해 콜을 받고, 고객에게 가는 과정에서 고객 위치 정보도 받고, 알아서 결제까지 이뤄지고 있습니다. 그러니까 고객은 차를 호출해서 타고 내리기만 하면 됩니다. 이렇게 앞으로는 IoT 솔루션을 넣어 고객의 편의를 최대한으로 보장해주는 사업들이 번성할 겁니다. 앞으로는 택시라는 개념도 없어질 수 있다고 봅니다. 디지털 문명이 확산되면 직업도 달라질 텐데 현재 그 전환 과정에서 택시업계도 IoT 분야에 최대한 적응하고 있는 것이죠. 모든 분야가 마찬가지의 변화와 적응을 거칠 것으로 예상됩니다.

정지훈 택시 사례만 놓고 봐도 여러 새로운 직군이 생길 겁니다. 누군가는 택시에 연결하는 기계를 만들 것이고, 누군가는 내비게이션이나 IoT에 연결되는 잭과 그 잭에 꽂는 부품을 만들 겁니다. 또 누군가는 그 안에 있는 카메라, 앱 등을 만들 것이며, 누군가는 이를 운영합니다. 디지털 문명에서는 수많은 대체직군이 생겨 일자리에 대한 걱정은 안 해도 될 것 같습니다.

김미경 여전히 테크를 왜 배워야 하는지 묻는 사람들이 있습니다. 지금 테크는 일상에서 우리를 새로운 사회와 연결해주는 다리인데요, 이 테크를 직업과 관련 있는 일이 아니더라도 삶의 현장에서 반드시 필요한 상식이라고 봐도 무방할까요?

최재붕 그렇습니다. 디지털 시대에는 식당 창업을 하려면 예전처럼 가게 인테리어 구상 등을 할 것이 아니라, 공유주방을 얻고 포장메뉴를 개발해서 배달전문점을 확보해야 합니다. 또 실제 식당 공간을 갖더라도 고객의 요구에 즉각 대처할 수 있도록 카메라 설치를 하거나 인공지능 예약시스템을 갖춰야 합니다. 즉 디지털 시대에는 디지털 신기술을 이용해야 최적의 조건으로 성공할 수 있습니다.

정지훈 창업을 하면서 특별히 신제품 개발에 매달릴 필요가 없어졌지요. IoT만 잘 활용해서 창업해도 성공할 수 있으니까요. 예컨대 로봇이 커피나 아이스크림을 만들어 파는 것을 보고 로봇 만드는 회사를 세워야겠다고 생각할 수도 있지만, 다른 시각에서 보면 로봇 렌트 사업을 생각해볼 수도 있는 것이죠.

김미경 정말 IoT적 상상에는 끝이 없는 것 같습니다. 그렇다면 자녀를 둔 부모에게 교육 차원에서 조언을 하나 해준다면요?

최재봉 다시 말씀드리지만, 다양한 아이디어는 세계관을 확장하는 데서 시작합니다. 아이들이 최대한 새로운 경험을 할 수 있도록 옆에서 많은 도움을 주시는 게 좋습니다. 그중 하나로 인터넷에서 쉽게 찾아볼 수 있는 인공지능 학습 커뮤니티를 예로 들어볼까요? 최근 한 대학생이 인공지능 학습 커뮤니티를 통해 배운 기술을 토대로 아주 간단하지만 상당히 재미있는 아이디어로 성공한 경우를 봤습니다. 그 학생은 구글의 티처블 머신Teachable Machine을 이용해 머신러닝을 구현하는 걸 가르쳐주는 유튜브 영상을 보고 그냥 따라했다고 합니다. 저도 봤는데 아주 간단했습니다. 스마트폰에 프로그램을 설치하고 사과 사진을 200장 정도 찍으면서 스마트폰이 사과를 학습할 수 있도록 합니다. 또 토마토를 가지고 똑같이 사진을 찍으며 토마토를 학습시키는 거죠. 그 학습이 끝나면 스마트폰은 이제 사과와 토마토를 인식하는 겁니다. 그렇게 마트에 가서 사과에 스마트폰을 가져다 대면 스마트폰이 사과를 인식하고 '사과'라고 답하죠. 이 학생은 그렇게 머신러닝을 학습하고 이를 활용해 첫인상 판정해주는 프로그램 개발에 응용합니다.

정지훈 최근 넷플릭스에서 공개된 〈스타트업〉이라는 드라마

시리즈에는 회사에서 면접 볼 때 첫인상을 확인해주는 프로그램이 등장하기도 했습니다.

최재붕 맞습니다. 사실 사람들이 자기 첫인상을 아주 궁금해합니다. 이 청년은 실제로 첫인상을 알려주는 인공지능 프로그램을 개발해냈지요. 물론 정확한 프로그램이 아니라 재미로 봐주는 프로그램이지만요. 우선 인상 좋은 사람들의 사진은 인터넷에 무수히 많으니 그것을 바탕으로 인공지능에게 좋은 인상의 조건을 학습시킵니다. 악역으로 나오는 사람들도 사진 많겠죠? 그럼 나쁜 인상 학습에 활용합니다. 학습하는 프로그램은 있으니까 문제는 인상을 어떻게 구별하느냐 하는 아이디어만 있으면 되는 겁니다. 그걸 아주 재밌게 만들었어요. 그렇게 3초 첫인상 인공지능 프로그램이 등장했습니다. 사진을 올리면 "당신의 첫인상은 이렇습니다"라는 결과가 나오는데, 이를 경험한 사람이 벌써 650만 명이 넘습니다. 해당 사이트에는 광고까지 들어와서 그 대학생은 이미 수천만 원의 수입을 얻었다고 하지요. 실로 세븐 테크 신대륙에는 무한한 가능성이 있다고 하겠습니다.

김미경 그렇다면 IoT 기술은 어떤 분야와 가장 궁합이 잘 맞습니까?

정지훈 IoT는 거의 모든 것에 접목할 수 있지만, 지금 특별히 건강한 삶에 대한 관심이 높다 보니 웰니스wellness나 운동에 많이 접목되어 있습니다. 그리고 확실히 자동차에 큰 변화를 가져오고 있습니다. 미국에서는 초기에 테슬라 자동차를 '굴러다니는 아이폰'이라고 설명하기도 했습니다.

김미경 그렇다면 아주 편리할 것 같은 스마트홈이 잘 안 되는 이유는 무엇일까요? 예전에 유비쿼터스 아파트라고 해서 스마트홈 광고를 아주 열심히 했던 기억이 있는데 지금은 그런 홍보가 덜한 것 같습니다.

정지훈 예전에 신도시 아파트 지을 때 스마트 스위치 등 IoT 연결해서 스마트홈 설비를 꽤 갖췄었는데, 이것이 지속되지 않은 가장 큰 이유는 잦은 고장 때문이었습니다. 집 안에서 등이라도 하나 고장날 경우 스마트 제품은 교체 비용이 비싸니 그냥 옛날 것으로 갈아끼우는 등 관리가 소홀해지는 거죠. 즉 기술이라는 것은 그 자체로서 효용가치를 지니는 일도 중요하지만, 보급 면에서는 경제성이 상당히 중요합니다. 아무래도 아파트라는 것이 선분양제이다 보니 공급자 중심의 스마트홈 건설이 문제였던 것 같습니다.

최재붕 고객의 심장이 울릴 때, 즉 좋은 경험이 있을 때 디지털에서 성공할 수 있는 팬덤이 나온다고 봅니다. 블루투스 이어폰인 에어팟프로가 몇 십만 원짜리 고가임에도 잘 팔리는 것은 그것을 귀에 꽂는 순간 충분한 만족감을 주기 때문입니다. 그렇게 심장을 두드리는 마케팅이 필요합니다. 그런데 애초에 스마트홈은 그런 고객의 경험을 만드는 데 중점을 두지 못한 탓도 있다고 봅니다.

김미경 앞으로 IoT를 어떻게 활용하면 좋을까요?

최재붕 현재 자신의 분야에서 이 새로운 기술을 도입해서 적용해봅시다. 아이디어를 잘 기획하면 지금과는 완전히 다른 신대륙으로 갈 수 있습니다. 현재의 팬데믹 상황도 초기라고 하는데, IoT 산업도 사실상 초기라고 봅니다. 애프터코로나 시대에는 완전히 새로운 사회를 기획해야 합니다.

정지훈 기술 자체를 만들려고 하면 어렵지만 아이디어는 무한히 확장할 수 있습니다. 새로운 세상에 대한 지식을 쌓으면 거기서부터 아이디어가 나올 겁니다.

최재붕 세븐 테크 공부는 새로운 문명의 표준을 읽는다는 관점에서 접근해야 합니다. 당장 나의 일상을 바꾸는 혁신인데, 만약 적응하지 못한다면 삶 자체가 불편하고 어려워질 겁니다. 가능하면 마지못해 문명에 끌려다니기보다 내가 시대를 이끄는 삶을 살아봅시다. 그러기 위해서 공부하고 도전하는 것을 멈추지 않길 바랍니다.

7

낯설지만 익숙한 '클라우드 컴퓨팅'

이 한 주

국내 최고의 클라우드 컴퓨팅 전문가

시카고대학교 생물학부를 졸업하고, 20대에 웹호스팅 기업 호스트웨이를 창업했다. 2014년 호스트웨이를 미국 사모펀드에 매각했고, 이듬해 매니지드 클라우드 서비스를 제공하는 베스핀글로벌을 한국과 중국에 동시 출범시켰다. 현재 그가 대표로 있는 베스핀글로벌은 중동, 미국, 동남아, 일본에 진출해 삼성전자, SK텔레콤, 현대자동차 등 국내외 3,000개사에 서비스를 제공하는 등 7년 만에 큰 성과를 거뒀다. 그는 1세대 벤처 창업가이자 스타트업 투자자로 업계에 정평이 나 있으며 국내외 클라우드 시장을 선도하는 리더로 평가받고 있다.

클라우드의 핵심 개념이자 기본 철학은

독점이나 소유가 아닌 '공유'다.

내가 필요한 컴퓨팅 자원을

내가 필요할 때 필요한 만큼만 쓴다는 것,

소유하거나 독점하지 않고 공유한다는 것.

이 개념에 대한 정확한 이해가

클라우드를 내 것으로 만드는 일이다.

기회의 신은 클라우드 안에 있으니,

삶의 가치를 업그레이드하는 클라우드 컴퓨팅에

새로운 기운과 열정을 쏟아보자.

늘 당신 곁에 있었던 '클라우드'

'클라우드 컴퓨팅'이라고 하면 왠지 어렵고 낯설게 느껴지지만, 다른 세븐 테크 기술과 마찬가지로 이미 우리가 일상 속에서 함께하고 있는 기술 중 하나다. 현재 내가 운영 중인 기업 베스핀글로벌은 클라우드 MSP를 제공하고 있다. 클라우드로 먹고사는 사람이기에 당연히 클라우드가 변화시키는 세상에 누구보다 큰 관심을 가지고 있다. 이번 7강의 목표는 클라우드라는 기술을 이해하고, 이를 바탕으로 한 새로운 비즈니스의 시장은 무엇이 있을지 함께 탐색해보는 것이다.

먼저 클라우드가 무엇인지, 그 정의를 내려보자. 클라우드의 영어 'cloud'는 '구름'을 의미한다. 마치 하늘에 높이 뜬 구름처럼, 컴퓨터에서 파일을 저장할 때 컴퓨터 내부가 아닌 인터넷에 연결된 서버에 저장할 수 있는데 이를 클라우드라고 한다. 이 클라우드를 이용하면, 꼭 내가 작업한 컴퓨터가 아니

데이터센터에 가득 찬 서버의 모습

라도 인터넷이 연결된 곳이라면 어디서나 작업한 파일을 불러올 수 있다. 마치 하늘 위에 뜬, 어디서나 볼 수 있는 구름이 되는 것이다.

물리적으로 보면, 위의 그림과 같이 거대한 공간에 서버들이 줄지어 있고, 이를 인터넷으로 연결해 사용하는 것이다. 이런 서버들이 지금 전 세계에서 열심히 돌아가고 있다. 유명한 클라우드 회사들은 수천만 대의 서버를 운영하고 있다. 아마존의 경우 전 세계 25개 지역에서 81개의 데이터센터를 운영하고 있으며, 그 안에서 수백만 대의 서버가 돌아가고 있다. 세계적으로 미국의 아마존, 마이크로소프트, 구글, 중국의 알리바바, 텐센트 등이 이러한 컴퓨팅 자원을 어마어마하게 구축해놓은 기업들이다. 한국에서는 네이버, 카카오, KT 등에서 클라우드 센터를 운영하고 있다. 그러면 도대체 이 어마어마한 서버 안에서는 무슨 일이 일어나고 있는 것일까?

미래를 책임질 핵심 인프라

이제 컴퓨터는 모두의 벗이다. 다들 집이나 사무실에 적어도 컴퓨터 한 대씩은 가지고 있으며, 늘 가지고 다니는 스마트폰도 엄밀히 따지면 미니컴퓨터라 할 수 있으니, 컴퓨터만 한 벗도 없다. 이 컴퓨터와 스마트폰 안에는 여러 애플리케이션이 있어 세계의 여러 기업들이 이를 중심으로 연결되어 있다. 따라서 각자의 책상 위에 있는 컴퓨터는 사실 기업의 데이터센터 안에 있다고 볼 수 있다. 모든 기업이 저마다 내부 또는 외부에 데이터센터를 운영하고 있으니, 우리의 컴퓨터는 전 세계의 모든 기업 데이터센터에 있는 셈이다.

클라우드의 지난 역사를 보면, 예전에는 내가 필요한 컴퓨터의 성능과 저장공간 등을 직접 구축해서 내 건물 안에 서버를 두고, 내가 직접 모든 것을 운영했다. 그게 예전 방식의 IT다. 반면 클라우드 세상에서는 그럴 필요가 없다. 단지 내가 필요한 컴퓨팅 자원을 내가 필요할 때 필요한 만큼만 빌려 쓰면 된다. 대신 다달이 비용을 지불한다.

이는 예전에는 자신의 돈을 집 안의 금고에 보관했다면 은행이 생기면서부터 은행에 보관하는 것과도 같다. 전기를 예로 들면, 내가 필요한 전기를 직접 발전시켜서 쓰지 않고 발전소가 생산한 전기를 빌려 쓰는 것이다. 콘센트에 꽂아서 쓰고 비용만 지불하면 되는 것이다.

그럼 빌려 쓰는 일이 어려울까? 우리는 이미 클라우드 컴퓨팅을 쓰고 있다. 넷플릭스라든지 유튜브, 토스, 쿠팡, 틱톡 등 현재 우리가 일상생활에서 쓰는 많은 애플리케이션들이 클라우드 위에서 돌아가고 있다. 이뿐 아니라 산업 분야에서 많이 들어본 익숙한 서비스들도 클라우드 세상에서 펼쳐진다. 스마트 공장, 스마트 카, 스마트 시티 등 이 모든 것들이 다 클라우드 기반으로 돌아가고 있다.

요즘 뜨거운 이슈라고 할 수 있는 자율주행차 역시 운행하려면 실로 엄청나게 많은 컴퓨팅 자원이 필요하다. 자율주행차를 움직이는 자원은 자동차 안에만 있는 게 아니라 클라우드 안에도 있다. 자율주행차를 움직이는 동력은 자동차 안에 있지만, 실제로 움직이도록 명령을 내리는 것은 데이터가 담긴 클라우드와 연결되어야 가능해진다. 데이터를 바탕으로 클라우드 기반 자율주행 소프트웨어를 사용해 원하는 방향과 속도로 자동차가 자율주행을 할 수 있도록 만드는 것이다. 자율주행 산업 성장의 기반이 바로 클라우드인 것이다.

기업 또는 산업 간의 거래를 보통 B2B라고 하는데, 자율주행차의 사례에서 보듯이 B2B 환경에서 클라우드는 혁신 기술이 자유롭게 누빌 수 있는 환경을 만드는 역할을 한다. 앞으로 닥쳐올 우리의 미래 세상에서는 클라우드가 핵심적인 IT 인프라가 될 것이다.

신속한 백신 예약은 어떻게 가능했을까?

얼마 전 우리 사회에서 큰 이슈가 된 것이 바로 코로나 백신 예약시스템이었다. 질병관리청에서 나이순으로 접종 예약을 받았는데 50대들이 예약하는 시점에서 예약시스템이 제대로 돌아가지 않아 한바탕 소란이 벌어졌다. 언론은 "반복되는 예약 먹통 사태…'서버만 늘려 될 일 아냐'", "백신 예약시스템 문제는 클라우드 활용 안 한 것" 등의 기사를 쏟아냈다.

한마디로 예약시스템에 오류가 난 것인데, 그로부터 2주 후에는 19세부터 49세까지 2000여만 명의 국민들이 예약 대기 중이었던 터라 같은 문제가 반복되지 않을지 많은 이들이 걱정했다. 사실 질병관리청이 운영했던 기존 시스템으로 이 많은 국민들이 단기간에 동시에 예약하는 것은 불가능에 가까웠다. 게다가 주어진 시간은 단 2주뿐이었다. 이때 해결방안이 바로 예약시스템 민간 클라우드에 구축하고 기존 시스템은 개선하는 양동작전을 펼치는 것이었다.

우선, 2000만 명 국민을 10부제로 나눠 하루에 200만 명꼴로 예약을 하는 방식으로 선회하고, 예약자가 직접 접속 상태를 확인할 수 있도록 예약 신호등을 도입했다. 그리고 이 모든 것을 뒷받침해줄 유연한 컴퓨팅 자원이 필요했다. 클라우드 컴퓨팅은 필요한 자원을 필요한 때, 필요한 만큼만 빌려 쓰는 것이다. 그래서 서버를 새로 사는 것이 아니라 필요한 만큼만 빌려 쓰기로 한 것이다. 그런데 이를 실제로 잘 빌려 쓰려면 예약시스템 자체가 클라우드에 최적화되어 있어야 한다. 이에 과학기술정보통신부의 주도로 백신 사전예약시스템을 2주라는 짧은 기간 만에 클라우드에 새로 구축했고, 이를 통해 국민들이 안심하고 예약을 할 수 있게 했다. 당시 베스핀글로벌도 NIA와 함께 이 작업에 주축으로 참여했다. 담담히 구술했지만, 2000만 명을 위한 시스템을 2주라는 초 단기간에 설계, 구축, 테스트를 마쳐 배포까지 한다는 것은 불가능에 가까운 미션이었고, 우리에게도 큰 도전이었다.

결과는 성공적이었고, 민관이 함께 협업한 좋은 사례로 평가받아 전 부처 및 단체, 기관 등이 참여한 '2021년 하반기 적극행정 우수사례 경진대회'에서 대상을 수상했다.

그런데 만약 이때 클라우드 시스템이 없어 예전 시스템으로 운용했다면 어떻게 됐을까? 직접 서버를 구매해서 설치하고, 시스템을 깔고 시험하는 동안 시간은 최소 6개월이 지났을 것이다. 그래서 만약 접종 예약이 6개월 정도 미뤄졌다면 어땠을까? 큰 혼란이 일어났을 것이다.

하지만 다행스럽게도 클라우드 덕분에 그런 일은 일어나지 않았다. 그런데 어떻게 불과 2주 만에 이 문제를 해결할 수 있었을까? 단순하게 말하면, 클라우드 컴퓨팅 자원이 있는 클라우드에서 계정을 만들고 빌려 쓴 것이다. 비용은 후불이다. 이 애플리케이션을 클라우드 환경에 맞게 재설계하고 구축한 뒤 테스트를 거쳐 배포해야 하는데 이는 각 분야 전문가들의 신속하고 유기적인 협업이 필요했다. 대략 30여 명의 클라우드 전문가가 투입되었고, 문제 발생 시 즉각 대응할 수 있도록 예약 기간 내내 24시간 모니터링을 진행했다. 이로써 전 국민이 최신 IT 기술의 도움으로 수월하게 예약할 수 있게 된 것이다.

그리고 예약이 종료되어 시스템이 필요 없는 시점에서는 그 어마어마한 양의 컴퓨팅 자원을 사용 중지하면 된다. 만약 옛날 방식대로 했다면 서버를 직접 사서 구비해놓았을 테니 그 엄청난 양의 서버가 2주 정도 사용된 후에 그냥 무용지물이 되었을 것이다. 그러니 결과적으로 막대한 세금 낭비를 클라우드 시스템이 막아준 것이다.

클라우드는 컴퓨팅 자원을 내가 필요할 때 필요한 만큼만 빌려 쓰는 것이다. 따라서 현재 질병청은 백신 사전 예약 후 클라우드 공간을 대폭 줄여놓은 상태다. 그리고 만약 추후에 비상사태가 발생하게 되면, 그때 가서 필요한 만큼 다시 공간을 늘리면 된다. 이를 초 단위로 자유자재로 할 수 있는데, 이런 탄력적 속도 또한 클라우드의 가장 핵심적인 차별점 중 하나다.

요즘 우리는 초스피드의 삶을 살고 있다. 지금은 거대 기업이 무서운 게 아니라, 더 빨리 움직이는 기업이 무섭다고 한다. 그러니 IT기술을 이렇게 빨리 적용할 수 있다는 것 자체가 기업의 가치를 극대화하는 일이다. 즉 클라우드로 IT를 움직이는 회사와 그렇지 못한 회사의 차이는 극명하게 나뉠 수밖에 없는 것이다.

클라우드 관리 서비스 'MSP'

지금 전 세계를 지배하는 수많은 IT 시스템들 중 클라우드에 올라가 있는 건 어느 정도일까? 상당량이 올라가 있을 것 같지만, 실상은 그렇지 않다. 현재 전 세계 IT 시스템들의 약 5퍼센트만이 클라우드에 올라 있고 나머지 95퍼센트는 이전 방식을 고수하고 있는 상태다. 기업의 내부 또는 외부 데이터센터에서 시스템을 운용하거나 개인 PC에 데이터를 저장하고 있다. 하지만 점점 더 많은 시스템들이 클라우드로 옮겨갈 것이고, 여기서 중간자 역할을 하는 것이 바로 클라우드 MSP Managing Service Provider의 일이다. 클라우드 MSP는 한마디로 클라우드와 관련된 모든 서비스를 제공하는 기업을 말한다. 이들은 컨설팅부터 시스템 구축은 물론 사후 서비스까지 클라우드와 관련된 모든 서비스를 제공하는데, 이는 국내에만 국한된 것이 아니고 전 세계적으로 동일하다. 이 산업은 클라우드와 함께 성장하는 비즈니스이기 때문에 클라우드 MSP의 성장은 이제 겨우 시작 단계라고 할 수 있다.

클라우드 MSP 회사인 베스핀글로벌은 최근 백신 예약시스템을 구축하는 과정을 함께했다. 당시 클라우드 자체는 네이버클라우드가 제공했고 과학기술부 및 NIA와 함께 설계한 비즈니스 로직과 시스템을 클라우드에 맞게 개발하고 운영하는 역할을 담당했다. 당시 클라우드 MSP의 일을 간략히 소개하면 이렇다.

우선 30여 명의 클라우드 개발·인프라·보안·운영 및 테스트 전문가 TF를 구성했다. 그리고 민간 클라우드 전환 및 신규 애플리케이션 개발을 위한 인프라를 구성했다. 접속 페이지, 본인 인증, 중복 접속확인, 대기시스템 민간 클라우드를 구축하고, 이를 10분에 1200만 명까지 처리 가능하게 확장했다. 암호화된 메모리 데이터베이스를 활용해서 중복 예약 및 우회 접속을 방지했으며, 마지막으로 24시간 운영 모니터링 및 대응에 최선을 다했다.

이 과정에는 클라우드 통합 관리 플랫폼인 옵스나우OpsNow와 인시던트(IT장애) 관리 솔루션인 얼럿나우AlretNow를 활용했다. 그리하여 가능한 많은 일들이 자동화되어 적은 인원만으로도 관리 효율이 높아졌고, 이로써 2021년 8월 9일부터 20일까지 총 12일간 "피크시간 클라우드 서비스 처리건수 총 1억 4765만 건, 일 최대 1941만 건, 평균 1230만 건, 대기열 해소 시간 평균 5분"이라는 결과물을 낳았다. 이렇듯 시간을 다투는 일에서 클라우드는 다양한 인프라 활용에 용이하기 때문에 모든 것을 신속하게 구축할 수 있다.

클라우드가 있으니 "실패해도 괜찮아"

그렇다면 클라우드는 어떻게 IT혁신을 가능하게 한 걸까? 바로 기존 시스템의 단점을 획기적으로 해결했기 때문이다. 기존 서버 시스템은 무엇보다 초기 투자비용이 크다. 서버 구매라든가 설치, 주기적인 서버 교체에 드는 비용이 상당하다. 그리고 인프라 확장 시 장비 확보 및 세팅 시간이 오래 걸린다. 따라서 급격한 접속자 증가 시에 빠른 대응이 어렵다.

또한 다운사이징이 불가능하다. 이미 마련해놓은 가용 서버의 총량을 상황에 따라 축소하는 일이 어렵다는 말이다. 사용자가 폭증해 서버가 다운되는 현상이 발생해서는 안 되기에, 수천만 명을 상대할 때나 수십 명을 상대할 때나 시스템의 총용량은 똑같다. 늘 최대치를 계산해서 구축해야 하니 한번 폭풍이 지나가고 나면 기존의 서버는 아무 쓸모없는 쇳덩어리가 되고 만다. 사용자가 대폭 줄어 가용용량이 크게 늘어도 다른 용도로 사용할 수 없기 때문이다. 게다가 그냥 쇳덩어리면 문제가 없겠지만 이 쇳덩어리는 전기를 계속 소비한다. 지속가능한 경영 원칙에 반하는 IT자산인 것이다.

반면 클라우드를 이용하면 앞서 설명한 바와 같이 쓴 만큼만 내면 되니 우선 저렴하다. 또 빠르고, 민첩하고, 확장과 축소가 쉽다. 그리고 클라우드는 언제 어디서나 인터넷만 연결되어 있다면 모든 곳에서 사용할 수 있다는 장점이 있다. 최근 코로나 사태를 겪으면서 많은 직장인들의 업무환경이 재택근무로 전환되었다. 만약 이때 회사가 사내 네트워크만을 쓰고 클라우드를 도입하지 않았다면, 그 회사에 다니는 직장인들은 집에서 업무를 보기 쉽지 않았을 것이다. 이렇듯 언제 어디서나 활용할 수 있다는 것이야말로 클라우드가 갖는 엄청난 경쟁력이다. 이를 이용하는 회사와 하지 않는 회사는 큰 차이가 있을 수밖에 없다.

그런데 여기서 클라우드가 빠르고, 저렴하고, 확장과 축소가 쉽다는 것은 하나의 현상일 뿐이다. 우리는 이것이 가져다주는 실질적인 이익과 기회를 봐야 한다. 그것이 바로 실패 비용을 대폭 낮춘다는 것이다. 예를 들어 100번 실패하는 회사와 10번 실패하는 회사 중 어느 곳이 경쟁력이 높을까? 100번의 실패를 하는 회사가 10번의 실패를 하는 회사보다 더 경쟁력이 높을 것이다. 도전한 횟수만큼 실패는 쌓이고, 결국 실패가 쉬워야 성공하기 때문이다. 이때 실패가 쉬우려면 IT가 뒷받침을 해줘야 한다. IT가 실패를 밥 먹듯이 할 수 있는 환경을 조성해줘야 한다. 그것을 클라우드가 가능하게 해주는 것이다.

예전에 비해 지금은 클라우드 덕분에 실패 비용이 낮아짐으로써 많은 기업들, 특히 스타트업에서 좀 더 도전적인 시도를 해볼 수 있게 되었다. 창업을 위해 초기 IT자산 비용으로 수천만 원을 지불하지 않아도 된다. 클라우드가 지금 우리에게 주는 선물이 아닐 수 없다.

최근 백신 예약시스템에서도 볼 수 있었듯, 공공기관도 모든 시스템을 클라우드로 전환해야 살아남을 수 있다. 공공기관 혁신은 이제 기술의 이슈가 아니라 우리들 삶의 이슈가 되었다고 하겠다.

클라우드와 함께 성장하는 기업들

우리의 모든 생활 분야에서 클라우드가 미치는 영향은 나날이 커져만 가는데, 마케팅은 어떠할까? 클라우드는 마케팅 방식을 어떻게 바꾸고 있을까?

지난해 가장 뜨거웠던 뉴스 하나가 쿠팡의 뉴욕 증시 데뷔였다. 2021년 3월 기준으로 데뷔 당시 쿠팡의 시가총액이 100조였다는데, 이것이 놀라운 수치인 것이 대한민국을 대표하는 다른 유통 기업들의 합보다도 많았기 때문이다. 당시 롯데, 신세계, GS, 현대백화점을 모두 더한 기업의 시가총액이 12조 정도였다. 그러니 이후에 쿠팡의 시가총액이 절반으로 떨어졌다고 한들 쿠팡 하나의 기업가치가 대한민국을 대표하는 모든 리테일 회사들의 기업가치보다 큰 것이다.

그렇다면 쿠팡은 다른 유통회사와 어떤 차별성을 갖는 것일까? 여기에 클라우드가 있다. 지금 소비자들은 즐겁게 자신이 좋아하는 콘텐츠를 소비하면서 동시에 쇼핑을 한다. 라이브방송, 메타버스 등의 새로운 방식으로 소비가 이루어지는데, 최근에 명품 브랜드 구찌가 네이버 제페토에 입점했다. 메타버스 안에서 활동하는 나의 아바타를 치장하는 데 당연히 패션이 한몫을 하니 구찌가 들어온 것이고, 다른 유명 브랜드들도 현재 메타버스로 속속 들어오고 있는 상황이다.

아예 메타버스에서 시작한 패션 브랜드도 있다. 오롯이 메타버스에서의 철학과 스타일을 담은 패션이 등장하는 것이다. 그 패션 브랜드의 가치가 오프라인 패션 브랜드의 가치보다 클 수도 있다. 이제 메타버스에서 성공한 제품이 거꾸로 오프라인으로 옮겨가는 일이 벌어질 것이다.

그런데 이와 같은 새로운 시장인 메타버스도 결국 클라우드 인프라 위에 있는 것이다. 온라인 전자상거래인 이커머스도 마찬가지여서 쿠팡 시스템은 100퍼센트 클라우드에서 운영되고 있다. 현재 잘나가는 기업들의 공통점이 모두 클라우드 기반 서비스를 하고 있다는 것이다.

이곳은 패션 기업인가 IT 기업인가

중국에서 최근 급부상하고 있는 패션 브랜드 쉬인SHEIN은 틱톡 기반의 라이브커머스로 유명한 곳이다. 틱톡이나 인스타그램에 접속한 전 세계 고객들을 대상으로 그들의 취향을 분석해서 실시간 주문을 받아 바로 공장에서 옷을 만들어 배송한다. 지금 전 세계의 패스트패션을 주도하고 있는 곳이 쉬인이다. 쉬인의 성공은 이커머스 환경에서 어마어마한 양의 데이터를 처리할 수 있는 컴퓨팅 자원을 갖추고 있었기에 가능한 것이다.

즉 쉬인의 성공은 클라우드 덕분이다. 전 세계 고객들의 요구 사항들이 전부 데이터로 저장되고, 분석되고, 생산되는 기반이 바로 클라우드인 것이다.

그런데 쉬인은 솔직히 기업의 정체성이 패션기업인지 IT 기업인지도 구분이 쉽지 않다. 예전의 패션 흐름은 디자이너의 패션쇼를 기반으로 하나의 시즌을 갖는 것이었다. 그래서 만약 새 디자인이 고객의 호응을 받지 못하면 한 해의 장사를 그르치게 된다. 그런데 쉬인의 경우, 오늘 망해도 상관없다. 내일 다시 하면 된다. 시즌이 거의 하루 단위라서 오늘의 실패가 문제되지 않는다. 쿠팡 또한 이곳이 유통 회사인지 IT 회사인지 구분이 가지 않는다. 이처럼 모든 산업 분야에서 클라우드를 기반으로 한 일대 혁신이 일어나고 있다.

블랙프라이데이는 미국 추수감사절을 기념하는 11월의 큰 쇼핑 특수다. 연간 소비량의 30퍼센트 이상이 블랙프라이데이에 집중될 정도로 폭발적인 쇼핑량 증가를 보인다. 그런데 이것이 클라우드가 없었다면 가능했을까?

중국의 최대 쇼핑 축제인 광군제 역시 마찬가지다. 광군제가 시작된 후 약 30분 동안 급작스럽게 매출이 폭등하는데, 그 매출을 원화로 환산하면 약 68조 원 수준이다. 단시간에 이렇게 순간적으로 고객 접속이 폭주할 때 기존 서버였다면 과연 감당할 수 있었을까? 따라서 이제 기업들에게 남은 방법은 클라우드뿐이다.

Y2K 이슈를 능가하는 클라우드

클라우드가 대세라면, 앞으로 클라우드는 아이들 교육을 어떻게 바꾸게 될까? 코로나19로 2020년에는 한국의 초·중·고

생들 540만 명이 온라인 개학을 했다. 대부분의 학교가 비대면 학습으로 전환했는데 이때의 온라인 학습 역시 모두 클라우드로 구성되었다. 한국의 학원 시스템들도 점차 클라우드 시스템으로 옮겨가서, EBS 온라인클래스며 E-학습터 등의 교육 플랫폼이 클라우드로 운영되고 있다.

사실상 세븐 테크를 완성시키는 기반이 클라우드다. 클라우드는 도로 시스템과도 비슷해서 이게 깔려 있지 않으면 아무 일도 할 수 없다. 이처럼 글로벌 IT 산업이 격변하는 시대를 맞아 국내에서만 필요한 클라우드 전문인력이 대략 40만 명이다.

현재 세계에서 IT 기술로 가장 앞서가고 있는 나라가 어디일까? 인도다. 미국 실리콘밸리에서 현재 주가를 올리는 기업들의 CEO가 대부분 인도인이다. IBM의 아르빈드 크리슈나, 구글의 순다르 피차이, 마이크로소프트의 사티아 나델라, 어도비의 샨타누 나라옌이 모두 그렇다.

지금으로부터 20여 년 전인 1999년, Y2K 사태를 기억하는가? 당시 연도가 2000년으로 바뀌면서 전 세계 모든 시스템이 셧다운될 위기를 맞았는데 이때 두 자리 수 컴퓨터 코드를 전부 네 자리 숫자로 바꾸는 엄청난 일을 해낸 나라가 인도였다. 워낙 풍부한 인력 자원 덕분이기는 했지만, 이때를 기점으로 불과 20년 만에 인도인들은 IT의 제왕으로 우뚝 선다. 실리콘밸리의 미국 회사들 직원 중에도 인도인이 매우 많다.

그런데 20년 전의 Y2K 이슈를 능가하는 것이 지금의 클라우드다. Y2K에서는 날짜만 바꾸면 됐지만 지금은 코드를 다 바꿔야 한다. 전 세계의 모든 컴퓨터 시스템을 클라우드 최적화 상태로 변경해야 한다. 여기에 바로 우리의 기회가 있다. Y2K 하나로 인도가 20년 만에 완전히 바뀌었듯 우리가 이 기회를 잡아야 한다.

주목해야 할 클라우드 기업들

문과생 중에서는 컴퓨터 코딩을 두려워하는 사람이 많은데, 코딩은 단지 컴퓨터 언어일 뿐, 전혀 겁낼 필요가 없다. 이것을 읽을 수 있는 문법만 배우면 전공에 상관없이 누구든 클라우드 전문가가 될 수 있다. 세상을 지배하는 모든 IT 애플리케이션 시스템 코드가 다 바뀌어야 하는 지금, 클라우드 전문가는 가장 확실하고 간절하게 세상이 필요로 하는 미래 인력이다. 현재 클라우드 시장은 날로 확산되는 수요에 공급이 따라주지 못해 그 불균형이 상당히 심각한 상황이다. 클라우드 전문가를 희망하는 인력들이 더욱더 많아져야 하는 이유다.

지금은 평생학습 시대다. 평균 수명이 늘어난 만큼 인간은 지식을 축적하는 시간을 더욱 필요로 한다. 인간의 뇌는 컴퓨터 메모리처럼 용량이 정해지지 않아서 오히려 끊임없이 새로운 것을 받아들이는 사람의 뇌가 더욱 활성화되어 있다. 또한 지금의 교육 환경도 이전과는 비교할 수 없을 정도로 좋다. 모르는 것은 유튜브 등을 통해 무료로 교육받을 수 있다. 그러니 우리 자신을 위해 새로운 지식을 업그레이드해야 우리의 삶 자체가 윤택해진다. 클라우드 컴퓨팅 공부는 우리 스스로를 위해 하는 것이다.

지금처럼 공급과 수요 측면에서 클라우드 자체의 불균형이 심할 때는 분명히 투자의 기회가 생긴다. 그렇다면 달라지는 세상에서는 어떤 기업에 투자해야 할까?

최근 3년간 주가의 가파른 성장을 보여주는 기업들이 있다. 바로 'MT SAAS'로 불리는 클라우드 기업으로 순서대로 마이크로소프트, 트윌리오, 세일즈포스, 아마존, 어도비, 쇼피파이다. 이들은 최근 몇 년간 미국 증시를 이끌어온 FAANG

라 불리는 페이스북(현재 메타), 애플, 아마존, 넷플릭스, 구글보다 가파른 성장세를 보이고 있다.

이처럼 현재 전 세계에서 기업 가치가 급상승하고 있는 기업들의 공통점은 바로 클라우드 사업을 하고 있다는 것이다. 이처럼 앞으로 클라우드 기업에 대한 투자는 비약적으로 늘어날 것이다.

클라우드의 미래는 '사스'에 있다

클라우드 제공 기업들의 가치가 이렇게 계속 상승하는 이유는 무엇일까? 다국적 컨설팅전문회사 맥킨지앤컴퍼니에서 2021년 2월에 발표한 리포트에 따르면, 클라우드를 도입한 기업들은 9년 뒤 영업이익이 1000조 원 증가한다고 했다. 매출이 아니라 이익이다. 대한민국의 2021년 총 예산이 558조 원이니, 이와 비교하면 이 이익이 얼마나 대단한 것인지 알 수 있다.

그러면 그 영업이익은 어떻게 해서 발생하는 것일까? 우선 애플리케이션 개발 및 운영 생산성이 38퍼센트로 증가하고, 개발, 운영, 유지보수 영역에서 부가가치가 75조 원 발생한다. 또한 애플리케이션 다운타임이 57퍼센트 감소하고 비용이 26퍼센트 절감된다. 새 기능이 시장 출시에 걸리는 기간은 55퍼센트 단축되고, 인프라 비용 효율은 29퍼센트 증가하며, 장애 발생 횟수는 55퍼센트 감소한다. 맥킨지앤컴퍼니는 이런 식으로 일일이 모든 것을 조사해 발표했다.

물론 클라우드가 성공을 보장하지는 않는다. 하지만 이제 클라우드 없이 살아남을 수 없는 세상임은 확실하다. 지금 인터넷을 쓰는 것이나 컴퓨터 사용, 휴대폰 사용이 선택의 문제가 아니지 않은가. 이렇게 새로운 흐름이 마련되었을 경우에는 그 물결에 가장 먼저 몸을 담그는 기업과 개인만이 살아남는 법이다.

흔히 클라우드의 미래는 '사스Saas'에 있다고 한다. 사스는 서비스로서의 소프트웨어Software as a Service, 즉 소프트웨어를 서비스로서 제공한다는 의미다. 기존 소프트웨어 사용 방식은 출시 버전을 구매해 사용해고 새로운 버전이 나오면 대체 또는 업데이트 하는 것이었다. 하지만, 사스는 소프트웨어를 월 비용을 내며 구독해 사용하고 업데이트는 수시로 진행되기 때문에 새로운 버전을 추가 구매할 필요가 없다. 사스는 사용자에게 가장 최신 버전의 소프트웨어를 제공하는 가장 이상적인 방식이라 할 수 있다. 보통 클라우드 서비스는 어떤 자원을 제공하느냐에 따라 이아스IaaS, 파스PaaS, 사스로 구분되는데, 이아스는 서비스로서의 인프라Infrastructure as a Service, 즉 컴퓨팅 자원을 구독형인 클라우드로 제공해주는 개념이고, 파스는 서비스로서의 플랫폼Platform as a Service 개념이다.

필요할 때 필요한 만큼만 쓰도록 개발된 게 클라우드다. 클라우드 기반 소프트웨어인 사스는 소프트웨어 유통 방식의 근본적인 변화를 리드하는 개념으로, 현재 전 세계적으로 매일같이 수천 개의 사스 상품이 쏟아지고 있다. 대표적인 사례가 바로 '쇼피파이'다.

전 세계의 클라우드 산업은 현재 급격하게 성장해 전체 시장 규모가 2025년에 대략 848조 원을 넘어서 지난 6년간 229조 원의 성장을 기록했다. 이 중에서 소프트웨어가 차지하는 부분이 절반 이상이다. 4년 뒤에는 525조 원이 증가될 것으로 예상된다.

클라우드로 이동한 IT 패러다임

IT는 인포메이션 테크놀로지Information Technology를 뜻한다. 그러면 'OT'는 무엇일까? 오퍼레이션 테크놀로지Operation Technology, 한마디로 작동 기술이다. 즉 공장, 발전소, 물류, 교통 등의 산업 시스템에서 제조 및 생산, 설비, 공정 등 제작 작업의 운영 기술을 뜻한다. 이 OT들 역시 전부 디지털화 되어야 한다. 교통 시스템, 병원 시스템, 공장 시스템, 자동차 시스템이 전부 디지털로 변모해야 한다.

이 디지털로 변모하는 과정은 결국 사스가 완성시킬 것이다. 이 디지털 트랜스포메이션은 OT와 IT의 만남에 AI가 가세하면서 완결되는데, 이를 가능하게 하는 것이 바로 클라우드 기반 서비스형 소프트웨어인 사스이기 때문이다. 각 산업에는 업의 특성과 방식이 있다. 지금은 아날로그로 이루어지는 이 일련의 활동들을 소프트웨어를 이용해 자동화하는 것이다. 사스는 실시간 데이터 수집과 분석이 가능하며, 이를 바탕으로 빠르게 업데이트할 수 있다. 따라서 현장에서 발생하는 수많은 데이터들을 실시간으로 수집하며 산업별 소프트웨어에 적용시키는 것이 가능해진다. 이렇게 산업에 특화된 클라우드

소프트웨어가 개발되고 업계 전반에서 사용하는 툴이 되는 것이다.

OT 사스야말로 앞으로 우리 세상을 혁신할 새로운 개념이다. 이제 각 산업별로 대표적인 사스 기업들이 탄생할 것이다. 자동차 클라우드, 배터리 클라우드, 공동주거용 클라우드, 미디어 클라우드, 유통 클라우드, 선박·항구 클라우드, 공장 클라우드, 스마트시티 클라우드, 정부 및 기관 클라우드 등 모두 가능하다.

디지털 세상에서 대한한국이 주도적인 힘을 가지려면 각각의 산업별 클라우드를 만들어야 한다. 이미 대한민국은 세계적인 기술력을 보유하고 있다. 반도체산업, 조선업, 자동차산업, 디스플레이 제조업, 원자력발전소, 제철소, 건설, 의료 기술, 미디어콘텐츠산업은 이미 상당한 경지에 있다. 이제 여기에 클라우드를 접목하기만 하면 된다.

이미 우리가 잘하고 있는 분야를 디지털화해서 클라우드에 올려놓으면 보편화된 소프트 솔루션으로 팔 수 있다. 서울에서 대략 두세 시간 반경 내에 세계 최대 도시들, 최대 항구들, 최대 공항, 최대 공장, 최대 유통시장, 최대 규모의 클라우드들이 있다. 그러니 우리는 B2B 사스 리더로 부상할 수 있다.

현재 미국과 중국이 클라우드 패권을 두고 전쟁을 벌이고 있다. 사실 이는 한국에게 엄청 큰 기회다. 미국은 절대 중국 클라우드를 쓰지 않을 것이고, 중국 역시 절대 미국 클라우드를 쓰지 않을 것이다. 하지만, 미국과 중국은 클라우드 산업을 선도하는 기업들을 보유하고 있고, 그 규모도 어마어마하다. 클라우드로의 이동을 원하는 국가들은 선택의 기로에 놓이게 될 것이다. 여기에 우리의 기회가 있다. 스마트폰 제조보다 스마트폰 애플리케이션 시장이 훨씬 크다. 이처럼, 클라우드는 인프라가 전부가 아니다. 클라우드를 활용해 만들어질 미래 시장이 훨씬 유망하다. 그 시장에는 MSP와 같은 클라우드 운영관리 시장도 있겠고, 사스 시장, 플랫폼 시장 등 매우 다양한 것들이 생겨날 것이다. 대한민국의 IT 국가 브랜드는 상당한 수준이며, 기업 신뢰도도 높은 편이다. 그리고 글로벌 경쟁력이 높은 산업들과 잘 배운 똑똑한 인재들이 있다.

IT 패러다임이 클라우드로 바뀌고 있으며 미국과 중국의 패권 싸움으로 제3의 길이 필요한 시점, 한국이 발 빠르게 움직일 수만 있다면 한국은 디지털 세상에서의 주도권을 획득할 수 있다. 원래 전 세계 IT 시장이 4400조 원 규모였다면, IT와 OT가 결합한 B2B 사스 시장은 8800조 원 규모가 된다. 그 시장은 절대 하나의 기업이 독점하지 못한다. 실로 다양한 산업군들이 그 시장을 잠식할 텐데, 여기서 기본 값으로 작용하는 것이 IT를 잘하는 회사다. 그리고 IT를 잘하는 개인이다. 그러니 우리의 배움은 끝이 없이 나아가야 하는 것이다.

'공유'를 철저히 자기 것으로

그러면 클라우드의 시대에는 어떤 직업이 사라지고, 어떤 직업이 생겨날까? 당연히 클라우드 MSP가 비약적인 주목을 받게 될 것이다. 수많은 시스템이 클라우드에서 새로 구축되어야 하는데 이 일을 누가 하겠는가? 당연히 클라우드 관련 회사들의 몫이다. 지금은 누구라도 클라우드 전문가가 되는 순간, 클라우드와 관련된 직업은 새로 늘어날 수밖에 없다. 세븐 테크 기술의 바탕에는 모두 클라우드가 들어가는데 어떻게 클라우드 산업이 성장하지 않을 수 있겠는가.

생각해보자. 인간의 역사가 5000년이라고 하면, 지난 4900년 동안은 단순히 문자를 익히고 활용하는 데 시간을 쏟았다고도 할 수 있다. 그리고 지난 100년간의 기술 발전이야말로 실질적으로 인간의 삶을 완전히 뒤바꿔놓은 일대 혁신이었다. 지금 그 혁신이 보다 새로운 얼굴을 하고 새로운 양상으로 우리 곁에 다가오고 있다. 우리는 자꾸 협소한 틀에 자신의 사고를 가두는 경향이 있다. 여전히 문과생에겐 기술이 어렵다는 식이다. 하지만 이러한 급격한 전환의 시기에 한낱 문과와 이과를 구분 짓는 것은 너무도 시대착오적인 발상이 아닌가.

다만 이제 필요한 것은 클라우드에 대한 철학, 공유에 대한 이해다. '공유'에 대한 개념을 철저히 자기 것으로 만들어야 한다. 예컨대 블록체인도 개념 자체를 새로이 하지 않으면 쓸 수 없는 것이다. 세상을 지배하는 것은 사람이 아니라 수학 공식이라는 것, 그 철학을 받아들이지 않으면 블록체인을 받아들일 수 없다.

클라우드에서 가장 핵심적인 개념이 '공유'임을 잊지 말자. 내가 필요한 컴퓨팅 자원을 내가 필요할 때 필요한 만큼만 쓴다는 것, 소유하지 않고 공유한다는 것. 이 개념을 완전히 습득하고 클라우드로 가는 세상에 적극적으로 합류하자. 그것이 지금 세상에서 가장 현명한 일이라 하겠다.

INTERVIEW

“우리 모두가 직접 클라우드를 만드는 시대가 머지않았다”

김미경 × 이한주 × 정지훈

김미경 클라우드 서비스가 관심을 받기 시작한 게 언제인가요? 더불어 클라우드가 주목받기 시작한 이유도 궁금합니다.

정지훈 클라우드 서비스는 2000년대 중반 실리콘밸리의 스타트업들이 부상하면서부터 관심을 받기 시작했습니다. 거대 기업들이 먼저 클라우드를 사용하긴 했지만 그 가치를 높인 건 실리콘밸리의 혁신 스타트업들이지요. 본문에서 언급했듯 클라우드 덕분에 ‘실패해도 괜찮다’는 가치가 스타트업에 퍼져 있기도 합니다.

김미경 예를 들어보자면, 마치 클라우드는 풀옵션으로 갖춰진 집에 보증금도 없이 월세로 살다가 마음에 안 들면 언제든 짐을 싸들고 나오면 되는 그런 느낌이네요.

이한주 맞습니다. 예시로 말씀하신 집도 하나부터 열까지 모두 마련해야 하는 주택에서 조금 더 갖추어져 있고 관리자도 있는 아파트로 변했고, 앞으로는 호텔 수준으로까지 나아갈 겁니다. 말 그대로 모든 것이 준비되어 있으니 취향대로 고르기만 하면 되는 것이지요.

김미경 그렇다면 다양한 클라우드는 준비되어 있고, 그중에서 우리가 필요한 것들을 고르면 된다는 건가요?

이한주 그렇습니다. 지금의 클라우드는 대략 중간 단계인 '아파트' 수준으로 생각하시면 됩니다. 아파트는 공간은 넓지만 여전히 인테리어는 직접 꾸며야 하지요. 하지만 앞으로는 모든 기업 고객이 자신의 콘텐츠에만 집중하고 콘텐츠를 만들기 위한 환경 조성, 운영 등 나머지 모든 것을 사스로 해결할 수 있게 될 겁니다. 예를 들면 인사, 회계, 총무, IT자산 관리, 커뮤니케이션 등이죠. 현재 이를 해결하는 클라우딩 컴퓨팅 관련 회사들이 점점 늘고 있는 추세고요. 나중에는 모두가 직접 클라우드를 만드는 시대가 올 거라고 예상합니다. 콘텐츠 제공을 위해 필요한 요소들을 직접 만들고 또 그것을 보편화해서 다른 콘텐츠 업체에게 팔 수도 있게 되겠지요.

정지훈 지금도 직접 클라우드를 만드는 경우를 찾아볼 수 있습니다. 제가 투자하는 한 원격 의료기술 회사는 스스로 데이터 관리 클라우드 시스템 서비스를 만들었습니다. 이때 기왕이면 다른 곳에서도 쓸 수 있는 형태로 개발했고, 그 결과 주변에서 함께 쓰기 시작해 지금은 판매까지 이루어지고 있지요.

이한주 세계적으로 기업 가치가 높은 기업들을 잘 살펴보면 모두 기업과 소비자 간의 거래인 B2C를 하다가 그로부터 나온 클라우드 노하우로 자기회사 제품을 만든 경우입니다. 구글이나 아마존, 마이크로소프트가 대표적이지요. B2C를 크게 하다 보니 대용량 컴퓨팅이 필요해서 클라우드를 만들고 공유하게 된 것입니다. 다만 애플은 스티브 잡스 때부터 기업 문화가 폐쇄적이어서 자신들이 만든 것을 잘 공유하지 않습니다. 하지만 클라우드의 가장 기본적인 철학이 '공유'라는 점을 잊어서는 안 됩니다.

김미경 공유가 가능하려면 무엇보다 오프라인의 기술을 디지털화해서 이를 클라우드에 올려야 하는데, 그렇다면 클라우드에 대한 기본 개념을 알고 모르는 것은 사업 확장 면에서도 엄청난 차이를 낼 것 같아요.

정지훈 오리가 물 위에서 유영할 때 사람들은 그 우아한 자태만 볼 뿐, 수면 아래에서 부지런히 움직이는 발은 보지 않지요. 하지만 실제로 오리를 물 위에 떠 있게 하는 게 발인 것처럼, 클라우드는 보이지 않는 곳에서 모든 사업을 지탱하고 있는 기술이라는 점을 알아야 합니다.

김미경 그렇다면 이제부터라도 오리의 발에 주목해야겠네요. 그럼 일반인은 클라우드에 어떤 식으로 접근하는 게 좋을까요? 어떻게 이해도를 높여 적용할 수 있을까요?

이한주 우리는 이미 클라우드를 쓰고 있습니다. 예컨대 이메일 역시 클라우드를 사용하고 있습니다. 이메일은 대표적인 커뮤니티 클라우드입니다. 그리고 사진 저장수단으로 쓰고 있는 구글포토나 아이클라우드도 역시 클라우드입니다. 이렇듯 이미 우리는 클라우드와 매우 밀접한 삶을 살고 있습니다. 다만 기업들의 애플리케이션이 아직 클라우드로 넘어가지 않았을 뿐입니다. ERP라든지 기업에서 쓰는 이메일 시스템 등에서는 아직 도입하지 못했습니다.

20년 전만 해도 최고의 시스템과 최고의 컴퓨터는 다 회사 내부에 있었죠. 그런데 어느 시점부터 개인이 쓰는 컴퓨터나 애플리케이션이 훨씬 더 발전되었고, 이에 기업 내 환경이 비교적 낙후되어 가는 추세인 것입니다.

정지훈 지금 사람들이 제일 불편해하는 게 사실 기관들이 쓰는 시스템이지요. 제품 및 서비스의 시각적인 부분인 UI도 그렇고 사용자의 체험적 느낌인 UX도 그렇고, 특히 공공기관은 엄청 복잡해서 1970년대 시스템처럼 보일 때가 많습니다.

이한주 앞으로는 이들도 결국 바뀔 수밖에 없습니다. 그래서 클라우드가 기회인 것이죠. 기업 중에서도 빨리 시스템을 바꾸는 기업만이 살아남을 것이고, 그렇지 못한 기업들은 살아남지 못할 겁니다.

김미경 클라우드는 두 가지 부분에서 기존의 방식과 차별점을 가지고 있는 것 같아요. 먼저 서버를 직접 사던 과거와 달리 지금은 클라우드 회사와 계약을 통해 내 데이터를 올려놓을 수 있는 '저장고' 형태로 쓸 수 있다는 것이죠. 또 두 번째 차이점은 기성품 애플리케이션을 살 수 있다는 것이고요.
제가 MKYU를 직접 운용하며 깨달은 것인데, 우리에게 필요한 서비스는 이미 만들어져 있단 겁니다. 예를 들어 회원관리용 시스템이라든가, 영상 재생 시스템이라든가, 커뮤니티 게시판 등 이미 모든 것이 완성되어 있어요. 그러니 손쉽게 클라우드 회사에서 그 시스템들을 사다가 조립해 아주 쉽게 웹사이트를 만들었죠. 이 모든 것을 빌려쓸 수 있다니, 시간과 돈 모두 절약했습니다.

정지훈 그렇습니다. 10년 전에는 영상 송출 관련 일을 하는 기업 하나가 트래픽이 너무 많이 발생해 사업을 접은 경우도 있었죠. 그런데 현재 MKYU 트래픽은 그때보다도 훨씬 큰 데도 불구하고 서비스가 원활합니다. 이게 다 클라우드 덕분 아닐까요? 또 유튜브도 일종의 클라우드입니다. 스페셜 클라우드.

김미경 유튜브 클라우드를 만약 내 돈으로 해야 했다면 정말 엄청난 돈과 시간이 들었겠네요.

이한주 2000년대 초반, 소프트웨어를 패키지로 판매하지 않고 일정 요금을 받아 인터넷으로 임대해주던 서비스인 ASP application service provider가 지금 우리가 얘기하는 사스입니다. 그때는 기술이 아직 따라가질 못했는데 우선 인터넷이 느렸고, 인터넷 접근이 컴퓨터에서만 가능했기 때문입니다. 하지만 지금은 인터넷 속도도 빨라졌고, 어디에서도 접속이 가능하지요. 예전엔 음악을 다운로드 받아 들었다면 지금은 스트리밍으로 듣는 것처럼 클라우드도 우리가 필요한 애플리케이션을 그냥 스트리밍하는 것이라고 생각하면 됩니다. 사실상 모든 혁신은 인프라로부터 비롯되는데, 그 인프라가 클라우드입니다. 이로부터 다양한 아이디어들이 샘솟는 것이죠.

정지훈 세븐 테크의 사회간접자본SOC이 클라우드라고 볼 수 있겠습니다.

김미경 클라우드 컴퓨팅이 확대될수록 예상되는 새로운 직업이 있다면 무엇이 있을까요?

정지훈 컨설팅이나 시스템 관리자뿐 아니라 사실상 모든 분야에서 새로운 직업이 생겨날 겁니다. 현재 자신의 일 앞에 클라우드만 붙이면 새로운 직업이 탄생한다고 봐도 무방할 정도로요.

김미경 개발자 입장에서도 클라우드는 새로운 기회의 장이겠군요. 현재 어느 정도의 클라우드 인재가 필요한 상황일까요?

이한주 우선 약 40만 명 정도가 필요하다고 보고 있습니다. 시스템을 개발하는 인력도 필요하지만, 앞으로는 이를 운영하는 인력이 더욱 필요해질 것으로 보입니다. 또한 클라우드 서비스를 팔 수 있는 영업 인력도 필요하지요. 사실상 클라우드 교육 산업이 지금 단계에서는 가장 큰 사업이 될 것입니다. 여기서는 절대 문과와 이과를 구분해선 안 됩니다.

김미경 클라우드와 융합해서 시너지가 나는 기술에는 대표적으로 무엇이 있을까요?

정지훈 디지털 전환이 되면 쓸 수 있는 데이터가 많아지므로 클라우드와 바로 직결되는 게 AI입니다. 데이터와 클라우드에 있는 것들을 업그레이드해서 좋은 지식을 만들고, 보내고, 알고 하는 일련의 과정을 비즈니스 인텔리전스Business Intelligence라고 하는데, AI와 클라우드가 힘을 합해 기업의 합리적 의사결정을 돕는 것이죠.
그리고 하드웨어가 클라우드와 접목된 것이 앞서 살펴본 사물인터넷이죠. 결국 하드웨어도 클라우드의 성능에 따라서 점점 좋아지게 될 겁니다.

김미경 사물인터넷에게 클라우드는 뇌라고 할 수 있겠네요.

정지훈 애초에는 조그마한 뇌였던 것이 네트워크에 연결되면서 굉장히 크고 다양한 뇌를 갖게 되는 거지요.

이한주 사물인터넷은 간단히 말해서 기계들이 휴대폰을 갖고 다니는 것이라고 생각하면 됩니다. 이를 에지 컴퓨팅이라 합니다. 에지 컴퓨팅은 중앙 집중 서버가 모든 데이터를 처리하는 클라우드 컴퓨팅과 달리 분산된 소형 서버를 통해 실시간으로 처리하는 기술을 말하는데, 보다 신속한 판단을 내리려면 불가피한 기술 중 하나죠.

예컨대 자율주행차가 사고를 피하는 판단을 내리는 데 시간이 걸리면 안 되겠죠? 네트워크 속도가 아직은 빛의 속도를 따라갈 수 없기 때문에 각각의 디바이스 안에서도 컴퓨팅을 구현할 수 있는 엔진이 필요합니다. 그래서 클라우드가 중앙에만 있는 게 아니라 각 사물 안에도 있어야 하는 겁니다.

정지훈 우리가 지금 클라우드 세상에 살고 있다는 것을 알고, 내가 그게 무엇이 됐든 하나를 시작할 때 반드시 클라우드를 이용해야겠다는 마음을 먹는다면, 이미 새로운 길에 들어선 것이라 할 수 있습니다.

이한주 디지털 세상에서 내 주권을 확대하려면 반드시 클라우드를 알아야 합니다. 결국 데이터가 돈인데, 돈은 소비함으로써 그 가치가 생기죠. 데이터도 마찬가지입니다. 데이터도 유통이 되고 공유되어야 가치를 생산할 수 있습니다. 여기에는 개인정보보호 문제를 둘러싼 사회적 합의가 필요한데, 그와 같은 합의하에 '공유'의 길로 나아가야 합니다.
사실상 현재 대한민국은 '공유'의 길과 '정체'의 길, 그 갈림길에 있다고도 할 수 있습니다. 현명한 선택이 필요한 시점입니다.

김미경 각 개인의 입장에서도 자신의 사업 가치를 열 배, 스무 배로 올려주는 것이 클라우드네요. 모두 클라우드를 정확히 이해하고 잘 활용해 기회의 신을 내 편으로 만들 수 있기를 바랍니다.

8

또 하나의 나를 꿈꾸는 세상, '메타버스'

김 상 균

강원대학교 문화예술공과대학 산업공학전공 교수

로보틱스, 산업공학, 인지과학, 교육공학을 전공했으며 대학생 시절 게임 개발자로 사회에 첫발을 내디뎠다. 2007년부터 강원대학교 산업공학과 교수로 일하며 현재 메타버스 안에서 사용자들을 어떻게 몰입시키고, 움직이게 할 것인가를 연구하고 있다. 이 주제로 국내 기업, 기관 및 국외 교육, 제조기업의 프로젝트에 참여했으며, 지은 책으로는 『메타버스 : 디지털 지구, 뜨는 것들의 세상』, 『게임 인류』 등이 있다.

결국 인간은 행복을 추구하는 존재다.

메타버스라는 것도 인간이 행복해지기 위한 수단일 뿐이다.

행복한 세상, 행복한 나를 만들고 싶은 욕망이

인간을 메타버스에까지 이르게 한 것이다.

행복해지고 싶은가? 메타버스를 온전히 누리기 위해 노력하라.

이제 누군가가 일러주고 가르쳐주는 길을 가기보다는

나 스스로가 길을 열어가는 시대임을 잊지 말자.

누구나 주인공으로서 행복을 만끽하는 시대에

메타버스라는 도구를 맘껏 활용해보자.

지금, 세상의 주인이 되는 길은 단연 메타버스에 있음을 기억하자.

새로운 삶으로의 '디지털 테라포밍'

요즘 세상을 가장 뜨겁게 달구는 신조어, 메타버스Metaverse. 바야흐로 메타버스의 시대다. 현실과 가상이 혼재된 세계, 메타버스의 세계로 떠나보자. 과연 메타버스는 구체적으로 무엇이며, 우리의 삶을 어떻게 변화시키는 것인지, 그로 인한 미래의 모습을 상상해보며 저마다의 내일을 그 속에 담금질해보자.

먼저 메타버스라는 말의 뜻부터 살펴보자. 메타Meta는 초월이고, 버스는 유니버스Universe, 즉 세계를 의미한다. 즉 초월과 추상을 일컫는 메타와 현실 세계를 뜻하는 유니버스의 합성어가 메타버스다. 혹여 이 버스를 교통수단으로 알고 있는 분은 없겠지만, 사실 이 말에는 실제 버스 같은 느낌이 섞여 있기도 하다. 우리 모두를 태워서 어디로 데리고 가는 디지털 테라포밍Digital Terraforming의 이미지가 있는 것이다.

테라포밍은 인간이 살지 못하는 외계행성을 개조하여 인간의 생존이 가능하게끔 지구화하는 과정을 일컫는 말이다. 영화 〈마션〉을 보면 지구인이 화성에 가서 땅을 일구는 모습이 나오는데 이런 작업이 테라포밍이다. 그럼 왜 테라포밍을 하는 것일까? 인간의 욕망 혹은 꿈의 크기가 너무나 크기 때문이다.

최근 각계의 많은 종교 지도자들은 한결같이 인간의 욕망을 질타한다. 이제 그만 새로운 것을 꿈꾸라고 한다. 그런데 이것이 종교적 성찰의 수사는 될지언정 심리학적으로는 소용이 없는 말이다. 인지과학적으로 인간의 머리는 끊임없이 새로운 것을 욕망하게 되어 있다. 그렇기 때문에 역사상 인간이 수많은 경쟁 종을 물리치고 지구를 지배하는 종이 된 것이다.

그런데 갈수록 지구는 좁게 느껴진다. 현재 78억 명의 인구가 원하는 것을 더 이상 지구가 해결해주지 못하고 있다. 그래서 자꾸 화성 탐사 등의 도전을 시도하는 것이다. 하지만 애석하게도 우리는 빠른 시일 내에 화성에 갈 수 없다. 솔직히 언제가 될지, 그게 가능한 일일지 아직 알 수 없다. 그래서 가상의 공간에 화성보다 더 거대한 땅을 만들었으니, 그것이 메타버스다.

메타버스는 마치 콜럼버스가 신대륙을 발견했을 때의 경

이 그 자체다. 콜럼버스가 지구촌 미지의 땅을 발견하기 전까지 우리는 그곳의 존재를 알지 못했다. 물론 원주민들이 살고 있기는 했지만, 새로운 발견의 순간부터 그 땅은 거대한 신대륙으로 변모하면서 지구 발전의 용광로가 되었다. 메타버스도 그렇다. 원래 존재하지 않던 땅이었지만 우리가 발견하고 만들어가면서, 더 거대한 신대륙, 새로운 디지털 테라포밍의 터전이 되는 것이다.

아바타로 살아가는 온라인 세상

2021년 8월 초에 국회에서 재미있는 논의가 한 가지 있었다. 다양한 외국계 메타버스 플랫폼이 국내에 들어오기도 하고 국내에도 메타버스를 자꾸 만든다고 하니, 국회에서 대체 메타버스가 무엇인지를 두고 논의한 것이다.

그때 나왔던 메타버스 정의가 이렇다. "인간이 나를 상징하는 또 다른 상징물을 바탕으로 살아가는 온라인 세상." 이를 줄이면 "아바타로 살아가는 온라인 세상"이다. 여기서는 '아바타'와 '살아가는' 이 두 가지 개념이 키워드가 될 것이다.

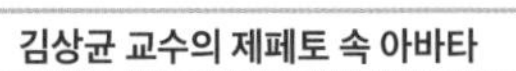
김상균 교수의 제페토 속 아바타

그렇다면 본래의 모습을 꼭 감춰야 하나? 그것이 의무적이지는 않지만 일반적으로는 아바타를 많이 쓰고 하나의 활동보다는 다양한 활동을 하면서 살아간다고 할 수 있다.

간단한 사례로 내가 만든 메타버스, 나의 아바타를 소개하겠다. 내가 셀카 찍은 것을 가지고 딸아이가 만들어준 나의 아바타는 실제 나보다 훨씬 젊고 잘생긴 모습이다. 그 젊고 잘생긴 아바타가 뛰어다니는 공간은 바로 나의 연구실이다. 내가 꿈꾸는 나의 연구실은 잔디밭이 쫙 깔려 있고 냇물이 흐르는 곳이다. 그리고 그 냇물을 건너가면 내가 좋아하는 아이스크림

가게, 빵 가게도 있고, 자동차도 세워져 있으며, 중앙 건물로 올라가면 2층에는 커다란 침대가 있어서 누워 있을 수도 있고, 3층에 가면 우아한 접대용 테이블도 있다. 이 정도의 연구실은 국내의 그 어느 대학교 총장님도 갖지 못하는 규모다.

하지만 나는 이와 같은 나만의 화려한 연구실을 갖고 있다. 그리고 그곳에서 학생들도 만나고 프로젝트 회의를 한다. 또 허심탄회한 대화를 나눈다. 기자들이 가끔씩 인터뷰할 때도 이 공간을 사용한다. 여기서 아바타로 인터뷰도 하고 사진도 찍는다. 이것이 메타버스 세계다.

두려움을 지우는 가상공간

이보다 훨씬 더 다양한 선택과 다양한 사례들이 있다. 나의 연구실 같은 사적 공간이 아니라 실제 많은 사람들이 이용하는 공간을 동일하게 만드는 일도 많아지고 있다.

이는 우리가 새로운 공간에서 새로운 경험을 하게 될 때의 긴장감을 풀어주는 역할을 한다. 예컨대 군대를 가기 전에, 혹은 병원을 방문하기 전에 누구나 약간의 두려움을 갖기 마련이다. 성형수술의 경우라면 기대감이 생길 수도 있지만 만일 큰 수술을 앞두고 있다면 마음속은 불안감으로 가득할 것이다. 인간은 가보지 않은 공간에 대해서 누구나 기대와 두려움이라는 두 가지 감정을 갖고 있다. 그리고 병원은 대부분 그중 두려움의 공간이다.

그래서 병원들이 신경 쓰는 일이 병원의 신뢰성이다. 따라서 훌륭한 의료진과 시설을 홍보하는 일에 공을 들인다. 그런데 환자들의 궁금증은 계속 진화해서, 내가 눕게 될 수술대, 내가 들어갈 입원실이 어떻게 생겼는지를 알고 싶어한다. 그렇다고 미리 병원을 견학 삼아 방문할 순 없으니 각종 병원들이 가상의 실제 공간을 만들어보기 시작한 것이다.

그 속에서는 수술 장소와 입원 공간, 식당 등을 자세하게 보여준다. 그렇게 되면 환자들이 갖고 있는 두려움이 낮아진다. 이로써 병원 입장에서는 번거롭게 전화로 상담해야 하는 업무가 줄어든다.

메타버스란 것이, 존재하지 않던 복잡한 세계를 만들어서 AI 캐릭터를 이용한 어마어마한 공연을 펼치는 경우도 있지만, 때로는 단순히 공간을 보여주는 것만으로도 상당히 좋은 효과를 낼 수 있다. 즉 메타버스란 매우 복잡한 무엇이 아니라

가볍게 즐길 수 있는 스마트폰 앱과 같은 단순한 것들이기도 하다.

지금은 새로워도 어느새 익숙해질 메타버스

현재 국내의 거의 모든 기업들이 메타버스에 대한 고민들을 하고 있다. 그중 LG의 메타버스 연구가 가장 활발한 듯하다. 투자도 많이 늘리고 있고, 또한 계열사마다 여러 실험들을 하고 있다. 그중 한 가지가 채용박람회다. 최근 LG는 채용박람회를 메타버스에서 개최했다. 코로나 시국이기도 했지만, 3시간여의 채용박람회 참가를 위해 먼 지방에서부터 상경하는 것은 상당히 비효율적인 일이기도 하다. 그래서 가상의 공간에서 채용박람회를 개최한 것인데, 그렇다고 이 채용박람회에 들어가기 위해 뭔가 복잡한 소프트웨어를 쓰거나 비싼 장비를 사야 한다면 접근성은 상당히 떨어질 것이다.

사실 메타버스가 날로 확대되어가는 지금의 시점에서 상당히 중요한 포인트가 접근성이다. 얼마 전에 해장을 하려고 아침에 국밥집을 갔다가 키오스크가 딱 버티고 있는 것을 보고 놀란 기억이 있다. 사용이 익숙지 않아 몇 번 버튼을 잘못 눌러 원활하게 작동되지 않았는데, 이를 보고도 종업원은 옆에서 팔짱끼고 쳐다보기만 할 뿐 아무런 도움도 주지 않았다. 나도 그럴진대 IT에 익숙하지 않으신 어르신들은 아마도 접근하기가 힘들 것이다. 실제로 메타버스는 그와 같은 두려움을 조금 더 증폭하는 역할도 한다. 너무 새로운 일이기에 그렇다.

그런데 벌써 몇 년 동안 코로나 바이러스로 인해 초등학생부터 부모님들까지 줌으로 수업하고, 회의하고, 친구들 모임을 갖는 일이 일상화되었다. 메타버스도 이와 유사하다. 집에 있는 구형 컴퓨터에 웹캠만 하나 달려 있으면 누구나 들어갈 수 있는 플랫폼이다. 들어가보면 그야말로 싸이월드 느낌으로, 작은 아바타가 있으며 화살표와 엑스버튼만 이용하면 된다. 가까이 가면 캠과 마이크가 켜지게 되어 있다.

최근 넥슨이라는 게임회사에서 재미있는 이벤트를 벌인 바 있다. 게임 좋아하는 사람들에게 넥슨은 '바람의 나라'라는 아주 오래된 게임으로 유명한데, 넥슨이 이를 '채용의 나라'로 만든 것이다. 신기해서 들어가보았더니, 바람의 나라 지도를 그대로 옮겨놓은 것이 매우 흥미로웠다. 넥슨에 별로 관심 없던 사람들까지 유인해서, 그들이 그곳에 정보를 입력하면 번호표 같은 것을 준다. 그러고는 차례가 되면 방문 이유를 질문하고, 이때 만약 "UX에 관심 있어서요"라고 했다면 UX 직군에 줄을 서고 면담하면 된다. 모든 안내가 이루어지는 것이 현실공간과 똑같다. 면담을 끝내고 나오는 길에 다른 누군가와 마주치면 서로 의견을 주고받기도 한다. 현실공간의 상호작용을 그대로 할 수 있는 것이다.

LG 직원은 어떻게 여의도에서 미국으로 갔을까?

LG전자는 2021년에 피치버그에 있는 카네기멜론대학과 협력해서 임직원들 교육을 시켰다. 원래는 팬데믹이 종료되면 인력을 전부 교류해서 오프라인에서 성대하게 하려고 했는데 팬데믹이 끝날 기미가 보이지 않자 그냥 메타버스 플랫폼에서 해버린 것이다.

상황은 이랬다. 먼저 LG전자 임직원들이 트윈타워에 들어가면 비행장이 나오는데, 이때 재미삼아 백신을 맞게 되어 있다. 백신은 한 방만 맞는 얀센으로 설정하는 등 모든 것이 아주 디테일하게 설정되었다. '닥터 최'로부터 얀센 백신을 맞고서 들어가면 LG 전용기를 타고서 꾸물꾸물 올라가 잠시 후 한 공간에 당도하는데, 그곳에는 LG가 자랑하는 다양한 TV 등 LG 상품들이 대거 전시되어 있다. 그리고 중간 중간 사진 전시도 되어 있는 등 상당히 많은 이벤트가 준비되어 있다. 밸브를 당기면 무언가 튀어나오기도 하고, 룰렛도 돌아가며, 비행기가 착륙할 때는 랜딩을 하지 않고 도전적으로 낙하산을 매고 뛰어내리도록 했다. 그러면 바로 카네기멜론대학 행사장에 도착한다.

행사장에서는 연설도 하고, 또 OX 퀴즈게임을 하며 경품 나누기도 하고, 또 표주박 터뜨리기 같은 즐거운 게임도 한다. 표주박 터뜨리기는 아마도 임원진들의 향수를 자극하는 게 아니었나 싶다. 시간과 시대를 마음대로 바꿀 수 있으니 말이다. 나중에 저녁 시간이 되어서는 폭죽을 마구 터뜨리는데, 이 장면을 나중에 한화그룹에 가서 보여줬더니 "폭죽은 우리 것인데" 하며 즐거워하기도 했다. 이렇듯 이 공간에서는 누구나 모든 것을 할 수 있다. 그리고 행사의 끝은 학사모 던지기로, 모두가 강당에 올라가 학사모를 던지며 함께 사진을 찍는 것으로 이벤트는 마무리되었다.

메타버스를 만드는 많은 기업들은 무엇보다 현실공간과 동일하게 만드는 데 주력한다. 그런데 LG전자 이벤트의 경우, 카네기멜론대학과 트윈타워는 공간상으로 꽤나 먼 거리임에도 LG전자의 트윈타워 문을 열고 들어가면 카네기멜론대학으로 바로 연결된다. 그 연결 과정에 드러난 디테일한 설정들, 즉 백신 맞고 비행기 타는 등의 장면 설정은 상당히 유쾌한 것이었다. 그저 카네기멜론대학에 가서 벽에 걸린 연설문 읽고, 동영상 보고, 또 모든 것을 혼자 처리하고 끝내는 것이었다면 매우 식상하고 재미없었을 텐데, 다양한 참여형 이벤트가 있어서 함께 이야기 듣고, 함께 모여 스몰토크도 하고, 사진도 찍는 등 '나의 서사'를 가졌다는 점이 흥미로웠다.

실제로 오프라인에서 했던 행사에 비해 단 한 가지 이벤트만 아쉬울 뿐이었으니, 그것은 바로 테이블에 있는 맛있는 음식을 먹을 수 없었다는 것. 이것 말고는 아쉬운 게 별로 없는 이벤트였으며 실제 직원들도 기대 이상이었다는 반응이 제일 많았다.

이것은 게임인가 아닌가

2021년 7월 국내에 들어온 로블록스 이야기를 해보자. 현재 메타버스의 대표주자로 꼽히는 로블록스는 원래 게임으로 시작한 플랫폼 사업자인데, 국내 진출과 함께 게임과 연관된 여러 법, 메타버스 입법에서 하나의 도화선이 되고 있다. 즉 로블록스를 게임으로 받아들이는 순간, 이 플랫폼은 국내에서 기능을 제대로 할 수 없다. 국내 게임은 게임 내 아이템, 가상 화폐를 현실에서 사용가능한 화폐로 환전하는 것을 허용하고 있지 않다. 그런데 로블록스에서는 수많은 청소년과 성인들이 디지털 아이템을 판매하고, 거기서 얻은 로벅스Robux(로블록스 속 가상화폐) 수익을 합법적으로 달러로 환전하고 있다. 또한, 로블록스는 게임 이외의 다양한 기능을 선보이며, 자사 플랫폼이 게임이 아니라는 입장을 보이고 있다.

2018년, 어니스트 클라인이 쓴 소설 『레디 플레이어 원Ready Player One』이 출간되었고, 이것의 속편이 2020년 12월에 재미있게도 『레디 플레이어 투Ready Player Two』라는 제목으로 출간되었다. 이때 로블록스는 이 책의 출간 이벤트를 매우 기발하게 했다. 로블록스 가상 세계 속에 보물을 몇 개 숨겨놓고, 보

로블록스에서 진행한 『레디 플레이어 투』의 출간 이벤트

물찾기 이벤트를 진행했다. 보물을 찾은 이들은 다양한 디지털 아이템을 얻었다. 이와 같은 아이템 찾기 이벤트로 레디 플레이어 광팬들이 달려들어 한바탕 난리가 난 바 있다.

창의적인 즐거움에 꽂히다

사실 국내에서 현재 메타버스에 대한 고민을 가장 많이 하고 있는 기업집단은 엔터테인먼트, 공연 분야가 아닐까 한다. 본질적으로 그들은 메타버스에 옮기기 가장 쉬운 콘텐츠들을 갖고 있으며, 그 콘텐츠를 소비하는 집단들도 메타버스 접근성이 상당히 높은 세대이다. 그러다 보니 양자 입장이 잘 맞음으로써 가상공간을 무대로 한 공연과 쇼케이스 등이 잇따르고 있다.

2021년 8월에 있었던 팝 가수 아리아나 그란데의 공연은 에픽 게임즈의 인기 게임인 '포트나이트Fortnite' 이용자들을 대상으로 한 가상 공연으로 팬들의 열렬한 환호를 받은 바 있다.

그런데 국내에서는 이와 같은 가상 공연에 대해 부정적인 시선을 가지기도 한다. 모름지기 내가 좋아하는 가수의 콘서트라면 직접 가서 공연자의 실물을 마주하고 그의 목소리를 직접 들어야 한다는 것이다. 현장의 실재감을 옹호하는 입장이다. 실제로 관객이 일정한 공간에 함께 존재하면서 느끼는 가치는 상당하다. 오프라인에서의 그 가치가 메타버스로 오면 확연히 떨어지기 마련이다. 아무리 3차원 렌더링rendering을 멋있게 하고, 공연자가 거인의 모습으로 등장한다고 해도 관객은 공연자와 실제 같은 공간에 있다는 느낌을 받을 수는 없다.

하지만 반대급부도 있다. 아리아나 그란데의 메타버스 공연을 보면, 가수는 거인으로 등장하고 관객은 자신의 아바타를 갖고 가수와 매우 근접한 거리에서 그를 따라다니면서 공연을 보게 되어 있다. 이때 관객은 가만히 앉아만 있는 게 아니라 물방울을 타고 날아다니기도 하는 등 좀 더 게임적인 이벤트를 즐길 수 있다. 예를 들어 가수가 그리스 신전 계단을 올라간다면 그를 따라잡기 위해 게임의 미로 같은 길을 찾아가야 한다. 실제 공연장에서와 같은 실재감을 느끼지는 못하지만, 그 대신 다양한 상호작용을 경험해볼 수 있게 된다. 오프라인에서 느끼는 현장감보다 게임을 하는 듯한 창의적인 즐거움을 선택하는 관객이 있는 것이다.

메타버스 공연이 갖는 또 하나의 장점은 경제적인 측면으로, 이런 공연들의 상당수는 무료로 진행된다. 다만 공연을 보면서 자연스럽게 소비를 촉진한다. 공연을 보다 보면 멋진 아바타 의상이나 디지털 아이템 등에 대한 소비 욕망이 발생하기 때문이다. 적게는 몇 백만 명, 많게는 1200만 명이 넘는 사람이 동시에 공연장에 들어오니, 약 1000만 명이라고 가정했을 때 그들이 공연을 보며 자연스럽게 디지털 아이템을 구입한다면 아주 많은 수익을 올릴 수 있다.

2021년 아메리칸 익스프레스 카드 행사에서는 공연을 끝낸 후에 특별한 경매가 진행됐다. 공연 영상을 여러 개로 잘라내어, 각 영상에 NFT를 넣어서 개인에게 경매로 판매했다. 고객에게 공연을 소장하라는 것이다. 또한 자기 카드사 회원들이 좀 더 우대받는다고 느낄 수 있도록 일부 영상은 자사 카드 회원만 참여할 수 있는 경매를 진행해서 판매하기도 했다.

이를 위의 두 사례를 보더라도 공연한 회사는 그야말로 '대박'이 나는 경우라 할 수 있다. 하지만 실제 공연산업 종사자들에게는 치명적인 타격을 입히기도 하다. 즉 공연장 엔지니어라든가 프로덕션 책임자들, 또는 티켓 판매자들이나 방송 송출 담당자들은 순식간에 일자리를 잃게 되는 것이다. 실로 메타버스 공연은 우리나라 공연산업에 커다란 변화를 가져오는 일이 아닐 수 없다.

가상과 실제라는 양 날개를 달다

내가 최근에 봤던 메타버스적인 활동 중 가장 쇼킹했던 것은 '이세계 아이돌'이라는 오디션으로, 그 이름부터가 범상치 않은 아우라를 풍긴다.

오디션 프로그램처럼 해당 플랫폼에 들어가면 아마추어가 나와서 노래를 부르고 심사위원들이 평가를 해준다. 관객은 실시간으로 보면서 의견도 남기며 이를 나중에 유튜브에 송출한다. 기존 방송의 오디션 프로와 똑같다. 오디션 주최측은 미리 마련해둔 기획사와 함께 가수를 데뷔시킨다. 이를 거대 방송사가 아닌 몇 명의 유튜버가 기획한 것이다.

이 오디션에는 누구나 참여할 수 있다. 편의점 알바생이라면 아르바이트를 마치고 참여하면 된다. 낮에는 고단한 일상을 보냈을지라도 무대에서는 멋지게 차려입고, 기가 막힌 실력의 노래를 불러볼 수 있다. 메타버스이기 때문에 가능한 일이다. 무대도 가상, 의상도 가상, 모든 게 다 가상이니 마음껏 모든 것을 누려볼 수 있다. 그럼 이것이 TV로 보는 오디션 프로그램보다 사람들의 시청률이 저조한가 하면 그렇지도 않다. 조회수가 무려 50만에서 100만까지 나오는 등 웬만한 방송국의 특집 방송보다 훨씬 더 인기가 있다.

이렇게 오프라인 기반 공연장이나 방송들은 필연적으로 변화를 맞이하게 되는데, 그렇다면 오프라인 공연은 이제 차츰 소멸해갈 수밖에 없는 걸까?

현재 온라인 쇼핑몰이 대세를 이루고 있지만, 그렇다고 오프라인 백화점이 사라지지는 않는다. 오프라인 공연 역시 이와 마찬가지로 사라지진 않을 것이다. 정확하게는 온라인 쇼핑 그 자체를 메타버스라고 할 수 없지만, 아무튼 미국에서 현재 온라인 쇼핑의 비중은 20퍼센트 정도밖에 되지 않는다. 여전히 사람들은 오프라인의 가치를 꽤 높게 보고 있다.

하지만 메타버스가 발전하면 상황은 달라지지 않을까? 오프라인의 필요성이 일부 줄어들 여지는 있지만, 고객들은 실제와 가상이라는 보다 다양한 경험을 하는 것으로 양쪽을 다 필요로 할 것이다.

사실 메타버스 하면 다양한 창작 아티스트들의 터전이라고도 하겠는데, 실제로 의상을 만드는 기업들이 다양한 시도를 하고 있으며, 그중 독특한 기업이 미국의 온라인 패션 플랫폼 기업 클로시아Clothia다. 이곳 플랫폼에서는 평상시에 입기에는 상당히 과한 디자인의 디지털 옷들을 이더리움으로 경매해서 판매한다. 여기서 낙찰받으면 내 옷이 되는 것이다.

그런데 클로시아 플랫폼이 흥미로운 점은 디지털 옷을 실제 아날로그로 변화해준다는 것이다. 고객에게 실제의 옷을 보내준다. 이런 경험은 가상과 실제의 욕망을 동시에 충족시켜주는 것이다. 오프라인에서 옷을 사는 것과 메타버스적인 디지털 재화를 소비하는 것, 두 가지 개념을 동시에 맛보게 하는 독특한 시도가 아닐 수 없다.

즉, 메타버스적인 디지털 자산 자체는 확실히 오프라인의 소비를 변화시키지만, 오프라인 소비를 무조건 위축하거나 없애는 쪽이라기보다 이처럼 다양한 콜라보레이션으로 발전할 가능성이 높다.

메타버스는 절대 뒤로 가지 않는다

메타버스는 현재 우리에게 여전히 신기한 개념이지만, 그럼에도 일상의 가까운 개념으로 정착하기도 했다. 이와 같은 시점에서 메타버스를 둘러싼 가장 중요한 질문은 이렇다. 과연 메타버스가 지속될까?

역사적으로 메타버스의 중요한 기술인 VR이 등장한 것은 이미 1930년대로 꽤 오래되었다. 그런데 이후 VR에 대한 사람들의 관심은 높아졌다 가라앉기를 반복하는 규칙성을 보여왔다. 그래서 현재 코로나 때문에 어쩔 수 없이 비대면 생활을 하면서 메타버스의 영향력이 커진 상태이지만, 이 또한 팬데믹이 종료되면서 사그라들어 2019년 상황으로 돌아갈 것으로 보기도 한다.

하지만 내 생각은 다르다. 새로운 기술이나 제품이 시장에 나왔을 때 한 번에 시장이 다 끌어안는 경우는 없다. 대부분의 자유주의 시장경제에서는 소비자가 새로운 기술을 받아들이는 데 있어 순서가 있기 마련이다. 1995년, 에버렛 로저스가 신제품을 채택하는 순서에 따라 인간의 유형을 다섯 가지로 구분했는데, 이를 따라 소비자가 새로운 기술을 받아들이는 순서를 보통 5단계로 이야기한다.

그 선두에 있는 집단이 '혁신 수용자Innovator'들이다. 이들은 말 그대로 혁신적 사고를 하는 사람들이다. 새로운 것은 무조건 해봐야 직성이 풀린다. 그다음 집단은 우리에게 익숙한 '얼리 어답터early adopter'들이다. 인터넷에 열심히 글 남기고 소셜미디어에 옮겨주는 사람들이다. 그런데 얼리 어답터들이 쓰고

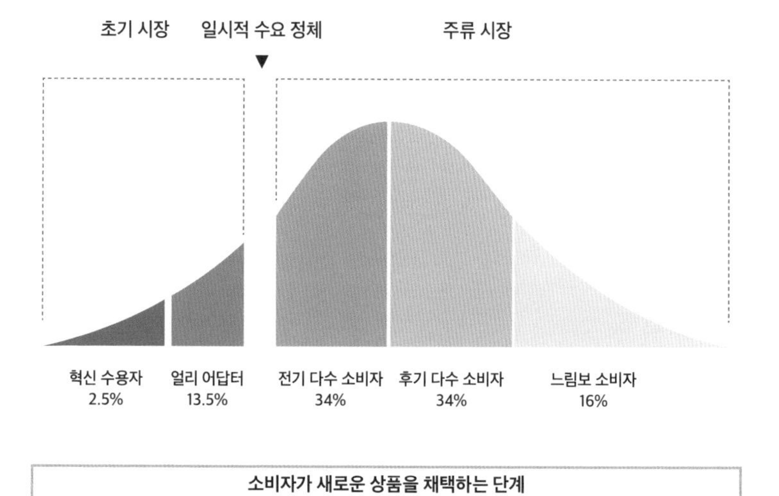

소비자가 새로운 상품을 채택하는 단계

있다고 바로 시장이 수용하지는 않는다. 시장에 가장 많은 수익을 내주는 대형 소비자 집단은 '전기 다수 소비자early majority'와 '후기 다수 소비자late majority'로서 각각 34퍼센트의 지분을 갖는 68퍼센트 집단이다. 이들 대형 집단은 얼리 어답터가 썼다고 해서 바로 소비하지 않는다. 이들이 가장 중요하게 보는 것은 흔한 말로 '가성비'다. 가격 대비 확실한 효과가 있을 때에야 자신의 주머니에 넣는다. 그리고 가장 늦게 소비에 뛰어드는 집단은 '느림보 소비자laggards'라고 한다.

즉 2019년까지도 메타버스가 있긴 있었다. 다만 그전까지 우리는 이것을 사용해보지 않았기에 실제 가성비가 있는지 없는지 몰랐다. 그러던 것이 2020년 팬데믹 상황을 맞으면서 어쩔 수 없이 많은 사람들이 기본적인 웹캠을 달고, 메타버스를 이것저것 조금씩 써보게 된 것이다. 여기서 우리의 경험이 발생하고, 이 경험은 학습에 의해 우리의 생각까지 바꿔놓게 된다. '굳이 채용박람회를 열어 2000명이 바글바글 매번 모일 필요가 있을까?', '한두 시간 회의를 하러 국립대 교수들이 굳이 20시간을 소비하며 비행기 타고 먼 곳으로 갈 필요가 있을까?'

실제로 소모적인 현장 발품을 팔지 않아도 되니 너무도 편해진 측면이 있다. 예전에는 몰랐던 것이다. 그런데 이제 경험을 했고 학습이 되었으니, 메타버스가 우리의 일상을 100퍼센트 바꾸지는 않더라도 많은 부분에서 도움을 받게 되리라는 인식이 생기고 있다. 현재 시점에서 시장의 속도를 정확히 예측하긴 어렵지만, 시장은 결코 뒤로 가진 않을 것이고 어쨌든 앞으로 굴러갈 것이다. 따라서 사업가들이나 개인의 다양한 경력을 사용하는 취업준비생들은 메타버스가 앞으로도 지속된다는 전제하에 자신의 미래를 구상하는 것이 좋을 것이다.

새로운 시공간을 지배하다

그럼 메타버스의 미래는 어느 쪽을 향하게 될까? 먼저 독일 자동차 회사 아우디가 공개한 VR 플랫폼을 보자. 아우디는 동승자 경험 개선을 위해 메타버스적인 작업을 시도해서 좋은 성과를 냈다. 동승자가 차량과 연결된 VR을 착용하고 앉아 있으면 동승자는 멀미도 없이 즐겁게 영상을 즐기며 시간을 보낸다. 그래서 내가 아이를 태우고 2시간여를 달리더라도, 아이는 아무 흔들림 없는 차 안 VR 영상 속에서 열심히 좀비를 때려잡다가 도착하는 것이다. VR 영상은 차량의 움직임과도 연동되어 차량이 우측으로 가면 동승자는 시조새를 타고 우측으로 날고, 차가 왼쪽으로 틀면 또 시조새를 타고 왼쪽으로 고꾸라지는 등 재미있는 경험을 하게 한다.

나는 아우디가 공개한 이 영상에 꽂혀 아우디에 대한 인식이 좋아지기까지 했다. 아우디는 사실 좀 더 먼 미래를 바라보고 있으니, 바로 자율주행 시대다. 국내 자동차 기업들도 결국 자율주행 시대로 달려갈 것이다. 그런데 자율주행 시대가 온다고 해도 주행 시간이 단축되지는 않는다. 서울에서 부산까지 시속 100킬로미터로 달리던 차가 갑자기 시속 200킬로미터로 달릴 수는 없다. 다만 서울에서 부산까지 다섯 시간이 걸린다고 가정한다면, 이 시간 동안 승객들이 소비하게 될 콘텐츠에 관심을 갖는 것이다.

주행 시간 동안 승객들이 지금처럼 넷플릭스를 보거나 MBC 라디오를 즐기게 할 것인가? 절대 그렇지 않다. 자동차 브랜드는 이 시간을 지배하기 위해 온갖 노력을 다할 것이다. 지금은 이것이 별것 아니게 느껴질 수 있지만, 추후 자율주행 시대를 맞이했을 때 이 자동차 공간은 대단히 새롭고 다양한 경험을 하는 공간이 될 것이다.

나의 감정과 욕망을 알아채는 메타버스

자율주행차를 공상과학정도로 이야기하던 시대는 지났다. 우리가 머릿속에서 상상만 하던 많은 것들이 실제 현실로 구현되어가고 있다. 우리 사회에는 아직 시장에 진입하지는 않았지만 특허로 인정된 많은 아이디어나 상품들이 대기 중인데, 현재 기업이 보유하고 있는 몇 가지 재미있는 아이디어들을 한번 살펴보자.

현재 메타로 이름을 바꾼 페이스북은 AR 안경인 '스마트 글래스' 출시를 앞두고 있으며, AR 모자까지 구상하고 있다. 일종의 챙모자로서, 그 안에 렌즈가 하나 겹쳐 있어 렌즈를 내려 쓰면 증강현실이 펼쳐지도록 했다. 모자형 디자인의 장점은 좀 더 많은 기계를 넣을 수 있고, 배터리 크기도 키울 수 있어 성능 좋은 프로세서를 완성한다는 것이다.

그리고 2011년 일론 머스크 테슬라 최고경영자가 설립한 스타트업 '뉴럴링크'가 공개한 유튜브 영상 하나가 큰 화제를 모은 바 있다. 공개된 영상을 보면 '페이저'라는 이름의 9살짜리 원숭이가 탁구게임을 하고 있다. 만만치 않은 실력이다. 이 영상의 핵심은 이제 원숭이도 탁구를 할 수 있다거나 인간이 원숭이와 겨룰 수 있다는 게 아니다. 원숭이가 과연 어떻게 경기를 하는지가 핵심이다.

학습 단계에서 원숭이는 당연히 어떤 보상에 따라 조이스틱joystick을 익히는 훈련을 했을 것이다. 공을 쳐내면 먹을 것을 준다는 사실이 머릿속에 입력된다. 그러다 어느 순간 원숭이는 가짜 조이스틱을 가지고 플레이하기 시작한다. 그리고 드디어 페이저는 뇌에 이식된 칩을 통해 '생각'만으로 게임을 조작하기에 이른다.

메타버스는 현실을 초월한 시간과 공간을 보여주는 새로운 세상인데, 현실 초월의 끝에는 결국 인간의 뇌에 직접적인 신호를 주고받는 무언가를 연결할 수 있지 않을까 하는 생각이 자리 잡기 마련이다. 그런데 그런 가능성들이 생각보다 더 가깝게 빨리 실현되어가고 있지 않나 싶다. 물론 아직까지 인간의 머릿속에 칩을 심을 수는 없으므로, 조금 더 안전한 방법을 시도하고 있다.

예를 들어 커널뉴로텍이라는 기업에서 개발한 스마트기기가 그렇다. 일종의 탈모치료기 같은 모자 형태의 스마트기기를 뒤집어쓰면 그 기기가 우리의 감정이나 의도를 읽어낼 수 있다고 한다. 즉 이 모자를 쓰고 있다면 리모콘을 만지지 않고도 원하는 채널로 돌려가며 편하게 TV를 볼 수 있는 시대를 준비하는 셈이다. 지난번에 내가 감정적으로 만족하고 집중했던 콘텐츠를 기억했다가 그 비슷한 감정을 느낄 수 있는 콘텐츠를 재생해주는 것이다. 또한 영화를 볼 때도 고객이 좋아하는 장면만을 편집해서 보여주기도 한다. 예컨대 로맨스 장면을 극도로 지루해하는 고객이라면 그 감정을 알아채고는 로맨스 장면은 없애고 모든 걸 하드코어 액션물로 만들어버리는 식이다.

이 회사가 꿈꾸는 미래는 인간의 감정을 충실히 따라감으로써 생활의 효율성을 꾀하는 일이다. 현재 이처럼 인간의 의도와 감정을 읽어내려는 시도를 하는 기업들이 늘어나고 있다. 여기서 좀 더 진화하면 역으로 어떤 신호를 인간의 머릿속에 넣어줄 수도 있지 않을까? 이와 같은 놀라운 고민들이 미래를 움직이게 될 것이다.

편견 없이 서로를 안아주는 세상이 올까?

현재 존재하는 메타버스와 앞으로 다가올지도 모를 메타버스, 이것이 우리를 새로운 세상으로 이끌고 있다. 이로써 우리의 삶이 어떻게 변화할 것인지 궁금하지 않을 수 없다.

멀리 있지만 함께 일하는 세상, 지금 우리 사회에서 재택근무는 일상화된 지 오래다. 재택근무라는 개념 자체는 이미 낡은 표현방식이다. 각자의 공간에서 일하는 것이 디폴트 값이 된 것이다. 또한 교육과 학습 측면에서도 일대 전환을 맞고 있다. 교사가 앞에 나서서 가르치고, 학생들이 뒤편에서 수업을 들었던 기존의 교육 시스템보다 인터넷 수업이 훨씬 효율적이다. 학생은 자기가 편한 시간에 마음대로 수업을 들으면 된다. 모든 토론과 학습이 온라인 공간에서 이루어진다면 그야말로 학습자 중심의 세상이 열리는 셈이다.

또한 디지털 자산은 어떠한가. 아직까지는 예술 방면의 종사자들을 비롯해 좀 더 선구적인 사람들이 자신의 콘텐츠를 일부 거래하고 있지만, 앞으로는 우리가 활동하는 일상의 모든 경험에서 발생하는 디지털 자산을 항목화해서 거래할 수 있는 세상이 올 것이다.

소비도 많이 바뀔 것이다. 예를 들어 내가 통상 일 년에 20여 벌의 옷을 샀었다면, 메타버스 시대에는 그보다 줄어들 것이다. 보통 20벌 사던 옷이 15벌 정도로 줄어든다. 그리고 나머지 5벌 살 수 있던 돈으로 디지털 옷을 20벌 살 수 있다. 디지털 버전의 아바타용 옷을 사는 데 소비하는 것인데, 그럼 나는 옷을 35벌 갖는 셈이다. 이로써 나는 더 소비하지만 탄소를 발생시키는 공장은 덜 돌아가게 된다. 이렇게 마법과 같은 일이 발생할 수도 있다.

이와 같은 혁신은 산업 전체로 연결되고 확장되어갈 것이다. 그렇게 되면 우리 사회는 덜 생산하고 더 소비하는 방향으로 움직이게 된다. 우리는 모이지 않고 일을 하고, 보지 않고도 공부할 수 있으며, 자동차나 비행기는 점점 단거리만 운행하게 된다. 그러다 보면 지구의 고질적인 문제인 탄소저감이 이루어져 환경문제도 조금씩 나아질 수 있을 것이다.

그리고 이와 같은 변화 속에서 인간 자체도 상대에 대한 포용성을 조금 더 키울 수 있지 않을까 기대해본다. 언젠가 제페토에서 채팅으로 한 학생을 상담한 적이 있는데, 이 학생이 사용하는 표현이 왠지 어눌해서 상담이 끝난 후에 물어보았더니 외국인이라고 했다. 그때 생각했다. 내가 이 학생을 만약 강의실이나 줌 공간에서 만났다면 인종에 따른 선입견을 가졌을 것이라고. 하지만 메타버스 공간에서는 서로가 아바타로 만나 대화하기 때문에 그와 같은 쓸데없고 소모적인 선입견을 가질 필요가 없다.

메타버스가 접근성이 넓어지고 가까워져서 우리 주변의 많은 사람들이 이용하는 플랫폼이 되기에는 아직 갈 길이 먼 것이 사실이다. 하지만 훗날 메타버스가 일상 속에 완전히 들어앉는 세상이 오면 이를 통해서 우리는 더 많은 이들을 안아줄 수 있을 것만 같다.

몸보다 멀어지는 '정신의 거리'

메타버스 시대에는 다양한 일자리의 변화도 있을 것이다. 소멸하는 일자리도 있겠지만, 소멸하는 일자리는 아마도 더 많은 새로운 일자리를 만들어낸 후에야 역사의 그늘로 사라질 것이다. 그래서 더 많은 사람들에게 더 좋은 기회를 줄 수 있지 않을까 기대해본다. 물론 모든 일에는 긍정적인 측면과 부정적인 측면이 함께한다. 그렇다면 메타버스가 가져올 부정적인 측면은 무엇일까?

직업 특성상 가끔 TV 다큐멘터리 팀과 가정 내 관찰카메라를 설치해서 이를 들여다볼 때가 있다. 이때 한 가정 내 관계의 적나라한 실체를 보게 되는데, 예컨대 네 식구가 40평대 아파트에 살고 있는 경우를 보면 이렇다. 저녁시간이다. 네 식구가 드라마처럼 저녁식사를 한다. 아빠, 엄마, 아이 둘이 바른 자세로 앉아 묵묵히 밥을 먹는다. 이렇게 함께하는 듯하더니, 식사시간이 끝남과 동시에 식구들은 각자도생의 길을 간다. 아빠는 보통 소파에 기대거나 침대에 가서 눕고, 아이들은 책상에 엎어진 상태로 무언가를 한다. 모두 자기의 컴퓨터, 태블릿, 스마트폰 등을 가지고 자신만의 작업에 빠진다.

이와 같은 영상 기록물을 보고 난 후에 식구들 인터뷰를 하게 된다. 그들에게 저녁식사 후 무엇을 했는지 물어본다. 그럼 이 가족은 모두 함께 있었다고 말한다. 그중 아버지에게 첫째아이가 그 시간에 무엇을 했는지 물어보면, "첫째는 아마 '마크(마인크래프트)' 했을 거예요"라고 한다. 여기까지는 맞다. 그러고는 "아버지, 혹시 마크가 뭔지 아시나요?"라고 물으면 "그거 게임 아닌가요?"라고 답할 뿐이다. 마크가 다양한 세상을 만들 수 있는 공간이라고 알려줘도 아버지는 단지 "아, 그래요?" 하고 만다.

이제 아이에게 아빠의 상태를 물어본다. 아이는 아빠가 매일 저녁식사 후 소파에 반 정도 누운 상태로 유튜브만 본다고 한다. 그래서 아빠가 유튜브로 무엇을 시청하는지 물어보면 아이는 그것까지는 알지 못한다.

이처럼 메타버스는 자칫 의외의 고립감을 가져오기도 한다. 물리적인 거리는 붙어 있지만 정신적인 거리, 경험의 거리를 엄청나게 멀어지게 할 수 있다. 같은 공간에서조차 고립을 가속화할 수 있는 것이다.

메타버스 신종 범죄

메타버스가 발생시키는 부정적 요소 또 한 가지는 범죄와 연관된 것이다. 지금도 메타버스를 기반으로 한 사기범죄나 또는 현재의 법률상식으로 규정하기 힘든 각종 불편한 범죄들이 증가하고 있다.

예컨대 한 플랫폼에서 소규모 공연이 있었는데 객석에는 100명 가까운 사람들이 서 있었다. 그런데 여기서 남성 아바타 하나가 한 여성 아바타 뒤에 붙어서 너무 많이 몸을 밀착시킨 상태로 인사동작이나 손 흔드는 동작 버튼을 자꾸 누르는 것이다. 사실 이는 명백한 성추행이다. 실제 여성 아바타도 자신에게 몸을 밀착시키는 남성 아바타의 행위를 친숙함의 표시라고는 여기지 않는다. 이처럼 기존에는 상상하지 못했던 다양한 결을 갖는 불편함, 안 좋은 일이 메타버스 세상에서 발생하고 있다.

사실상 메타버스 시대를 맞아 가장 걱정되는 부분은 현실과 나의 관계성이다. 대체 메타버스는 우리에게 어떤 의미일까? 메타버스는 나를 현실에서 완전히 벗어나게 해주는, 현실과 상관없이 자유로운 해방의 공간일까? 아니면 현실을 좀 더 잘살기 위해 실제 현실을 쫓아가고 맞춰가는 또 하나의 현실적 기획 공간인 걸까? 여기서 단지 메타버스를 현실을 벗어난 해방 공간으로만 여길 경우, 점점 더 예상치 못한 부정적 결과가 발생하리라는 우려를 하지 않을 수 없다.

내 갈 길은 내가 만든다

개인적인 호불호를 떠나서 메타버스를 통해서 문명의 전환기가 도래한 것만큼은 사실이다. 그렇다면 메타버스가 거스를 수 없는 대세가 되어가는 현 시점에서 우리는 각자 무엇을 준비해야 할까? 디지털 기술과 플랫폼 기능에 대한 공부도 해야 할 테지만, 가장 핵심은 메타버스 세상에서의 새로운 소통 기술을 익히는 것이다. 무엇보다 이제 다른 사람과 소통하는 방법이 달라지고 있음을 이해해야 한다. 나와 너, 나와 세상이 서로 대화하는 소통의 문법이 바뀌고 있음을 절감하고 이에 적극적으로 대응해야 한다.

또한 새로운 메타버스 시대에는 직업에 대한 시선도 바뀌어야 할 것이다. 지난 인류의 역사를 보면 거대한 산업 전환기

마다 그에 따른 일자리들이 대거 양산되었다. 거대 기업이 생기면 그 기업이 창출한 일자리에 몰려가는 것이 그간 인류의 행동방식이었다.

그런데 메타버스 시대에는 실로 엄청나게 다양한 일자리 기회가 여기저기서 생겨나고 있다. 지금은 누군가가 만들어놓은 일자리를 찾아가는 시대가 아니다. 이것도 크게 나쁘다고는 할 수 없지만, 그보다는 스스로가 기회를 만들어내는 것이 더욱 시대의 흐름을 잘 타는 일이 될 것이다. 그러니 우리 모두 자신 스스로가 기회를 만드는 창조적 일꾼이 되면 어떨까? 직업 창조의 길을 적극 권유하는 바이다.

과연 메타버스는 행복을 보장해줄까?

2021년, 대략 3000여 명을 대상으로 물어봤던 질문이 있다. '메타버스의 끝에는 무엇이 있겠는가?' 여기서 크게 공통된 대답이 메타버스가 발전을 지속하면 영화 〈매트릭스〉의 세상이 온다는 것이었다. 그래서 다시 물어봤다. 그럼 〈매트릭스〉 영화에서 설정한 것처럼 '빨간약'과 '파란약' 중에서 선택을 해야 한다면 어떤 알약을 먹겠냐고. 즉 매트릭스로 갈 것인지, 아니면 현실에 머물 것인지 둘 중 선택을 해보라고 했다. 결과가 어떠할까? 사람들은 과연 어떤 선택을 하게 될까?

선택의 비율은 6 대 4다. 메타버스로 들어간다는 사람이 6, 안 들어간다는 사람이 4. 이 비율은 대개 일정하다. 어떤 조직에서 어떤 수의 사람들을 대상으로 물어봐도 비슷하게 나온다. 그리고 6에 속한 사람이나 4에 속한 사람이나 똑같이 결과치에 놀란다. 자신과 다른 선택을 한 사람을 쉽게 이해하지 못하는 것이다. 이때 역으로 선택의 이유를 물어보면, 당연히 6을 선택한 사람들은 매트릭스가 훨씬 행복하다고 하고, 4를 선택한 사람들은 현실이 행복하다고 한다.

결국 인간은 행복을 추구하는 존재다. 따라서 메타버스라는 것도 인간이 행복해지기 위한 수단일 뿐이다. 행복한 세상, 행복한 나를 만들고 싶은 욕망이 인간을 메타버스에까지 이르게 한 것이다. 그렇다면 메타버스의 최후를 묻는 질문에서 우리가 풀어야 할 과제는 이렇다. 우리가 개인적으로, 또는 사회적으로 추구하는 행복이란 무엇인가? 그리고 그 행복에 이르는 길에 메타버스는 어떤 영향을 줄 수 있는가? 또한 행복을 지향하는 메타버스의 방향은 누가 결정하는 것인가?

실로 꿈을 꾸는 듯, 돌연 새로운 세상이다. 정신을 맑게 가지자. 새로움과 가능성으로 충만한 이 세상의 주인은 우리들 자신이다. 메타버스의 시대를 온전히 누리기 위해서는 보다 창의적인 발상이 필요하다. 이제 누군가가 일러주고 가르쳐주는 길을 가기보다는 나 스스로가 길을 열어가는 시대임을 잊지 말자. 누구나 주인공으로서 행복을 만끽하는 시대에 메타버스라는 도구를 맘껏 활용할 수 있기를 바란다.

INTERVIEW

“세상의 주인이 되는 길이 메타버스에 있음을 잊지 말자”

김미경 × 김상균 × 정지훈

김미경 우리 사회에 한동안 인문학 열풍이 휘몰아치더니 이제 기술 열풍의 시대가 된 것 같습니다.

정지훈 3060세대들에게는 현재 진보하는 기술을 당장 익히지 않으면 뒤처지는 세상이기 때문이죠. 아무래도 적극적인 삶의 자세가 기술에 대한 관심을 크게 불러일으키는 것 같습니다.

김미경 우선 메타버스의 정의부터 짚고 넘어가면 좋겠습니다.

메타버스란 무엇인가요?

김상균 ‘나’의 상징물입니다. 아바타를 갖고 살아갈 수 있는 모든 디지털 공간을 뜻하지요.

김미경 제가 이해한 대로 설명해보면 이렇습니다. 간단히 말해 메타버스는 내가 사업할 수 있는 시장이 하나 더 생긴 셈이죠. 저는 부산, 대구 등 먼 곳을 마다 않고 오프라인에서 뛰어다니면서 강의합니다. 이렇게 현실에서 활동하는 오프라인 공간이 첫 번째 공간이었다면, 그다음으로 내가 활동할 수 있는 무대는 디지털 공간인 메타버스인 것이죠. 유튜브 같은 2D 시장이 있고, 줌 같은 일대일의 온라인 공간도 있지만, 메타버스는 3D로 개인의 게임 공간처럼 운용되는 곳입니다. 일차원적인 오프라인 시장과 가상현실 시장이 합쳐져 또 하나의 활동무대가 생긴 것이죠.

김상균 메타버스를 두고 신대륙에 많이 비유하곤 합니다. 콜럼버스가 신대륙을 발견하면서 인류 사회에는 엄청난 발전이 있었던 것처럼, 메타버스를 만듦으로서 무한한 영토가 새로 생기는 것이고, 이 영토에서는 당연히 엄청나게 새로운 기회들이 창출될 수밖에 없는 것이죠.

김미경 그럼 메타버스와 게임의 관계는 어떻게 설명할 수 있을까요?

정지훈 본문에서 기술수용주기에 대한 설명이 있는데, 여기서 신제품들이 시장 진입 초기에 대중화되기 전까지의 일시적 수요 정체 현상을 일컫는 '캐즘'에 빠진다는 비유를 많이 합니다. 메타버스도 마찬가지입니다. 이 또한 최근에 들어온 개념처럼 이야기하지만, 사실은 옛날부터 조금씩 진화해서 발전해온 것이죠.

게임이 순수하게 창작된 디지털 세계라고 한다면 게임은 아주 오래전부터 있었습니다. 1970~1980년대에는 오락실에서 갤러그를 많이들 했습니다. 그리고 시간이 지나 컬러풀한 오락이 등장하면서 조금 진화된 게임들이 퍼져나갔죠. 여전히 2D였지만, 게임 세계 같은 영화 〈주먹왕 랄프〉도 나오는 등 게임의 수준이 한층 높아졌다고 볼 수 있습니다. 지금은 언제 어디서나 게임을 할 수 있고 높은 수준의 해상도를 자랑하는 3D게임도 생기면서 게임은 이제 우리 일상과 매우 밀접해졌습니다. 결국 게임으로 대표되는 디지털 세계가 점점 커지고, 더 진짜 같아지면서 메타버스라는 개념으로 확장된 셈이죠. 즉 게임 세계의 확장이 곧 메타버스라고 볼 수 있습니다.

김상균 제 책 제목도 『게임 인류』입니다. 게임하는 인류가 메타버스까지 만든 것이죠. 게임을 즐겼던 이들이 메타버스의 개척자라고도 할 수 있습니다.

김미경 게임 산업이 일상으로 들어오면, 내가 하는 일이 마치 게임처럼 일어난다는 건가요? 만약 내가 하는 일이 옷을 판매하는 것이라면, 메타버스에서는 옷을 파는 일이 게임처럼 일어난다는 거죠?

정지훈 그렇습니다. 기술 개발의 역사를 봐도 많은 기술들이 게임에서 영향을 받았습니다. 예를 들어 미국 국방부에서 연구자금을 받아서 처음으로 개발한 인터넷의 초기 핵심 기술은 엔지니어들이 좋아했던 '스페이스워'라는 게임을 다중 이용자들이 하는 게임으로 만드는 과정에서 나온 기술을 활용해 탄생했다고 전해지니 말입니다. 지금 보면 지극히 원시적인 게임인데 그것이 실은 인터넷 네트워크 기술의 기초가 된 셈입니다.

김미경 확실히 일로 하는 것보다 놀이로 해야 많은 사람들이 참가하고 발전하는 것 같습니다.

김상균 맞습니다. 잘 모르지만 우리가 알고 있는 개념들 중 다수는 이 게임에서 온 경우가 많습니다. 확률이라는 개념도 카드게임에서 출발했죠. 카드게임을 하다가 중간에 끝났을 때 누가 이기는지 계산하고자 수학자가 만든 게 확률이니까요. 이 확률이 없었다면 자동차도 못 탔을 겁니다. 왜냐하면 자동차나 배, 비행기와 같은 모든 움직이는 수단에는 확률을 기반으로 한 보험 서비스가 있어 탑승물들로 인한 사고 위험을 제도적으로 관리하며 사용하고 있기 때문이죠. 그래서 게임이 없었다면 우리는 지금도 원시시대를 벗어나지 못했을 것이라고 보는 겁니다.

김미경 구체적인 메타버스 이야기를 해보자면, 저는 아직 AR

과 VR 개념이 좀 헷갈립니다.

정지훈 VR을 완벽한 허구의 세계라고 한다면, AR은 현실 세계에 가상 정보를 더해 보여주는 기술입니다. 당연히 메타버스는 VR 개념이고, 한마디로 앞선 세븐 테크 6개의 기술이 다 있어야 가능한 영역이지요. 테크 계의 종합예술이라고 보면 되겠네요.

김미경 메타버스에서 중요한 것은 돈을 버는 것일 텐데요, 아바타를 만드는 것이 돈이 되나요?

김상균 공간을 만드는 것 자체가 비즈니스입니다. 어떤 이벤트를 한다고 했을 때 기존 업체들이 들어오려고 하지만 요즘은 그 자리도 부족하다고 합니다. 그래서 신생 건축 사무소나 건설업체도 생겨나고 있지요.

김미경 그곳에서 일하는 사람들은 대체 누군가요?

김상균 주로 대부분 젊은 크리에이터들인데, 그들 중엔 진짜 건축과 학생들도 있고 철학과 학생들도 있습니다.

정지훈 메타버스 성형외과 의사, 메타버스 건축가, 메타버스 패션디자이너들이 나온다고 하는데, 이들 중 패션디자이너와 건축가들은 원래 아날로그에서 경력이 있는 사람들이 잘할 수 있지만, 메타버스 성형외과 의사라면 아날로그와는 완전히 다른 기술이 필요합니다.

김미경 메타버스 성형외과는 아바타를 성형해주는 곳인가요?

정지훈 맞습니다. 나도 한번 메타휴먼크리에이터라는 걸 이용해 내 아바타를 만들어봤는데 아무리 3D로 이리저리 고쳐봐도 내가 원하는 얼굴을 만들기가 참 어렵습니다. 그래서 전문가에게 맡기는 것인데, 원하는 얼굴을 만들어준다는 점에서 메타버스 성형외과 의사는 3D를 잘 다루는 전문가여야 하겠지요.

김미경 메타버스는 그야말로 새로 생긴 시장인 거네요. 그렇다면 20대나 40대 모두에게 공평한 진입이 가능할 것 같은데요,

메타버스에서 어떻게 하면 주체적으로 돈을 벌거나 사업을 할 수 있을까요?

김상균 아바타를 만드는 것도 일이 되고, 아바타가 사용하는 다양한 아이템도 돈이 됩니다. 그리고 메타버스에서 직접 거래하는 건 아니지만 다양한 디지털 재화에 NFC를 넣어서 판매하는 일도 하나의 일거리가 될 수 있지요. 또한 경험을 설계하는 일도 가능합니다. 예컨대 본문에서 설명한 LG전자 이벤트처럼 트윈타워부터 카네기멜론대학에 도착하는 경로를 설계하는 일도 가능한 것이죠.

김미경 경험을 설계하는 것 자체가 비즈니스라니 아주 다양한 사업이 가능할 것 같습니다. 웹툰 작가가 스토리텔링을 통해 메타버스에서 즐길 수 있는 경험을 설계하고, 이를 3D 설계자가 실현시키는 거죠. 그렇다면 메타버스 내부도 엄청난 생태계를 변모할 가능성이 넘쳐 보입니다.

정지훈 물론입니다. 3D로 만든 애니메이션 아이돌의 두 시간짜리 무료 VR 콘서트에 들어가본 적이 있습니다. 그런데 무료

자리는 뒷좌석이고 앞좌석으로 가려면 충전 크레딧이 필요하더군요. 그리고 팡파르 부는 등 호응할 수 있는 기회를 세 번 정도 무료로 제공하고, 그 다음부터는 유료 결제 후 사용할 수 있도록 되어 있었습니다. 가수와 악수하는 등의 여러 다양한 아이템도 모두 유료로 준비되어 있었지요. 열성팬들이라면 이 안에서도 엄청난 소비가 이뤄지겠단 생각이 들었습니다.

김미경 공연하는 가수의 의상이 마음에 들면 바로 구입할 수도 있겠네요. 그런 사람들이 조금 더 편하게 돈을 쓸 수 있도록 한 번 클릭하면 바로 결제가 이뤄지는 시스템을 만든다거나, 한정판으로 판매해 구매욕을 자극해볼 수도 있을 것 같습니다. 실로 메타버스와 커머스가 결합하면 어마어마한 시장이 되겠네요.

정지훈 블록체인 기술에서 NFT 기술이 디지털 재화를 한정화시켜주는 것인데, 한정화가 되면 커머스와 연결짓기가 한결 수월해질 겁니다. 결국 세븐 테크가 다 연결되는 것이다.

김미경 현재 '메타버스 MKYU 캠퍼스'를 SK와 함께 구상해서 만드는 중인데, 캠퍼스가 제대로 설계되고 많은 학생들이 찾아오면 MKYU 굿즈라거나 액세서리 등을 판매할 수도 있겠네요. 그럼 우리 안에 또 하나의 완벽한 커머스 생태계가 생기는 것 아닐까요?

그렇다면 이 메타버스 시장이 각 개인이 편하게 사용할 수 있도록 확대되기까지 시간이 어느 정도 걸릴 거라고 예상하시나요?

김상균 마인크래프트나 제페토 같은 플랫폼은 이미 개인 설계의 길이 열려 있기도 하고, 일반적으로는 개인 설계를 열어주는 쪽으로 플랫폼이 대부분 넘어가고 있습니다. 이미 진행되고 있다고 봐야 할 것 같습니다.

정지훈 제페토에 게임기능이 들어가게 되면 법적인 문제가 걸림돌이 될 겁니다. 게임상의 아이템을 거래하는 것이 현재 불법인데, 그것과 메타버스에서 재화를 사고파는 것에 차이가 있다고 볼 수 있을까요? 만약 똑같다면 두 가지 법이 상충하게 됩니다. 사실 게임 아이템 거래를 제일 반대하는 사람이 30~60대 여성들입니다. 아이들의 게임을 강력히 규제해야 한다고 생각하기 때문이죠.

김미경 그런데 게임을 강력히 규제하고, 스마트폰 사용을 막는 것이 옳은 일인지, 전 회의적입니다. 현재 모든 산업 자체가 스마트폰에서 이뤄지고 있는 지금, 네이버, 카카오, 구글이 모두 스마트폰 안에 있고, 아이들도 전부 이 기업들에 취업하고 싶어 하는데, 여기에 들어가지 않고 그 흐름을 읽는다는 건 어불성설이 아닐까요.

정지훈 맞습니다. 인터넷의 순기능, 메타버스 세계의 장점도 분명 인식해야 합니다. 메타버스의 대표적 장점이라면 차별이 없다는 겁니다. 인종이나 나이가 문제가 되지 않는 공간이죠. 실제로 10대들이 20대와 격의 없이 놀 수 있는 유일한 공간이 메타버스입니다. 결국 교류의 폭이 훨씬 넓고 다양해지는 것이죠.

김미경 그렇다면 메타버스에 능통해지기 위해 진학할 수 있는 학과나 대학에 있을까요?

김상균 특정한 학과나 대학은 아직 없습니다. 아직까지는 복합적인 공부가 필요합니다. 오프라인과는 다른 건축 공부도 해야 하고 온라인에서 사람들의 마음을 읽는 인지심리학적인 공부도 필요합니다. 모든 분야를 전문가 수준으로 공부할 수는 없지만, 조금씩 공부해서 자신의 것으로 만드는 과정이 필요합니다. 내가 배운 것들이 잘 섞여 좋은 결과물을 낼 수 있도록 넓고 다양한 공부는 필수입니다. 개인적으로는 소설 쓰기에 관심 있어서 글쓰기를 공부했는데 이 경험 자체가 메타버스 설계에도 매우 큰 도움이 되었습니다.

정지훈 메타버스에 대한 관심이 커지면서 교육의 변화도 많이 일어날 것 같습니다. 현재 우리가 비중 있게 보는 과목이 이공계나 사회과학 분야이고, 상대적으로 문과 쪽은 많이 등한시되고 있죠. 그중 문학은 가장 대표적인 천덕꾸러기 신세이고 예체능 분야 역시 비슷한 취급을 당하고 있고요. 그런데 메타버스 시대가 완성될수록 문학이며 예체능 등 문화의 기틀을 세울 수 있는 분야가 떠오를 수 있겠단 생각이 듭니다.

김미경 결국 우리는 '프로페셔널 스튜던트'가 되어 달려나가야겠네요. 새롭게 등장할 미래에 뒤처지지 않도록 평생 공부할 수 있는 힘을 길러야겠습니다.

김상균 맞습니다. 모두가 메타버스를 열심히 공부해서 조금씩 자신의 영역을 확장해갈 수 있다면 좋겠습니다. 절대 잊지 맞세요. 세상의 주인이 되는 길이 메타버스에 있습니다.

세븐 테크

초판 1쇄 발행 2022년 2월 11일

지은이 김미경 김상균 김세규 김승주 이경전 이한주 정지훈 최재붕 한재권
기획 MKYU

발행인 이재진 **단행본사업본부장** 신동해
편집 김동화 윤지윤 **디자인** studio forb
마케팅 이화종 이인국 최지은
홍보 최새롬 **제작** 정석훈

브랜드 웅진지식하우스
주소 경기도 파주시 회동길 20
문의전화 031-956-7355(편집) 031-956-7089(마케팅)

홈페이지 www.wjbooks.co.kr
페이스북 www.facebook.com/wjbook
포스트 post.naver.com/wj_booking

발행처 ㈜웅진씽크빅
출판신고 1980년 3월 29일 제 406-2007-000046호

ISBN 978-89-01-25571-2 03320

웅진지식하우스는 ㈜웅진씽크빅 단행본사업본부의 브랜드입니다.

※ 책값은 뒤표지에 있습니다.
※ 잘못된 책은 구입하신 곳에서 바꾸어드립니다.